U0016871

焦慮世代的安心教養

Ready or Not

Preparing Our Kids to Thrive in
an Uncertain and Rapidly Changing World

放下憂懼，陪伴I世代孩子，共同迎接瞬息萬變的未來世界

Madeline Levine 瑪德琳・勒文 著 鄭煥昇 譯

目錄

推薦序

先承認自己不會教小孩，慢慢陪孩子走得穩、走得遠

李玉華

現代育兒教養的困境遠勝於過去：密集母職（intensive mothering）、全職媽媽面臨職涯斷層、社會加諸的育兒責任操煩工作（worry work）、社群育兒（sharenting）模範母職壓力、自立偏誤造成媽媽容易自我咎責、第二輪班甚至第三輪班，還有時至今日爸爸依舊和媽媽有著不平均的分工，甚至，現在正閱讀《焦慮世代的安心教養》的你，可能就是一位媽媽吧（莞爾一笑）？會這麼猜，是因為研究數據顯示「爸爸較少閱讀育兒教養書籍」。

甚至，媽媽本身教育程度越高，會比其他母職同儕多花快一倍半時間在做「當媽媽這件事的專案管理」上，而這些女性同時會像作者勒文說的：「在家當個好媽媽、在學校為孩子爭取權益、工

作上要積極進取、薪水不能太差、身體要保持健康、外表要青春、對丈夫不能沒有情趣、心裡還得懂得感激。」

過著這一種現代婦女生活，還能不精神分裂且努力不把自身焦慮反應在婚姻關係及育兒教養的女性，請讓我叫你一聲女神。

在我成為還我特色公園行動聯盟（特公盟）這一個「推廣兒童青少有自己的權利去遊戲休憩、發表意見和參加公共事務」的團體之前，我自己是對「成為母親的一切」焦慮到不行的。從溫柔生產、母乳親餵、使用褙巾、BLW（嬰兒主導式斷奶進食法）、正向教養、只帶我第一個孩子到乾淨室內親子場館、購買各種幼教玩具等，只要是以孩子為核心的親職選擇，對我來說都是被焦慮促成的。當時，以為我全知地懂所有對孩子好的母職作為，都讓我疲憊不堪。

而特公盟這一個以媽媽為主力的家長團體，經常呼籲大家放手讓孩子去從遊戲社交中練習衝突和合作的方法、從跌倒挫敗下長出韌性和毅力、從探索冒險裡生出評估和試錯的判斷力。舉個最簡單的例子，也是在公園遊戲場常遇見的例子。當孩子在爬比家長身高還高的攀爬網時，孩子若出現害怕尖叫或退卻哭鬧的反應，通常大人可能怒斥：「這麼簡單，沒啥好哭！快跟隔壁哥哥一樣爬上去就好了！」或喊：「設計得太危險別玩了！不要再丟臉尖叫了～馬上回家了！」但本書作者強調，「看孩子受苦，也是爸媽的工作」，孩子透過挑戰自己的容受高度、手腳肌肉協調和試測身體能力時，同時也在面對一整組複雜且不斷抬升的挑戰，從中尋找已知風險，找到保護自己和適度刺激的身心平衡，同時練習調節情緒。有些挑戰難不倒他們、有些關卡徹底擊潰他們，但還好他們人生還長得很。

研究清楚證明，讓孩子去參與測試自身極限並富不確定性的遊戲，有助於讓孩子發展出高明社交技巧、自信、韌性與風險管理的能力。當媽爸家長的，不是小孩的助理但也不能只是朋友，更不可事不關己的地酸言挫氣或過度保護地勸退，而要提供安全感和穩定性，讓孩子自己長勇氣、生能力、學判斷；我們要正向鼓勵且順勢在他們「舒適發展圈」（勒文稱為「側發展區間」）之上再小推一把，幫助他們發展成「心思縝密、明辨環境、相信自己而且獨立自主」的個體，去獲得應對「人生不確定性」的基礎能力。

於是，我想起大學時第一次學教英語時，校長讓我們幾個新進教師一起學韓文，還有碩班時也被教授要求和希臘同學練希臘文。這兩個經歷，目的都是讓自己學習完全陌生的語言，處於和孩子第一次學習時一樣的無知及未知的狀態，讓自己去感同身受孩子在成長過程中的各種形況：面對困難、需要幫助，會怠惰也會無聊覺得膩、會被同儕影響也會乾脆自我放棄，會沾沾自喜、會挫折撞壁，想要自由自在玩個不停、期待不煩不惱學習無虞，會討厭被家長唸到失神，更會被保護偏袒而「習得無能」。

如果，早就忘記「長大」是什麼的我們，能同時和孩子同處在一個「無知」的位置，不要用懂太多的期待而焦慮，去凌駕孩子評估自身可能性，也比較能如作者所說的：「想幫助孩子去適應環境中的極端變化，得先多少懂得如何一邊讓自己適應變化，一邊在生活上穩住自己〔……〕我們必修的功課是要發展出一組更有彈性的反應，來幫助我們自己跟我們的孩子培養出好奇心與熱情，而不是困於對未來的焦慮，」因為「感受到威脅所引發的一連串反應，或許有助於我們生存下來，但卻不見得有利於我們在孩子的教養上，做出正確的決策。」

所以，我們還是先承認自己不會教小孩，甚至根本不需要會教小孩，就做個不那麼用力、不那麼焦慮的陪伴者；或者，即便真的覺得自己很會教小孩，也要讓小孩覺得我們不是在「教」或「教訓」他。讓我們跟著勒文一起，改變已知用火的態度，離開自以為是的高處。

我自己曾不小心坐擁已知用火的態度，踩上了自以為是的高處，變成完美母職的信徒。幸運的是，第二個孩子來到我的世界，帶來教訓和課題，讓我離開單一價值的母職困境，生命終於得以鬆懈。兩個孩子的生活，再配上越發忙碌的倡議實踐工作，時空資源限縮，讓我也不得不鬆懈，我的第一個孩子終於也在二歲時脫離我的直升機監看，而跟著我剛出生的第二個孩子，從此被鼓勵盡情在戶外自由遊戲了（莞爾一笑）。但話說回來，我也還在練習的路上，迄今我也只當過一個七歲和一個五歲的媽，我還是會因為他們和我的焦慮對峙，而不時動用母儀威嚴或用我的情緒淹沒他們。

還好，我還有一大群以特公盟為圓心開展的在地鄰居及友善孩子的多元家長社群，在同村共養著我的孩子且扶持我不時低盪的狀態。創建一個共養孩子的環境，一直是我們希望透過全台兒少遊戲空間改造帶來的蝴蝶效應，讓親職照顧（尤其母職）、托育工作和教育現場得以獲得喘息之外，兒童青少也得以透過「公園遊戲場」、「街道遊戲」或「社區／校園遊戲」等公共空間設施及空間快閃活動，向整個社會展現他們的「真我（true colours）」。而因為我們這些大人積極投入公共事務，孩子也從我們的自學和行動過程之中耳濡目染長成了「小特公盟」，未來，也可能變成推動社會對人越來越公平正義但溫暖柔軟的一份子。

所以，當懷抱以上相似思維的書稿飄然來到我面前時，我再一次被提醒，要對兩個孩子、要對自己在兒少人權上的努力、要對特公盟在改造公共空間上的付出，保持信心又安然於心，相信一切都會是滋養自己孩子跟台灣所有孩子的養分，就如勒文說了：「在孩子面前，我們必須以身作則地去關心公益——包括我們眼裡要有旁人、要有國家社會，要有地球跟這整個世界。」

想走快，一個人走；想走遠，一群人走。一起讀《焦慮世代的安心教養》，我們一起慢慢陪孩子走得穩穩地、走得遠遠地。

李玉華 Christine Lee

還我特色公園行動聯盟創始成員之一、兒童友善城市歐洲聯盟ENCFC成員（台灣特公盟代表）、世界都市公園WUP大會及英國自然歷史聯盟NHC跨界溝通Communicate20大會國際案例講者。著有《公園遊戲力》、《反造再起：城市共生ing》和《兒少視角的城市（City at Eye Level for Kids）》

推薦序

習得無助孩子與父母的良方妙藥

洪仲清

現在什麼事情都說變就變，我頭從來沒有這麼暈過。

——一名九歲四年級學生的母親

最近跟一位朋友談到，高三生面對學測二階北中南到處跑的辛勞。勞民傷財不說，整個過程連備取通知全部底定，也差不多就到了六月。如果考得不理想，還要在很短的時間內準備指考，前前後後會有好幾個月活得心驚膽跳。

這個過程像走鋼索，整個高三下戰戰兢兢，還要請假準備學測。之前看到一個數據顯示，約兩成五的學生乾脆再重考一次指考，即使上了大學也因此有一成多會休學。親子雙方都要付出相當大的成本，怎麼可能不焦慮？

結果，我好不容易搞懂這個過程有多麼折磨人，明年制度又要變了，而且實施細節各方還在討論中。我在想，第一屆實施這個制度的學生，還有負責教學評量的老師，以及關心孩子前途的家長，又有一整年要茫然慌張了！

在加速的年代，很多事真的是「說變就變」。在佛洛伊德當初提到焦慮的年代，可能無法想像那種全球負面新聞都可以直送到每個人眼前的未來，尤其目前正處在歷史罕見的肺炎疫情期間，焦慮恐懼正突破天際。

都不用說到神經質焦慮與道德性焦慮，光是現實焦慮就足以擊潰人心。有一句話叫做「你所擔心的事，八成都不會發生。」這說法我也常跟不同朋友分享。但現在如果拿到疫情嚴重肆虐的國家來看，這句話似乎就顯得有些樂觀了。

還有一種說法是：未來十年內，百分之四十的工作會被ＡＩ、機器人取代。這已經是現在進行式，有些業務以前要人力經辦，現在在網路上填妥資料即可，連出門都不用了；台北市自動駕駛公車已經上路測試了，目前也有房車開始有不同等級的自動駕駛功能。我曾經跟計程車司機討論過，未來十年內司機有可能因為自動駕駛車的普及而失業。

眼下可見的是，因中年失業而難以再就業的社會現象，以及下流老人的孤苦窘迫。還有因為醫療進步，平均壽命延長，很多中年人因為照顧上一代的財務拮据而苦惱。聽說我們這一代還有機會進入百歲時代——也就是平均壽命一百歲以上的時代，這是整體性的社會壓力，沒有人是局外人，差別只在於這種無奈是早來還是晚來，是直接還是間接。

簡單來說，整體社會氛圍不安，父母本身也正面臨人生困境的挑戰，這構成了當代教養的背景。又像是即將脫軌的列車，一切越來越複雜，越來越快速，不知何時會駛向萬劫不復！

（這些都還沒談到，我們早就已經知道的，但慣性忽略的問題：青少年長期睡眠不足，且整體缺乏足夠運動量！沒有生理健康的支持，心理健康就容易搖搖晃晃。）

然而，像我這種窮緊張的思維模式，似乎早就在作者的意料之中。心神在略帶著幽默閒聊筆調又輕鬆夾帶實徵資料的字裡行間走著走著，彷彿意識到作者正老神在在拈花微笑著。

「你要把孩子的成長想成一部電影，而不是一張快照。一瞬間感覺是世界末日的東西，時間久了就只是稍縱即逝的一眼。……關愛、支持、好奇、對於『擇善固執』的強調，還有忍受孩子踏錯腳步跟失落的能力，才是我們真正不可或缺的東西。」

作者不是說，要我們阿Q式地安慰自己，「反正沒什麼好怕的！我們還不是這樣長大的……」。這種態度反而可能是一種對焦慮的逃避，說不定是習得無助的一種表現。

以作者本身來說，她不僅在實務上跟親子雙方一起努力，她也很認真省思自己的生活經驗。此外，在這本書裡面，她訪問了各領域的專家，參考了大量的文獻，並且認認真真整理了讓我相當驚嚇的宏大架構——她提醒為了應對未來，孩子們要具備的認知與非認知能力，還有新世代的父母如何扮演親職角色，然後討論適合家庭到社區的道德信仰。

這是直球對決，是拳拳到肉的搏鬥，紮紮實實回應了自己拋出來的命題。我自己常跟親師生互動，所以我很明白，作者的觀照範圍之廣、理論的完備（能融入「表觀遺傳學」這一點大大打中我的心）、實務策略的細膩，完全是一本見樹也見林的經典之作。

作者或這本書正在示範一種健康的、合適的，能好好因應世代焦慮的身教。其中的自信與安穩，來自充分的準備，正好呼應英文書名*Ready or not*。

不過，我得要掃興地說，作者的修為，很多父母都追不上。所以如果各位讀者花些時間先閱讀〈第七章　未來一定用得上的學術技能和基礎知識〉，大概會開始焦慮爆棚。

先羅列一下小標題，讓我們充分體驗焦慮上升至頂峰的感覺：核心的學術技能與技術素養、數位素養與資料分析、思辨能力、基礎技能、好奇心、創意、彈性、有所本的冒險、合作、毅力、自制，還有最後的終極技能——希望與樂觀。這些能力是作者期待不確定時代的孩子，在教育過程中能慢慢培養。

但是讓我們先回到原點：父母本身並不一定具備這些能力，將來也不一定願意以這些為目標進行自我教育。自己做不到，或者不想做，又要要求或培養孩子具備這些幾近理想人格的狀態，這恐怕很困難。

我建議各位朋友，可以在讀著讀著，突然不知道為什麼感覺全身肌肉僵硬，內心開始不斷自責的時候，先跳到第八章，也就是「歪七扭八的人生路線」來看。因為有能力好好閱讀這本書的師長，依據我個人的推測，很容易陷入「完美主義」的坑——這是相當重要的焦慮感來源，常會自認為我們腦袋想得到的、認同的，就一定要要求自己做得到。

「九成到九成九則都覺得自己是冒了險、跌了跤、換了跑道、爬了起來、再跌第二跤，才終於找到自己的一片天。」

人生就是一連串的「誤入歧途」，而不是從A點到B點筆直一條線地移動。無常，常常來訪，很多事的發生出乎意料——包括教養孩子也會有未知險境。譬如，有家長曾經跟我說，「孩子到青少年之後，個性大變，像『中了邪』，講都講不聽，搞得全家雞犬不寧。」

孩子隨著發展進程產生的變化，我們自己人生的曲折，整個大環境都瞬息萬變。我們不能忽略「計畫趕不上變化」所描述的事實，但我們可以從第八章好幾個人物的勵志故事明瞭：活在當下，認清自己眼前能操之在己的部分，並且做長期對自己有益的事。

這種化繁為簡，我個人認為很有必要。尤其能區分清楚，什麼是我們能掌控的，什麼又是我們能力所不及的，可以幫助我們減少無謂的焦慮，把焦慮所帶來的警覺與動力，放在使得上力又能帶來成就感、價值感，繼續鼓舞我們前進的人事物之上。

這會是彌足珍貴的身教，這身教特別在不想與我們親近的孩子身上，意義非凡。我們得要明白，不是我們想給，對方就會感激涕零地接收。在青少年時期，跟父母疏遠，在某種程度上視為一種可以接受的狀況。

可是，父母怎麼做，如何面對自己的人生，都明明白白在孩子眼前上演。先不用談到親子關係，光是父母如何經營婚姻，就大大影響了孩子目前的生活品質，還可能成為往後孩子經營親密關係的無意識範本。

父母先照顧好自己，一直是我的主張，這並不是理所當然的事。多的是父母把職場、家庭壓力，轉嫁到孩子身上的例子。

我很感謝作者在這本書，沒有忽略掉母職常見的自責，還有空巢期的難忍。這些事說出來，常被認為是大驚小怪。但這被硬生生壓下來的無奈與失落，需要被同理，也需要深入探索，這些情緒如何在母職的扮演上偷偷轉換了面貌而存在著。

所以，不管對孩子或者家長來說，第五章的內容都相當重要。活在現代，我可以感受到父母本身的無力感也很重，我跟他們相處的時候，常花很多時間幫他們「賦能」。很多父母自己根本也都睡不飽，甚至需要靠安眠藥才能睡著，但還是花很多時間一起來探討怎麼好好對待孩子——儘管他們自己以前不一定得到良善的對待。

我常常相處的父母群體（像是讀書會、父母成長班），除了經驗分享，也都在情感上相互支持。同校的家長們，常為了孩子的事出錢出力，義務連結許多資源。這些都是阿德勒博士所在意的「社會情懷」的展現，養兒育女可以不用單打獨鬥，社區或社群的正能量，可以讓教養中產生的不安，緩緩落下。

推薦文的最後，我要特別感謝這本書的編輯與翻譯，翻成這麼美好易讀又精確的中文，我猜這得要花上不少努力反覆校定調整。我非常享受文筆本身的流暢，這是在充實的內容之外，驚喜的禮物。

誠摯推薦這本書，這本書可以同時帶著我們準備好自己，也清晰描繪了一個我們跟孩子攜手前行的新時代方向。祝福您！

洪仲清

臨床心理師、暢銷作家。著有《相信自己是夠好的媽媽》、《靜下心去愛》、《我想傾聽你》、《謝謝你知道我愛你》、《找一條回家的路》、《跟自己和好》等書。臉書粉絲專頁「洪仲清臨床心理師」，目前人數已近四十萬。

推薦序

擁抱未來，還是緊抓過去？

——你的教養被焦慮綁架了嗎？

陳志恆

「別再想找到一個一輩子不會後悔的科系就讀了！」

這是最近這幾年，我對即將邁入大學的年輕孩子們的呼籲。為什麼？因為，期待自己在十八歲時，就為自己找到一個適合終生的職涯方向與發展領域，怎麼想就是不合情理。

我曾在中學擔任過輔導教師多年。從國中到高中階段，學校輔導工作為孩子們著力最深的，就是生涯輔導了。也就是，設法幫助孩子認識自己、認識環境，把一個人放到適合自己的位置上，最終能夠安身立命。

於是，我們透過各種心理測驗來幫助學生探索自我，包括學術傾向、人格特質、興趣喜好，並據此預測孩子適合哪種類型的工作，綜合考量下，建議孩子可以選擇怎樣的學術或工作領域去發展。

一輩子賴以生存的保證存在嗎？

這個初衷並沒有錯。問題是，這些探索或預測，得到的結果，都只是暫時的，適用於現在，難保也適用於十年後、二十年後。更大的問題是，我們身處的世界不斷變動，各行各業的消長狀況瞬息萬變。十年河東、十年河西，風水輪流轉；轉成什麼樣，沒有人說得準。未來的世界會發展成什麼樣態，哪些職業還存在，哪些職業有待被創造出來，難以預測。

每次在與學生討論生涯議題時，總會被孩子問到：「這個領域的發展好嗎？」「讀這個未來有前途嗎？」這實在很難回答。似乎，孩子們總想找到一個終極答案，能仰賴生存一輩子的一份職業或工作。

我知道，這些問題的背後，是在尋求一份安全感，一個一輩子都能安定存活、經濟無虞的保證。同時，這也反映出，孩子們的內心充滿焦慮。愈是焦慮，愈是希望立刻就有標準答案。只是，在職涯選擇上，標準答案是不存在的。

孩子的這些焦慮是怎麼來的呢？

很大的一部分，是受到身旁大人的影響，特別是他們的父母。

焦慮的孩子，不安的家長

現代父母在育兒與教養工作上，面對著前所未有的挑戰。因為，他們不只要養活孩子，還得教給孩子適應未來的能力。麻煩的是，未來長得怎麼樣，需要什麼，根本不清不楚，難以預料。所以，要如何栽培孩子呢？要如何給孩子一生成功的保證呢？已經不再有公式可以直接套用了。

在龐大的焦慮感侵襲下，該如何為孩子做出大大小小的教養決定？就我的觀察，現代家長通常有兩個思考途徑：第一、依照過往經驗；第二、往人多的地方去。

前者，是參考親友的做法，或者搜尋過往的成長經驗。曾不止一次聽過學生家長說：「以前我就是這樣長大的，為什麼我的孩子不可以？」或者：「以前我就是沒機會這麼做，留下一輩子的遺憾，我不能再讓我的孩子遺憾了！」

這樣的父母，緊抓著過去不放，沒有意識到時代的變動。畢竟，在我們的大腦世界中，自己親身經歷過的，最為可靠，眼見為憑。

後者，則是觀察大家都怎麼安排子女的教育，一窩蜂往那兒走就是了。但是，不同的教育潮流，如體制內、體制外、考私中、實驗教育、住宿學校等，到底哪一個好？更可怕的是，人云亦云，道聽塗說，卻未經思考。

我住的地方，隔一條街補習班林立，有幾間標榜能幫孩子通過私中入學考試。我打聽過，要讓孩子順利考取明星私中，家長得超前部署；最好國小三年級就送去補習，等小六才來準備，為時已晚。

每次看到這些稚嫩的生命，在晚上九點時，從補習班被放出來，我總感到心疼不已。放學後，他們不是去打球、玩耍、學才藝，或和家人相處，而是被關進擁擠的補習班中，和語文、數學、自然、社會等試卷搏鬥。要能脫穎而出，得成為考試機器才行！

少學了什麼，真的就是一輩子的損失嗎？

很多人批評這種考試至上、分數唯一的思維，我也感到不以為然。然而，我也不敢確定，我的想法就一定正確。未來的事，誰說得準呢？

最近，我的孩子即將上幼兒園。我和太太去參觀附近的幾間學校，各有特色。有的著重體能活動，有的標榜特定教育信念，有的強調自然生態探索，有的推廣大量閱讀，有的注重雙語和才藝等等，應有盡有。

太太問我，我在意什麼？

我想了一下，說：「老師要友善，別傷害我的孩子。」

太太問：「還有嗎？」

我說：「嗯……還有一個，就是離家近，方便接送就好。」

我是說真的。後來，我們就去報名了一間，外表看起來不怎麼起眼，但離家超近的幼兒園。你問我，不怕孩子輸在起跑點嗎？

我也擔心，但我知道，那是不必要的焦慮。那是商人或媒體利用父母的愛子心切，製造出莫名的集體恐慌，大量轟炸家長的荷包。

學前幼兒需要的是大量的探索與嘗試的機會，以及在友善關愛的氛圍下，養成各種生活規矩與習慣。大部分的幼兒園，都符合這樣的條件，不會因為少學了些什麼，就有一輩子的損失。

所以，對我而言，去幼兒園就是大量玩、大量放電。回到家，我會陪他讀繪本，享受親子親密時光。然後，晚上好好睡，這樣就好了。

過度焦慮的影響——過度控制與過度保護

我的理念一定正確嗎？我不知道。但我很確定，大人的過度焦慮，對孩子常有負面影響。當你過度焦慮時，你會把那無法安頓的慌亂情緒，轉嫁到孩子身上。像是，當你擔心孩子輸在起跑點，可能會過度控制孩子，頻頻要求孩子的各項表現成績；於是，你的孩子便常會遭你指責、嫌棄，這使他身處惡性壓力下，長期以來會傷害大腦的情緒與學習功能，以及身體的正常發育。

同時，你的過度焦慮，也可能讓你對孩子過度保護。當孩子一遇到挫折，就急著幫他移除障礙，而不是鼓勵孩子嘗試去解決或因應問題。甚至，動不動就對學校老師下指導棋，要求別人要如何對自己的孩子讓步或特殊對待，你成了名符其實的「直升機家長」。

你干涉得越多，孩子越顯無能，最後，缺乏挫折容忍力。

現今，有大量的青少年，有著「無聊症候群」。顯而易見的特徵是，消極、被動、缺乏企圖心，對什麼都不感興趣，要他們去做什麼，嘴裡都喊著：「真無聊！」只想沉浸到數位世界中。

這是怎麼產生的呢？我認為，第一，是長期處在挫敗中，缺乏成就感。當一個人怎麼努力，都無法獲得肯定時，逐漸地，眼神中會失去光彩。第二、是生活缺乏一定的主導權。若一個人從小到大的生活，都被排滿了各種行程，所有的事情都由他人包辦掌控，沒有自己做決定的空間時，最後，乾脆對生活不抱期待，反正，都被安排好了呀！

這些問題，常來自於過度焦慮的父母，因為殷切期盼孩子成龍成鳳，而無意間造就了缺乏活力、動機不足、失去企圖心與耐挫力的孩子。

看穿焦慮的本質

《焦慮世代的安心教養》這本書，就是要父母看穿焦慮的本質，告訴每個愛護子女的爸媽，你們究竟在操煩些什麼；這些失序的內在，又如何影響了你的教養決策與對孩子的教育安排。

同時這本書也試著帶領家長們，去認識這個充滿未知的世界，試圖在所謂的烏卡（ＶＵＣＡ）世界中，找到孩子需要具備的生存能力。作者在書中的論述精采、有憑有據，閱讀起來很燒腦，但也十分過癮。你會更清楚，真正重要的任務是什麼，該把心力投注在哪些議題上。

水能載舟、亦能覆舟。對未來世界的過度焦慮，會影響我們做出不理性的決策，但我們也可以化這份焦慮為健康成長的動力。正因為世界充滿不確定，我們就不能自我設限，要為自己保有各種可能性。多方嘗試、大量探索、跨界學習、保持彈性，允許自己失敗，允許自己轉換跑道，用積極且開放的態度，面對未知的挑戰。

讀者最關心的，大概就是，我們的孩子究竟需要具備哪些適應變動的生存能力吧！作者在書中，確實提到了未來人才需要的基礎技能，包括好奇心、創意、彈性、有根據的冒險、合作、堅毅、彈性、自我節制，以及希望與樂觀等。

然而，這些偏屬情意或態度層面的軟實力，該怎麼教給孩子呢？事實上，由父母親把這樣的行為特質，表現在生活中，孩子自然就能模仿與內化。所以，作者一直強調身教的重要性。你希望孩子成為什麼樣的人，就先讓自己成為那樣的人吧！孩子永遠是看著父母的背影長大的，會無意識地參照父母的觀點，從父母的視角看世界，也複製了父母的行為模式。

與其說教，不如做給他看！
親愛的父母，你有還沒實現的夢想嗎？
放下焦慮，大膽追尋，孩子正在看著呢！

陳志恆
諮商心理師、暢銷作家、台灣ＮＬＰ學會副理事長。著有《正向聚焦》、《擁抱刺蝟孩子》、《受傷的孩子和壞掉的大人》、《叛逆有理、獨立無罪》、《此人進廠維修中》等書。

前言

在換尿布、擦鼻水、摺衣服、打電話叫外送、趕上班、參加親師會議、擔任共乘駕駛，還有焦慮於自己的親職技巧跟兒童發展的最新研究有沒有脫節的空檔，如果你還能騰出時間來，那你肯定已經注意到這世界正在崩解。我說的自然不是物理性的崩解，而是我們之前想都沒想過的各種狀況，包括美國國內的政治對立、海外的緊張國際局勢、地球氣候的惡化，還有日新月異的科技進化，這一切都讓這個我們多數人曾經熟悉的世界變得愈來愈不確定、愈來愈陌生——也愈來愈讓人坐立不安。

我們多數人每天忙進忙出，就是要讓自己的家庭還算過得去地運作下去，由此我們像是雜耍演員似地把家庭、工作，還有一種不知道算不算是生活的東西輪流拋甩在空中，根本沒有多餘的時間去消化二十四小時新聞賴以為生，日復一日周而復始的災難頭條；防毒軟體好像可以又好像不可以保護我們的個資安全；我們的年輕孩子畢業了找不到工作。機器人代表的末日不知何時就要迎來人類的黑夜。我們為了當中最慘烈的悲劇落淚：又有人拿槍在學校、教堂或猶太教會堂裡掃射而造成無辜者濺血；我們瑟縮發抖於如今已讓人見怪不怪，政治對話品質的日趨低劣；我們壓抑著自己內心的猜忌、憤怒與無助，逼著自己走向一個動輒感覺像是反烏托邦的明天。於是一天多過一天，我們開始把生活重心放在孩子身上，而我們的動機除了愛，還有恐懼，還有一種能夠在如此失控的世界上控制住什麼的安慰。

在這種崩毀的節奏當中，我們只消深呼吸一口氣，就可以看清變遷中的世界其實充滿了豐沛的機會供我們去獲致創新、成長、健康，並讓人的平權達到更高的境界。有先天缺陷的胎兒還在子宮內就可以獲得治療；便宜又便於運輸的紙質顯微鏡可以讓開發中國家的醫療獲得革命性的發展；具腦波讀取能力的耳機可以讓癱瘓的病人用思緒控制輪椅；全名為「常間回文重複序列叢集關聯蛋白」（Clustered Regularly Interspaced Short Palindromic Repeat）的CRISPR技術讓人類可以編輯基因，由此或許在不久的將來，我們就可以根除某些致命疾病。我們身處於一個不凡的時代，因此我們既有理由覺得如履薄冰，也可以很合理地懷抱樂觀興奮的心情。樂觀興奮的主要是科學家與研究室裡的尖兵，為人父母或祖父母者則多半只能如履薄冰。

暗中遭到揀選編排後再送給我們大多數人吸收的資訊，就彷彿一片片湊不成整幅圖的軼事拼圖，而其目的只是要讓我們繼續成癮於特定的世界觀。我們頂多只能從符合我們偏見的資訊中感覺到「果然如此」，卻難以從中得到任何真正有用的訊息。我們知道世界在變動，但專家們似乎英雄所見不同，由此我們只能坐在名為改變的雲霄飛車上暈頭轉向。人類對於改變並不陌生，只是其發生的週期曾經是幾千年、幾百年，或幾十年，而不是現在的數年一變或甚至數週一變。忍不住被衝動與焦慮牽著鼻子走，兩眼直瞪著過去而放不下那些過時解方的我們，要如何才能讓自己跟孩子與時俱進呢？為人父母者沒有人不擔心自己孩子的前途，所以焦慮不是什麼新鮮事。在歷史上，焦慮始終都是與我們亦步亦趨的低頻背景音。但來到二十一世紀，焦慮已經從幕後走到幕前。我們躲不開，我們的孩子也躲不開。事實上不論對成年人還是兒童而言，焦慮如今都已經是好發排名第一位的心理健康問題。

《焦慮世代的安心教養》一書想要討論的，就是這種焦慮，就是失控的焦慮何以會有損於為人父母者的決策，讓我們在何種學前教育可以啟發我們蹣跚學步的幼兒，乃至於哪所大學最適合家中高三生性向的各個關鍵時刻，反而沒辦法把大小事看個透徹。程式設計營跟足球夏令營，還是野外求生營，參加哪一樣更能讓孩子贏在起跑點上？喔，這還沒講到我們想讓孩子「贏」到的是什麼呢？成功等於我們習以為常的那些標準嗎？說出來夠稱頭的大學，社會上搶手的職業，令人稱羨的薪水與高人一等的地位？抑或成功等於我們孩子適應職場變化的能力，乃至於他們在未按傳統意義就業時仍能找到人生意義的能力？這本書會談到（孩子與我們的）焦慮會如何影響孩子的幸福，又會如何阻礙他們發展出結實強壯的健全心理來面對一個——用軍事術語來形容——充滿了多變性（volatility）、不確定性（uncertainty）、複雜性（complexity）與模糊性（ambiguity）的VUCA世界。沒有人規定焦慮一定要讓我們的判斷力或孩子的發展性窒息。只要對不確定性跟焦慮有多一分了解跟掌握，我們就能把強化後的焦慮意識轉化為我們的優勢。

父母親會在拉拔孩子長大的過程中面臨各種問題。但在這個當下，我們的這些親職難題還被一種內心的疙瘩搞得更複雜，那就是我們無法確知哪些育兒的金科玉律依舊適用，哪些又已經過了時代的賞味期。當你不知道自己在為了什麼做計畫的時候，計畫就會變得很困難。我這三年來跟全美各界的專家交換了不少意見，包括業界菁英、軍方將領、科學家、學界人士、未來學學者，而他們對於未來十到二十年間的近未來預判，從比較保守的會跟現在大同小異——頂多是自動駕駛跟無人機送貨慢慢成熟——到人類發展會達到所謂的「（科技）奇異點」（singularity）：人類的智能會與人工智慧結合成某種人機綜合體——都有。對於這種對未來看法的天差地遠，我無法改變。但我可以幫助各位了解不確定性會讓我們付出何種代價——包括不確定性會如何影響我們做出正確判斷、發揮親職潛能、讓孩子健康發展的能力。

愈是明白自己的思考在不確定的狀況下會有多麼脆弱，我們就愈能設法針對孩子的最大利益去做出腦袋清醒的決定。當然這並不是說有一種放諸四海皆準的辦法，可以為所有家庭的每個孩子解決一切問題。每個孩子都是獨特的個體，一如家家有本難念的經。但兒童發展畢竟是心理學當中較為成熟的一個領域，因此我們在此並非完全是隻無頭蒼蠅，而現有的證據也顯示我們需要針對傳統上認定的優良親職，進行一些調整。為此我們可以檢視數據，可以參考科學、可以決定我們要或不要調整自己的關注與企圖。眼前的狀況是我們面對不可預測而快速變遷的未來，並沒有為孩子（或我們自己）做好什麼迎戰的準備。事實正好與此相反：在我們想要保護孩子，將他們與壓力隔開的同時，我們反而在無意間創造出了一個環境會讓他們的今日的煩惱不小，明日的煩惱更大。

好消息是雖然關於未來的模樣我們共識不多，但對我們的孩子要具備哪些技能才能在未來的幾十年中發光發熱，眾人的想法倒是頗為一致。一如達爾文在逾一百五十年前所發現，適應力是物種能夠存活乃至於興旺的關鍵。如果你家中不只有一個孩子，那你就會知道不同的孩子來到世界上，適應力有高有低。有的孩子會有一兩年的時間只肯吃烤起司或義大利麵，但有的孩子卻能從嬰兒食品一路過關斬將到墨西哥玉米餅與日本壽司，一點都不需要人擔心。所以問題是，我們要如何培養孩子的適應力？乃至於我們要如何培養其他能讓孩子在不確定的未來占得上風的本領——比方說創意、彈性、好奇心與樂天的個性？我們愈是深入去研究表觀遺傳學（epigenetics）這個先天遺傳與後天環境的交會處，就愈能看出我們多多少少可以在孩子身上培育出這些能保護他們的特質。這樣的我們會懂得如何為孩子「打好預防針」，讓他們免疫於不確定的未來中那些最讓人不安的層面，也讓他們盡可能齊備能力，得以在這樣的不確定與不安的環境中找到樂趣、找到挑戰、找到成就感。

我們必須要先針對大多數人是如何真正成功的，在自己內心培養出一種態度的轉變。我曾在數百個活動現場對不下二十五萬人次的聽眾講述過成功的軌跡。而我在這裡所說的「成功」，是廣義的用法。有些人發了財但沒什麼自我價值，有些人「生活還過得去」但日子過得快樂而充實。話說到底，成功是一種自定義的狀態，只有你覺得自己成功，也只需要你自己覺得成功，那就是成功。成功不必然關乎分數、學歷、收入，或職位。當然要有關係也可以，但並不是沒有這些東西就不行。大部分自認為成功的成年人，都有過曲折蜿蜒（或我喜歡稱之為歪七扭八）的人生歷程。所以我們會一起來看歪七扭八的生命旅程有哪些好處，一起來看看明晰的道德是非有什麼急迫的必要性，一起來看看我們要如何為所有常感覺到孤立與寂寞的人們，帶入更強韌的社區意識。

電腦科學家艾倫・凱伊（Alan Kay）曾打趣說：「想預測未來，最好的辦法就是直接創造一個未來。」但如果我記得沒錯的話，有著多重身分的我曾經要同時顧好三個小孩、開業診所的生意、生病的母親、輪班星人的老公，還有那些不知從哪兒一直冒出來而讓我永無寧日，但又不能不盡的責任。我猶記當時的我有空最想做的事情，恐怕怎麼輪也輪不到「創造一個未來」。事實上我們多數人都會覺得手上的事情都忙不完了，哪有精力去好好地投資未來，但其實我們還是應該要投入一些起碼的心思，來讓孩子們做好迎接未來的準備。每一代人類都會在上一代的基礎上，用令人意想不到的嶄新方式來擴充我們的技能池。這說明了我們何以能適應環境，何以能不斷創新，何以能持續前行。在一個充滿不確定性的時代，若我們能養育出懂得善用這些不確定性，也懂得帶著期待、樂觀與熱情去迎向這些不確定性的孩子，那我們就算是盡力為他們做好了準備，而他們也將在一個充滿希望的未來裡開心地接下我們的棒子，創造出一個新的時代。

第一部

陷入泥淖

第一章

為什麼家長的心態沒有改變？

——因為我們害怕未來，所以緊抓著過去不肯放手

只能在當個緊迫盯人的父母、虎爸虎媽型的父母、高壓權威式的父母，或是當個跟著感覺走的隨興父母之間選一個，真的是爛透了。現在什麼事情都說變就變，我頭從來沒有這麼暈過。

——一名九歲四年級學生的母親

我人站在美國中西部某處，又一個舞台上。有超過十年的時間，我一直穿梭在全美各地巡迴剖析美國孩子為何焦慮與憂鬱的比率愈來愈高，而近期我更開始在演講中加入了一個主題，是在高速變遷而充滿不確定的環境裡，親職面對著哪些挑戰。在這樣的過程裡，我有幸能接觸到背景各異的

族群與團體：公立學校、私立學校、自由派、保守派、偏鄉、都會，乃至於夾在這些極端當中的每一道光譜。但真正讓我吃驚的是不論我來到什麼樣的社區，他們所擔心的事情竟然都大同小異。父母親想知道自己該擔心哪些事情，又可以放心地不用去擔心哪些事情。他們想知道如何讓孩子做好在如此變化莫測的未來裡出類拔萃的準備，也想知道如何不被一則比一則嚇人的兒少新聞搞得頭皮發麻。不過比起這些，他們真正最想知道的是如何保護好自己的孩子，如何確保他們在這個一點都不穩定的世界裡能不要晃得太大力。

我那天在演講的一開始提出了關於青少年焦慮與憂鬱的最新統計，畢竟對於自己可能也很熟悉憂鬱的父母親而言，這肯定會是個能引起共鳴的主題。「統計顯示我們的孩子在心理健康的表現上持續下滑。」我對他們講。每三個十三到十八歲的青少年，就有一個患有焦慮症。從二〇〇五到二〇一四年，曾嚴重發作過憂鬱症的青少年人數增加超過三成，而這當中又會衍生出百分之十三的青少年罹患符合完整定義的臨床憂鬱症。在過去十年間，年輕人自殺的案件數也穩定攀升。輕生的統計數據雖然讓人看了怵目驚心，但這卻還只是許多孩子有多麼失落跟絕望的冰山一角而已，因為在每一件十五到二十四歲的自殺身亡個案中，背後都有著五十到一百次不等（幸運被救回）的自殺嘗試。

這些趨勢讓人坐立難安，但並非不可逆轉。我在舞台上說：「我們不是沒有辦法減輕孩子們的煩惱，讓他們把日子過好。」然後我便與他們分享了根據現有豐富的研究成果，我們可以如何去養育出兼具健康情緒與生產效率的成年人。學習過程中的投入或專注程度（engagement），具體而言，也就是學習時展現的樂觀與熱情，再加上高度的學習動機，兩者就能以高度的正相關反映出學術上的成就，或者說成功。許多種職場上的成功，都深刻取決於人的情緒智商（emotional intelligence），也就是一個人體察、理解、管理自身與他人情緒的能力。而最能夠測出一個人情緒健康的指標，莫過於他或她是否具備**自我節制**（self-regulation），也就是一種讓我們能指揮自身行為，控制內心衝動的內在導引系統。最終，則是家長的**調適表現**（parental adjustment），特別是母親的幸福與否，會對孩童的福祉產生關鍵且長遠的影響。

我告訴在場的父母親，若我們希望自己的孩子能在快速演進且充滿不確性的世界裡出人頭地，那他們需要的不是更多的組織架構，而是更多的玩耍嬉戲。他們必須要更習於實驗，更習於冒險，更習於透過嘗試錯誤來把事情學會。將他們與失敗隔離開來，看起來是在保護他們，但其實這只會有反效果。我們的孩子不需要把所有時間都花在做出一份漂漂亮亮的履歷，他們更需要的是探索與反省。

為了讓聽演講的父母們安心，我向他們保證自己絕對不是在貶低成績與學歷，乃至於高薪工作的重要性。相反地，我是在告訴他們通往好成績跟高薪工作的捷徑。任誰的一天都只有二十四小時，所以過度專注在孩子某一方面的進度——一般父母看重的都是念書或運動——會排擠兒少其他起碼同等重要的發展面向。

台下觀眾靠禮貌保持著專心，但現場其實已瀰漫起不耐煩的氣息。畢竟在場的爸媽都受過高等教育，平日對新穎的育兒理論也都十分關心，由此他們不少人已經不陌生於這場演講內容的某個版本，而且之前的講者還不是我本人，就是跟我志同道合的某位同仁。這些爸媽之所以留下來，等的是Q&A。由此等問答時間一到，我便武裝起了自己，等待著預期中的問題射向我：

「我女兒喜歡藝術，但現在好像什麼都是科技掛帥，我該鼓勵她往哪個方向發展？」

「我老是聽人說像好奇心或創意這些『軟實力』是新一代的硬底子功夫，但這些東西真的有辦法教給小孩子嗎？」

「好吧，孩子們需要這些軟實力。但我可沒看到一堆高薪工作在徵人時要求應徵者要是個『悲天憫人的問題解決者兼溝通專家』。」

「我們從來不給兒子壓力。從來不。但他想把AP[1]全部念一遍，我們又有什麼理由攔著他呢？」

1 Advanced Placement，進階先修課程，縮寫為AP，又稱大學先修課程，是在美國和加拿大等國的高級中學中，由美國大學理事會（College Board）贊助和授權的高中先修性大學課程，至今一共有34門科目可供修讀。

「不論發生什麼事情，布朗大學的學位都肯定不會扣分的，對吧？」

「我的孩子應該主修什麼？您可以幫我列張清單嗎？」

這些滿溢著社會壓力的提問，是新的常態。為人父母者擔心得要死的，是他們的孩子能不能在一個家鄉或遠方都一片兵荒馬亂，沒有人知道會發生什麼事情的時代中活下來——職業一整類一整類地憑空消失，而且不是出於成本考量而消失到別的國家，而是從地球上徹底消失，再也不會回來了；全球金融市場上沖下洗；層出不窮的恐怖攻擊；在各地顛沛流離的難民；被毒素和全球暖化荼毒的自然環境。下一代要擔心的可不只是自己的職涯發展或甚至人生的幸福美滿，他們要擔心的是生存問題，是優勝劣敗。而這也正說明了何以父母親會這麼難放棄他們在成長過程中覺得很好用的那些客觀量尺——考試分數、大學入學資格、布朗大學的學位。他們問得並沒有錯，「不然我們還能怎麼辦？」對此我能提供的答案，雖然確實可以幫助孩子健全發展，也有利於他們的情緒穩定，但卻沒有說服力讓家長們接受這——就是他們心肝寶貝在面對未知的將來時，可以倚賴的屏障。

但這倒不是說個別的家長不曾聽過與我所說屬於同一個脈絡的訊息。心理衛生與教育專家都曾經幫助過許多家庭「把火關小一點」，免得成王敗寇的高壓環境會繼續扼殺孩子們的創造力、專注力與情緒穩定，畢竟那已經是這種環境幾十年來都在做的事情。愈來愈多家長願意讓孩子早點睡，也愈來愈多爸媽明白了大學先修課有時不見得多多益善，反而少即是多，懂得別因為ＧＰＡ（grade point average，學業平均分數）沒有封頂就堅持認為孩子需要治療或吃藥，或最起碼上個家教。但就統計數據而言，孩子們的心理衛生仍讓人看得膽戰心驚。

雖說眾多家庭——甚至部分社區與學校體系——都已經為孩子引入了合理許多的作息與預期，但主流的文化積習仍舊很單一地專注在如何不惜代價抓下「金星」。家長（往往跟他們的孩子一起）視人生是一場零和遊戲，你要嘛輸要嘛贏。沒有哪個父母希望自己的孩子被歸到輸家的陣營，而我們日趨M型化的經濟也讓這種擔心變得合理，而這也衍生出一種謬誤，那就是「油門踩到底」的學習就能讓孩子成龍成鳳。真相，正好反其道而行。對大部分的孩子而言，愈是「老派」的童年——在戶外玩耍、在沒有爸媽礙事的狀況下接受各種挑戰、覺得悶、做家務、冒點險——愈能讓他們養成沒有哪個孩子不需要的各種能力，尤其是在他們漫長的未來歲月裡。

但能在理智上領略這種概念的正確性，跟能在生活中帶著孩子一起身體力行，是兩回事。一堆爸爸還是告訴我說他們的孩子「想放鬆可以，等畢業找到工作再說」，媽媽們則緊張兮兮地表示「跟整個社會唱反調，賭注實在太大」。身為一個職業生涯圍著兒少福祉在繞的專業人士，眼睜睜看著家長與孩子在泥淖中掙扎是一件令人氣餒又痛苦的事情。每次演講我都不禁想，我這幅願景究竟是缺了哪塊拼圖？在這個瞬息萬變的世界上，有組需要新方案的全新挑戰在等著我們去面對，但我們的家長卻仍滿腦子只擔心成績和明星學校。為什時速表的指針動都不動？

我寫這本書，就是想嘗試回答這些問題，而這場探索也讓我跨出了舒適圈，然後愈走愈遠。我尋求了平日的資訊來源，也走訪了大半生都與改變為伍的個人。而這意味著我徵詢意見的對象有海軍上將，有發展心理學家，有企業執行長，有臨床醫師，有神經科學家，還有站在教育第一線的師長。我想暫時放下自己固有的想法，以全新的角度去觀察是什麼可能的根源讓家家戶戶如此手足無措，是什麼看不見的東西阻礙了我們獲致進展，還有在這樣一個極不穩定且幾無前例可循的環境裡，我們有什麼策略可以有效地把成效做出來。從許多方面來看，我為了寫成本書所進行的旅程，都正好象徵了我所發現的解決方案。保持開放的態度、拿出好奇心、與人協力、走出舒適圈、挑戰自己固有的視角。

我是為你好

親職裡別的沒有，矛盾最多。捫心自問，我們對3C產品的上癮程度絕不輸給孩子，但他們好像玩得比我們開心許多：他們用3C產品在迷音樂、迷時尚部落格，而我們則都在滑末世的最新消息，像是最近又有什麼食安問題，又有什麼產品要被召回了，不然就是哪裡又有人拿槍掃射。兒少的焦慮在升高，大人也沒有比較好，而這主要是因為我們不斷暴露在文化衝擊的疲勞轟炸下。於是有如驚弓之鳥的我們開始過度保護孩子，過度指導孩子，而且其用力程度比起一、二十年前的爸媽是有過之而無不及。嫌惡風險的乖寶寶就是這樣被教育出來的，但注意安全跟乖乖聽話正好是孩子們最不需要的一種心態，因為不知道你們怎麼想，但各界專家一致同意適應力、好奇心、冒險犯難的精神，還有隨機應變的彈性，才是人類未來需要的求生能力。我們會因為孩子把答案背了起來而為他們鼓掌，但在這個日新月異的地球上，更重要的本領是能犀利地問對問題。為什麼這麼說？因為現在的內容幾乎都不需要強記，手指一伸，螢幕一滑就有了。如何運用這些內容，評估這些內容，用嶄新且有意義的方式把各種內容織就在一起，才是真正需要人去做的事情。年輕學子們在外界的鼓勵下去競逐獎狀、獎盃，還有頂（尖）大（學）的頭銜，但在未來的年月，與人協作的能力會遠比在競賽中與人廝殺的慣性，更具有價值。年復一年，我看著為人父母者做出一個又一個他們覺得是為了孩子好，但很可能會產生反效果的決斷。在臨床的執業過程中，我看著愛子心切的爸媽像是反射動作似地推著孩子追求可測量的成功，卻在無意間排擠掉好奇心、創造力與彈性的棲息空間。當然這兩種追求並不互斥，只是說平衡發展會遠比獨厚一邊更讓孩子得利。

這種用心良善卻適得其反的矛盾根源，就是我們這個「扁平」、科技掛帥與氣候異常的世界。包括我為了本書而訪問的多位專家在內，都沒有人知道未來的葫蘆裡在賣什麼藥。這個令人不安的現實對家長的育兒策略產生了微妙但深刻的影響。雷達正好掃不到的各種力量，正在推動著我們的決策方向。家長不會不知道這個世界在變化，但他們不知道的是這些變化已經在左右著他們的教育方針。此外，有些爸媽會主張美國人需要為了快速的變化做出調整，也不是第一次了，所以這次也不用大驚小怪。這話說得倒也沒錯，但我們所身處的二十一世紀，還是有些面向跟歷史上的其他階段不太一樣，由此我們要面對也將是獨樹一幟的挑戰。

時代真的不一樣了

雖說每個時代都會同時給人一種生得其時但又生不逢時的感受，但這個時代的特別之處，就在於變化的加速成為了跨領域跨問題的常態，這是一個不要說史無前例，但起碼是極為罕見的一種情境。經過近幾十年的演變，氣候變遷已不再是遠在北極的威脅，而已經化身為極端氣候走入我們的生活中，影響著每一片大陸，觸動著大規模的人口遷徙。全球化意味著個別國家會加速根據利基「特化」，而這就限縮了工作技能與其價值的涵蓋範圍以及國內外的就業機會。十年前還不存在的科技，如今已形塑了我們與人溝通與建立關係的方式，迫使我們最私密的心理層面接受改變。科學縱身一躍，跳進了讓我們既期待又怕受傷害的領域——隨便提幾個比較出名的就有基因改造、生醫工程，及人工智慧。各種媒體與管道提供著我們根本不可能消化吸收完的資訊，而由於這些媒體是為了營利，所以他們往往會盡量報憂不報喜。人性就是如此：恐懼會讓我們掏錢，樂觀與光明裡則沒有那麼大的商機。

現今的變化之快給我們滿滿的末世感，由此我們會撫今憶昔，希望能鑑古知今。十九世紀有從農耕社會過渡到十九世紀的工業化社會，二十世紀初有一波波的移民在適應美國這個新世界，有第一次世界大戰，有殺人如麻的西班牙流感，有美國經濟大蕭條留下的創傷，接著是第二次世界大戰與核武時代，是六〇年代與越戰帶來的社會動盪——這每一個斷代，都可以說面對了不輸給二十一世紀的嚴峻挑戰。而看著這一代代人都滿不錯地活了過來，會讓我們有信心自己也可能度過難關。但上個世紀的各種巨變——包括原本在田地上勞動的人要適應在工廠裡工作，包括如何上戰場適應一遍，回家鄉又要適應一遍——並不需要人花一輩子的時間去適應一個快速演化的環境。但二十一世紀的我們需要。問題的癥結不在改變，而在改變的速度，在改變的超高強度，那才是讓二十一世紀不同以往的關鍵。

在這個新時代裡，過去關於教育與工作保證的老招數，都變得搖搖欲墜。名校的學位仍有可能炙手可熱，但前提是你不能身上背負著沉重的學貸，而且學歷的光環也只剩在特定的領域吃得開，更別說這些領域有可能一夕數變。律師能派上用場的時候愈來愈少，因為上法院或訴訟需要預做的功課都日漸可以在網路上完成，不會非常費勁，再不然也有像LegalZoom之類的網站可以滿足大部分人的需求。公立醫學院會讓學生平均累積出十八萬美元的學貸，但醫療保險體系的規定愈來愈不穩定，由此畢業後的收入「錢」景愈來愈不篤定。金融業看似是現在比較有勝算的賭注，但可不是每個孩子長大都想管理避險基金。從常春藤盟校輟學的矽谷金童被奉為商場英雄（這是每個幻滅或挫敗的大學新鮮人，都拿來嗆過爸媽的台詞）。但你知道嗎？九成的新創公司都以失敗作收，而那一成活下來的新創業者也只有創辦人跟少數高層有機會成為有錢人。科學／技術／工程／數學（STEM）這四大理科理應是就業的保證班，但其實現在好找工作的就只有資工之類的電腦科系而已。有人根據美國勞工統計局的就業預測進行了一項分析，結論是到二〇二四年，STEM的新增工作機會會有百分之七十三與電腦相關，生命科學只會有百分之三，物理學也是百分之三。

無怪乎這麼多年輕人最後會跑去微型釀酒廠裡倒啤酒，或是跑去Etsy上開店做手作網拍。就連「小」小孩都愈來愈焦慮於他們所知（並不久）的世界正處於危急存亡之秋。我一個同事年僅八歲的病人堅信「我開卡車的夢想將永遠不會實現了」，由此他不在爸媽的床上就睡不著覺。他疑惑又擔心的爸媽向他再三保證他有朝一日一定可以開著卡車跑，但他已經被自動駕駛車輛的言論洗腦到很清楚爸媽是在哄他。

在執業過程中，我親眼見證了這種不穩定與不確定所累積出的效果；十年前作為孩子們成長關卡的各種家庭與文化暗流，如今變得更加根深蒂固，也更加複雜難解。比起以往，家長們或許更明白自家孩子所面臨的難處與逆流，但他們也比以往更不知道要如何讓嶄新的親職策略為自身所用。親子互動間有五個運作愈來愈失調之處，需要我們去加以導正。這不光是為了提升孩子們的心理衛生，也是為了讓他們更有機會能在變化的激流中順利通關。這五個課題分別是：

病態的過度努力
虛假的做自己
社交孤立
滿滿的無力感
道德觀薄弱

病態的過度努力

父母親永遠在德智體群美各方面都對孩子有高到不合理的期待，不論是課業、運動、音樂、藝術與人緣，他們都希望孩子有好表現。以前的爸媽在望子成龍望女成鳳的時候還會比較收斂，比較隱晦，但如今孩子們面對的往往是直來直往的壓力，而且除了爸媽，他們往往還有同儕跟師長得應付。這種毫無遮攔的壓力有兩種效果，一個是讓孩子的自我要求變高，一個是讓他們對失敗的容忍度變低。以前如果是被打了D或F才叫失敗（我已經好幾年沒看到有這種成績的病人了），現在則是沒拿到A都不算成功。這也就難怪青少年沒耐性在學習的時候去思考跟深究了。思考與研究都需要時間，也需要大腦的餘裕，而這正好是現在孩子們擠不太出來的兩樣東西。

我大部分跟家庭合作的經歷，都是在幫助親子共同調低那股想要贏的好勝心，進而讓他們專注在能培養孩子未來求學與生活能力的活動上。這意味著要培養孩子的好奇心，鼓勵他們發揮實驗精神，讓他們習慣於冒險與失敗。這也意味著將成功的定義從純粹的量尺與分數，擴大成成功與幸福生活裡的萬事萬物。我對這件事的看重讓我在二〇〇七年偕丹尼絲・波普（Denise Pope）與吉姆・拉伯戴爾（Jim Lobdell），共同創辦了「挑戰成功」（Challenge Success）這個列於史丹佛大學教育研究所底下的課程，其宗旨是要協助家庭與學校取得有研究理論基礎的實務工具，以便於他們為孩子創造出更開闊的「成功觀」，以及一種更健康、更均衡，學習上也更有成就感的生活。

可惜的是，就算家長可以接受這樣的觀點，他們也可能發現自己的孩子抗拒放慢腳步。他們已經受到同儕間的競爭壓力感染，已經把長久以來社會所強調的出人頭地跟競爭文化內化到心理。擔心將來會找不到工作或欠缺資源的焦慮不斷升高，造成了學子——往往比他們的雙親——更加完美主義並喜歡與人一較高低。那是一種他們只能調高而無法降低的心境。

不論為人父母者多麼理性，許多學校（尤其是高所得社區裡的那些教育機構）的文化就是一股很強大的壓力源。已經回不來的是一種合作精神，一種我大兒子二十年前在讀公立學校時很常見的態度。那時候他學校裡名列前茅的同學會去幫忙那些較差的同學跟上。這是一種社群互助的概念，由此孩子們會不受年級或能力差距的侷限，主動去相互扶持。學校裡曾經有過這樣的風氣，但如今取而代之的是同學之間你死我活的激烈競爭：「范德比大學（Vanderbilt，常春藤盟校之一，號稱南方哈佛）位子就這麼多，不是我進就是你進。」

雖然高中都說他們有在嘗試舒緩課業壓力，不變的事實是，不論公立還是私立，全美各地的高中都仰賴排名與分數來吸引學生，而這兩樣東西看的就是畢業生的考試成績與大學入學率。全美要求社區服務作為教程一部分的只有兩個地方，一個是馬里蘭州、一個是華府。助人在大部分學子們的輕重緩急裡，排名都很低，而學校也沒有為扭轉這種局勢做出太多努力。目前的局面是雖然我們已經很努力在宣導過度強調學業成就與同儕競爭、忽視合作與社群參與會帶來的後遺症，但許多學子依舊一心追求個人成就到前所未見的程度。請容我說一句，我並不反對人力求上進或展現毅力，但上進與努力必須要是為了一個更大的目的，而不能只是為了你上一次考試的成績。

虛假的做自己

當孩子感覺到有壓力得在公開領域中表現傑出，而表現得好又確實能得到獎勵後，他們就會開始怯於表達或坦承自己真正感興趣的事情是什麼、真正喜歡的朋友是哪一類型、真正覺得有意義的是哪些東西，還有他們在各種議題的立場是什麼。他們會被卡在心理學者所說的「虛假自我」裡：

準常春藤盟校高材生！棒球獎學金候選人！女王蜂！這些孩子已經被訓練成尋求外在肯定的能手，以至於他們快忘記了要怎麼反躬自省，思考什麼是真正的自己。他們過於倚賴外人，過於倚賴來自同儕、師長與教練的肯定。

現在的青少年不僅在現實生活中創造著虛假的自我，而且還在社會文化與同儕壓力的驅使下，跑到社群媒體上形塑出一個與本人差距甚大的網路人格。這名網路人格會是明星學生／運動員／藝術家／音樂家／剛嶄露頭角的創業家／社交場域的花蝴蝶，也會是個像有強迫症在記錄自己勝績的史官。社群媒體與青少年憂鬱／焦慮之間的相關性，一路以來有跡可循：青少年在過去十年間的生活滿意度／自尊／幸福感下降，正好與iPhone在二〇〇七年、Instagram在二〇一〇年與Snapchat在二〇一一年的問世重疊，也跟簡訊自二〇〇七年起成為主流通訊形式的發展呈現正相關。相較於青少年，青少女使用有簡訊應用程式的手機不但頻率更高，強度也更強。

社群媒體的負面效應不僅限於網路霸凌、身體羞辱或社交排擠等顯而易見的事件。有同事告訴我，他一名十五歲少年案主曾發誓不與任何高中女生交往，理由是他害怕他口中的「觀眾」。他擔心女生與他的自拍照會被人用按讚數來品頭論足，還說這些女生還會用簡訊跟姊妹淘你一句我一句地討論男生帥不帥、酷不酷、有沒有用簡訊向女朋友請安，還有講話暖不暖。跟女生交往是沒得下班的工作，二十四小時都不能講話白目或有一步踏錯。網路曝光就有如楚門的世界，讓這名少年卻步於愛情的門口，而這也延誤了他的社交能力發展。但同一時間我也很佩服這名少年的勇氣，因為他頂住了嚴峻的同儕壓力，釐清了自己看重的價值。而那些女孩子呢？她們也受制於同樣的網路觀眾目光下，且女生的外貌更是會被用放大鏡檢視。隨著她們愈來愈投入自己的網路人格，而慢慢荒廢了現實中人際關係的經營，她們的身心發展會產生缺憾。過於沉迷於自身的社群媒體人格，會讓人耽誤並扭曲了真我的成長。

社交孤立

每次到學校演講，我都會問國高中的孩子們一個問題，那就是他們覺得身為青少年，最大的煩惱是什麼。

我讓他們就前三大常見的青少年問題進行排名，這三個問題分別是：自我身分的發展、想自己為自己選擇的心情，還有一種是交友上的孤立感。我一開始有點驚訝但現在已經見怪不怪的結果是：大部分的孩子都把社交孤立排在首位。我會驚訝是因為在這之前的許多年，身分的建立都一直蟬聯著煩惱的冠軍。

這種社交孤立的一大核心就是科技，而其背後的複雜成因可謂千絲萬縷。某些科技層面的東西，比方說電競遊戲，會附帶生氣盎然的社群，而網際網路也能讓人在學習、創意與政治參與上獲得很多選擇。如前所述，問題出在網路上的「觀眾」。對青少年，特別是對十二到十五歲的孩子們而言，唯一重要的事情就是朋友們的想法。所有傳統上我們認為十四歲的人類會有的惡夢，如今依舊成立著：你吃飯的時候能跟受歡迎的同學同桌嗎？你的閨密會來搶你男朋友嗎？你臉上有青春痘嗎？你那樣也能叫做有胸部嗎？不同的是，以前我們被羞辱是定時定量，所以我們多少能準備一下：午餐時間、下課回家的路上、偶爾的一兩通電話中、老師轉頭去寫黑板時的一兩句話——但如今多虧了簡訊與社群媒體的發明，生活變得二十四小時永無寧日。

不過除此之外，造成社交孤立的還有一些比較微妙的因素。簡訊讓鐵石心腸變成舉手之勞——男生用簡訊與女友分手就不用直視她的眼睛，也不用看著她受傷的表情。我在執業過程中時常見到孩子們哭哭啼啼地走進我的診間，然後直接把手機塞到我的手裡。我在這種情境下讀到的訊息輕則不夠體貼溫暖，重則是徹底的背叛。用簡訊對人壞已經很糟了，更糟糕的是連對人好都降格到只剩下簡訊。試想被女朋友甩掉的你收到六封你好兄弟的簡訊，每一封都罵她是婊子，但這能幫助你多少呢？你需要的是好兄弟陪在你身旁；你需要的是讓你感覺熟悉的臉龐，是朋友讓脆弱的你靠在他肩上，這才能有助你從憂鬱中得到解放。朋友的定義，曾經是能花幾個小時聽你訴苦，給你支持，並用他的存在提醒你你並沒有被全世界拋棄。但現在的孩子都有自己的事情要忙，由此他們已經習慣於膚淺的交往。現在的青少年鮮少會親自去安慰朋友，很多時候他們只會用滿滿的表情符號或貼圖來充數。

但只有透過面對面的接觸，兒童與青少年才能學習到同理心跟外交手腕，也才能學會傾聽。不在現實中去進行困難尷尬或甚至於讓人心碎的對話，他們就沒辦法在人際互動上得到足量的磨練。在未來的年月中，隨著工作變換愈來愈頻繁，協作性的職場愈來愈成為常態，具備良好人際技巧的個人將比現在占得更大的上風。欠缺這類技巧的個人不要說在工作上難以建立人脈，就連在生活中也可能無法擁有可長可久的友情或愛情。

考量到智慧型手機與社群媒體在青少年之間所導致的寂寞、憂鬱、焦慮已經廣見於研究資料中，由家長這邊來進行把關可說已是當務之急。看著孩子宅在家裡，沒有野到我們不知道他們在幹什麼的外頭，可能會給為人父母者一種安心感，但在床上一躺就是幾個小時且只有手機為伴，然後拿現實中的自己去跟網路上看似光鮮亮麗的其他同齡者比較，並不利於孩子們去一關關完成他們該完成的身心發展：冒險、離開父母獨立、與人建立親密關係、道德觀的形塑。我們已知不論是YouTube、IG、Snapchat或臉書（乃至於任何一種日新月異的網路平台），一天使用超過兩個小時都會有害於孩子們的心理健康。我們也已知過半數的青少年自承「幾乎隨時隨地」人都在社群媒體或網路上。對於出生在網路時代，上網始終是生命一環的孩子們來講，他們一定會對相關的限制感到非常不滿。但親職的核心不是討好孩子。因此一如我們有責任督促孩子們去運動、就寢、吃均衡影養的食物來確保他們的身體健康，為人父母者同樣有義務去捍衛孩子們的心理健康，即便那代表我們得忍受他們翻幾個白眼或用力甩幾次門。你得身體力行地在大半天裡放下手機，然後要求孩子們向你看齊。

滿滿的無力感

能動性（Agency）代表的是一種你相信自己可以採取行動，進而去影響周邊環境的信念。與能動性相對的是無力感，而無力感又會導致人變成一名洩氣的受害者。對於孩子進行微管理——包括在上學日跟放假日、在足球場上、在祖母家、在服飾店裡這麼做——父母親都會妨礙孩子發展出兩種能力：一種是發現自己的能力，一種是為自身想法代言的能力。不論今天是三歲小朋友想穿左右腳不成對的襪子，還是中學生想放棄有利於他申請大學的大提琴學習，微管理會造成的問題都同樣適用。「管太多」也代表遭到過度保護的孩子將無從經歷人生終究必經的插曲，而他們就需要通過這些插曲來學著被挑戰、被擊敗，然後想辦法站起來。更理想的狀況下，他們將可以學著去細細品嘗被挑戰的滋味。確定的是，當孩子被剝奪了機會去釐清他們自身的價值、欲望與興趣，讓人不樂見的結果就是他們會產生依賴性，而這健康的獨立性正好是南轅北轍。

十年前我的年輕病人會氣沖沖地跑來抱怨爸媽的限制太多：「這是我的人生！叫我爸媽少管閒

事。我的事情我自有想法！」相對於此，近年來一種讓人不安的發展是年輕人的叛逆不見了——至少在我所觀察的青少年中有這樣的趨勢——取而代之的是一種兩手一攤的厭世感。那種憤世嫉俗，我原本以為只能在為了養家活口或背負房貸而不得不在討厭的工作上邊做邊怨的大人身上看到，但現在我也在年輕孩子們的臉上看到了。「你們不懂啦。」這些十來歲的小大人會搖著頭說，「未來的三年就是這樣子了啦。我認了就是。反正我也沒得選。」這種認為你沒辦法為了自己做點什麼的心境，是不分年齡，使人陷入憂鬱的一大原因。

道德觀薄弱

自二〇〇〇年代初期以來，我與出身中上階層家庭的學子們進行過一次次的面談，而我在當中看到的是物質生活過於充足的環境，究竟會對人產生什麼樣的負面影響。加州大學洛杉磯分校（UCLA）曾以一項名為「美國大學新鮮人：全國性常態」的研究反映了我觀察到的趨勢。該研究比較了一九六〇年代大學新鮮人與後續年班在學習動機上的不同。在一九六七年，百分之八十六的受訪學生說「發展出有意義的人生哲學是重要或甚至不可或缺的課題」，但到了二〇〇四年，對大學教育作如是觀的新鮮人只剩下四成不到。大部分——百分之七十三點八——的同學都把「財務上非常寬裕」列為重要或不可或缺的目標。我在許多年輕病人的身上也看到了相同的取捨，他們樂於追逐金錢與「想要的東西」，更甚於他們想從事個人內在、道德與智識上的發展。

二〇〇七年當經濟大衰退來襲，美國家庭不分社經階層高低都受到衝擊。某些人以此為契機，開始重新檢視他們的基本價值，而這一點也反映在二〇一六年版美國新鮮人研究上，當中大部分（百分之七十二點六）的受訪者仍稱「賺更多錢」是他們選擇上大學一個很重要的理由，但他們也同時以大致相同的比例（百分之七十五點四）重視起「通識教育的獲取與對抽象理想的掌握」。這是個好消息，但倫理上的缺憾依然存在。根據二〇一二年一份由「挑戰成功」計畫所委託撰寫的白皮書，百分之九十七的高中生承認在過去一年中作過弊，且七成五坦承曾多次作弊。但更讓人坐立難安的是在這些自承作弊的孩子裡，鮮少有人覺得自己在道德上有失。「你不作弊，吃虧的是自己」是高中生裡主流的風向，而這無異於是成年人很遺憾地也常是非不分的青少年翻版。

必須要拿到高分的壓力，讓作弊的誘惑變得非常難抗拒。研究人員在訪談過高學業成就的高中二、三年級生後，發現到他們會把作弊的決定歸因於來自父母、師長與同儕的壓力，歸因於課業負擔感覺過於沉重，也歸因於他們感受到自己非擠進一流大學窄門不行。對這些孩子而言，作弊是一種生存技能。

若是身邊沒有成年人的默許，青少年也不會那麼容易就陷入有違倫理的行徑。自二〇〇〇年代初期以來，申請到一流大學的目標被過度強調，以至於曾經廣為人接受的公平競爭原則遭到了腐蝕

（即便金錢與人脈從沒有停止讓一小群菁英獲得顯而易見的優勢，也始終都是不爭的事實）。這種趨勢因為經濟大衰退的發生而顯得變本加厲，因為金融風暴固然讓若干父母開始反思自身的價值，但這也在某些家庭中強化了家長們認為自己得想辦法讓孩子免疫於經濟災難的觀念，而他們唯一想得到能確保下一代經濟安全的路徑，就是讓孩子念到第一流的大學，成為菁英同儕中的一員，最終讓財富的累積源源不絕。這種做法，確實可以適用在為數不多的一小群學子身上，但先天有資質走上菁英之路的孩子並不多，而且有資質也不等於有興趣。現實是，多數孩子並非未來能進哈佛或耶魯等一流學府的高材生；現實是，大部分的孩子都落在平均值上下。但不肯接受現實的爸媽總覺得自己的孩子不會是凡夫俗子。這種誤解，加上不想讓孩子的未來前途未卜，憂心忡忡的父母對於是非對錯的堅持就會開始鬆動。

在過去十年裡，我看到的狀況是家長愈來愈無所謂地在扭曲競爭的公平性，這包括他們會幫忙「編輯」孩子的小論文，會替小孩「爭取」學習障礙的資格來增加他們應試的時間，會幫孩子缺席或遲交作業作偽證，再不然就是千方百計鑽體制的漏洞來讓孩子們的學習履歷變得更好看。話說美國全國也不過百分之二的孩子有需要延長ＳＡＴ測驗時間的學習障礙，而康乃狄克州的格林威治卻有五成的學生都如此，這怎麼說都過於離譜。當家長習慣性為了孩子說謊來逃避責任或作弊時，這打擊到的是孩子的自尊、學習動機、對權威與規則的尊敬，還有對體制的信任感。爸媽不論用再怎麼隱晦的手段去鼓勵孩子參與這樣的詐欺行徑，孩子的道德發展都會受到嚴重的阻礙。我們以此立下的「典範」是公平誠可貴，分數價更高，若為前途故，道德皆可拋。孩子們學到的是個人的表現比什麼都重要，社會的公平與倫理都可以為此犧牲掉。

爆發在二〇一九年的「校隊憂鬱」（Varsity Blues）[2]大學入學醜聞揭開了道德淪喪所衍生出的黑暗面。絕大多數的家長與學生都絕對不會想要用作弊或賄賂的方式進入大學，但這些犯罪行為就像光譜上最尾端的黝黑色調，一開始都始於稍微違反規則或幫忙改改報告這些淡淡地，彷彿無傷大雅的行為。這當中最令人無法接受的，是家長的錯誤示範可能對孩子產生的影響。學生知道多少？他們是知情的共犯嗎？還是傻傻地被騙了？有些學生因為家長的矇騙而以為自己真的考出了SAT或ACT的高分，但實情是家長拿槍手的考卷把孩子的考卷掉包。試想這對孩子的自信心會是多大的打擊，因為這等於是自己的爸媽在對自己說：「別鬧了，你靠自己的力量是進不了大學的。」

最使人氣餒的是學校本身也被抓到作弊。從亞特蘭大到紐約市再到費城，都有人師竄改了學力

2 二〇一九年三月十二日，美國聯邦檢察官披露有富裕家庭以非法手段協助子女申請進入美國幾所著名頂大，涉案者多達五十人，其中三十三名大學申請者的家長被控在二〇一一到二〇一八年間向名校入學顧問威廉・里克・辛格（William Rick Singer）支付超過兩千五百萬美元，作為其誇大申請者考試成績的費用，或是當成疏通校方人員的賄款。針對這起入學醜聞的調查工作被定名為「校隊憂鬱行動」（Operation Varsity Blues），其中Varsity Blues是引用自一九九九年一部以美式足球校隊為題的校園青春電影，劇情與案情並無直接關係。

測驗考卷上的答案，在作為高中畢業門檻的測驗中將分數灌水，或是用流於主觀的標準來批改數學測驗，藉此來拉高整體的班際或校際表現，再不然就是把入學學生的分數放大，如加州克萊蒙特麥肯納學院（Claremont McKenna College）一名資深招生主任就坦承曾膨脹了入學新生的SAT分數，前後長達六年，其目的在於讓該校在《美國新聞與世界報導》上原本已經不低的排名，可以更上層樓。其他還有些高等教育機構也被發現說過類似的謊言，當中隨便舉幾例就有賓州的巴克納爾（Bucknell）、喬治亞州的埃默里（Emory）與紐約的艾納（Iona）等大專院校。按照一種廣泛流傳於中高階層社區中而極具殺傷力的論述，孩子光是普通優秀很顯然是不夠的，你得是最優秀的那一個，或至少跟第一名挨得很近。

孩子能學會辨別是非，靠的是觀察成年人的身教。所幸很多家長在對人誠實與有所為有所不為的原則上，都是極佳的模範。但即便如此，老媽跟老爸也只是茫茫（成年）人海中的兩枚涓滴，而放眼脫序的社會文化，孩子們看到的是道德底線的口齒模糊。而自甘墮落的可不光是學界。網路的匿名特性，催生出了千百萬種欺騙、欺壓、恐嚇人而不用付出代價的辦法。有位美國總統一天到晚說信譽卓著的新聞媒體是假貨，說記者是全民公敵。不斷繁殖的網站讓走偏鋒的極端思想變成常態。何謂現實比的是帶風向的能力，道德不道德的標準則有如變形蟲。在這樣的氣氛下，在這樣過度強調物質生活與個人主義的社會中，孩子不難得到一個結論是：重要的是贏，不擇手段也要贏。

少了堅實的道德觀打底，孩子一個不小心就會淪為不論外在成就多高，都總是欠缺情緒深度、社會與家庭關係不完滿，且很容易陷入憂鬱與絕望裡的大人。但這當中還有比這更深更廣的危險：在許多我進行過的訪談中，反覆出現的主題往往是一項行為會對應什麼樣的道德責任。我們今天不釐清一些關鍵問題的答案，明日就得被這些問題的後果追著跑。誰來節制人工智慧？肯定會來到的重大醫學突破該掌握在哪些人手中？科技研究的成果該由誰來控管？什麼樣的理論推導將會形塑我們關於能源生產與化石燃料的各種決策？能帶我們成功度過二十一世紀的道德哲學不會是「贏者全拿」。我們的孩子必須理解如何在做出複雜的決定時同時顧及道德上的牽扯與影響。在為了本書做完研究後，我擔心的層面有很多，但我的結論是，道德上的理論推導，正是我們最輸不得，但又最沒有去好好關注的一個領域。

我們該怎麼做才對？

家長永遠希望給孩子最好的一切。但大抵由不確定的時代所推動的社會潮流，會接二連三地把美國家庭從正常的軌道上拖離。不知道接下來會發生什麼事情，或是不知道該如何為孩子們做些不同於我們以往為自己所做的事情，導致了我們會變本加厲去重蹈覆轍。不確定性會使人設法在保守的決定中取暖。高分被認為是飛黃騰達的第一站，菁英大學是通往職涯與財務成功的保證班，而好勝則是沿著梯子往上爬時不可或缺的心態。高分、好大學、想贏的心都沒有錯（甚至還非常對），問題是我們若覺得光這三位一體就可以保我們孩子安泰，那他們未來的路可能會走得比想像中辛苦。Google、蘋果與IBM已經停止在徵求很多職位時設定學歷門檻。只從常春藤盟校這類「核心學校」招募人才的偏見，已經開始在從JP摩根到LinkedIn的一流企業中慢慢退燒或甚至絕跡。「太多人才因此被埋沒」或「血統純正不等於潛力十足」是必然的理由。協作能力往往才是企業找人時最看重的其中一項特質。Google的「氧氣計畫」（Project Oxygen）旨在於幫助企業檢視公司內部表現最傑出的那些經理人，然後看看這些人身上都有哪十大技能，結果發現「上榜」的都是溝通、合作、傾聽等人際技巧。熱忱、幹勁與樂於傾聽等能力比耶魯的學位更加搶手的那天，搞不好已經指日可待了。也許你會說現在做這判斷還太武斷，但面對未來我們確實需要意識到改變的可能性，需要往前看，而不是頻頻回首。

人類對於不可預測性、風險與模糊性的回應經過數十年來的研究，我們已知的是人腦無法在這些狀況下運作得最好。遇到可能的結果不明確時，我們會在決策過程中朝著妥協傾斜。我們偏好可預測性，並仍在莽原遠祖的DNA控制下，一身陷不確定的環境威脅就在第一時間選擇或戰或逃。但我們不住在莽原上已經很久了，而我們的孩子也必須要設想出比戰／逃二分法更深刻、更複雜的應對之道。家長該思考的是：我們要如何讓他們準備好迎接一個我們自己都難以想像的未來呢？

為了回答這個問題，我首先跳進的是這個困境的核心：不確定性的本質是什麼？我研究了不確定性會如何影響人腦，也研究了那會如何影響我們的決策過程，尤其是遇上牽扯到孩子未來的決策。我觀察了不確定性與焦慮之間的強大正相關，也觀察了這兩者會如何相互放大。我回顧了許多我經手過的家庭輔導筆記，並由此描繪出了焦慮、家長的過度保護，以及一種名為「累積性障礙」（accumulated disability）的狀況間，這三者的連結，其中累積性障礙指的是：生活技能與應對、適應與運作等能力的持續減損。你可以將之想成是一種後天習得的無助，一種其實與事實不符，但你就是覺得自己無力去改變環境的信念。而這種人造的無助感也可以被連結到以家長焦慮作為燃料的過度呵護。至於這種呵護，則是不穩定年代的附帶產物。

有了自覺，我們就能獲致遠見而看出方向。心理學家發展出了幾種策略可以供人有效地進行焦慮管理，建立起對模稜兩可的耐受性，並回復孩子們目前可能欠缺的技巧與能力。我們可以指導他們去培養樂觀，鼓勵他們對實驗產生興趣，幫助他們重新定義失敗為一種名為嘗試錯誤的學習。若真想身體力行來以身作則，那首先我們就得先以自己為目標，完成這些情緒與心靈上的調校。

因為決心要提供家長一張具體的清單，讓他們知道如何能讓孩子做好未來數十年的準備，我於是把平時人脈中的教育工作者、心理學者、社科專家，通通請教了一輪。而他們的分享雖然深具啟發性，但卻欠缺了一種我認為很重要，能與現實世界接軌的視角。於是我找上了完全不在我專業跟舒適圈內的商界與軍方，尋求優秀思想家的支援。這麼做對我來說是極端的跨界，也可以說非常反直覺：軍事將領與企業執行長的目標，會有值得家長與老師參考的地方嗎？但我尋找顧問的標準是他們要處理過多面向、持續演進，且無法與傳統方式處理的問題。而從商與從軍的人在這方面都有著豐富且實務證明有效的策略可以分享。科技領域的創新者是飽嘗過快速變化的鑑賞家，所以我也將他們列為請益的對象。彷彿狙擊手的他們會比誰都率先鎖定未來幾十年會派上用場的關鍵技能，比方說統計學與資料處理，而他們的好奇心與願意正面迎擊不確定性的熱情，將讓為人父母者獲益良多。

在訪問這些不分性別，各個領域的菁英時，我聽聞了許許多多個人的經歷。我這才深感不可思議地知道他們是如何披荊斬棘外加一些好運，才能在如今這個滿溢成就感的位置站定。大網一撒，我收穫的是各行各業中處於不同發展階段的第一手證言。他們的職涯發展鮮少是一條腸子通到底且從來不會踩空的平地，而更常是一條彎彎曲曲、歪七扭八，輪胎打滑或繞遠路都經常發生的旅程。我把他們的故事分享在這裡，希望能給覺得逆流而上很辛苦的家長一些鼓勵。

雖然變化與不確定性始終在我們的四周旋繞，但有一項事實是自兒童發展研究啟動的百餘年來，都不曾改變過的：父母親始終在孩子的身心發展中扮演著比想像中更大的角色，今天也是一樣。相對於兒童發展的研究吸引了大量的關注，我們一直沒有相應地去進一步了解爸媽需要什麼樣的環境才能活出光彩。由於大部分的媽媽現在都是職業婦女，而且愈來愈把時間跟精神都花在孩子的培育上，因此我們更需要去搞清楚如何降低母親的壓力，改善她們的生活處境，因為以此為基礎，我們將更能去改善孩子們愈來愈常見的情緒問題，也更能讓母親擺脫無助、挫敗與孤立的心境。父親參與親職的程度愈來愈高，甚至經常扮演主要的照顧者，但這樣的他們卻很缺乏前例可以參考，也鮮少有軟硬體可以助他們一臂之力。現代家庭的排列組合可以說五花八門，一言難盡但又幾乎沒人可問的挑戰所在多有。由此想幫助孩子去適應環境中的極端變化，你得先多少懂得如何一邊讓自己適應變化，一邊在生活上穩住自己。我後面會用一整章的篇幅來講述這個重要的問題。

想要探究如何扭轉深植於現代不確定性中的焦慮與孤立，就不能不去深入探討我們的價值觀跟我們所屬社群的狀態，而這些也會是我們在本書最後一章要討論的課題。在這個滑一下手指或發一則推特就可以毀人名節或顛倒黑白的世上，在這個「人謀不臧」與脫序的科技可以威脅到美國與全世界安全的時代，我們必須確保自己的孩子們能身懷健全的道德羅盤來面對這些挑戰。價值觀的培養與強化，必須在我們居住的社群中發生。我們必須去思索當我們眼裡只有自己的至親及小家庭，完全不去關心鄰里與更廣大的外在世界時，我們會失去些什麼。我們必須改變這點，因為只有把眼光放遠，我們跟孩子才不會活得孤零零或擺脫不了恐懼，我們所有人也才能在這個連結愈來愈緊密的地球生活圈中共存共榮。當然，人一定有親疏遠近，我們無可厚非地會想優先照顧自家跟家人。

但只要我們還希望讓孩子有一個足以永續日符合公益的世界可以繼承，那我們就不能不接受身為地球公民的一份責任。

勇敢走向沒有家長去過的邊疆

神經學者羅伯特・波頓（Robert Burton），也就是《人，為什麼會自我感覺良好？：大腦神經科學的理性與感性》（*On Being Certain*）的作者，曾說過未來就像是亞歷山大・考爾德的一個「流動藝術」（mobile art）作品：「你碰了作品中的一塊，其他各塊也會一起連動。現在想像這尊裝置藝術裡有數以千計的零件，每一件都會被其他任何一塊零件的動作牽動。」不論千變萬化的這裡是不是我們若有選擇會喜歡的地方，我們都已經生在這裡了。所以考慮到孩子，我們最好還是學著不要在隨機中迷航，順便讓沿途的美景供我們欣賞。

未來或許有無窮的機會在等待著孩子，等待著他們在其中過起人類世世代代想像不到，更長壽、更多元、更健康，也更有生產力的生活。所以除了協助他們準備好迎戰二十一世紀的不確定以外，我們也必須要提醒他們和自己一件事情：這很有機會是一場別開生面的體驗。有朝一日他們會對他們的孩子談起自己的青春歲月，到時候他們可能會為了自己能長在這個前所未見的精采時代，而滿懷著讚嘆與感念。

家長會看得到未來的危機而看不太到未來的契機，是再自然也不過的事情。害怕未知與抗拒改變都是寫在人腦中的鐵律，那是一種經由演化形成的生存反應。那我們該如何解放自己呢？首先，我們要破解人腦處理不確定性的過程，以提高我們複寫這些古老指令的勝率，並讓我們得以以新鮮的視角與開放的心靈去思考該如何讓孩子準備好迎接在他們有生之年，可以期待會遇到的所有不確定性、所有契機，與所有令人瞠目結舌的變異。

第二章

當你的大腦遇到未知的領域

——我們為什麼會做出各種荒唐的決定？

十七歲的馬修這年高三，有一個工程師的爸爸跟在在地社區學院兼課的媽媽。這一家三口都聰明，關懷社會，而且積極參與社區事務。馬修除了學業上很優秀，運動細胞也非常好（有筆美式足球獎學金在追著他跑），但就是他面對權威會出現一些行為上的問題。很多事他會自己想怎麼做就怎麼做，為此他很多次被輔導老師跟校長請去面談，這包括他會塗鴉在學校牆上，會經常性上課遲到。他爸媽會時不時跑來問我對馬修的狀況有什麼建議，但最終他們的結論是馬修的「聰明才智」足以抵銷他「青少年特有的恣意妄為」。

有個星期六夜裡，我接到麥特（馬修的暱稱）媽媽氣急敗壞地打來說她兒子出了車禍，結果警方一驗他竟然是酒駕。家人第一時間衝到警局替他交保，然後電話就打到我這兒來了。他們想討論接下來的處理步驟，而我強烈感覺到以麥特之前輕度的反社會行為而言，他首先必須要面對自身行為的後果。麥特的駕照無疑會被吊銷，另外該做的社區服務他應該也逃不了。

麥特已經太久沒有為自己的行為付出代價了。短短一年後，他就要成為沒有爸媽幫（倒）忙，總是幫他當擋箭牌的大學生了。我擔心他恐怕還沒有發展出自我節制的能力，就要進入大學校園這麼個不太有人管的環境了。在我連兩天與麥特跟他爸媽進行了深度對談後，他們的結論是請律師用技術問題來設法撤銷罪名。三人怯生生地跟我報告了這個心虛的決定，他們很清楚「一個汙點就可能毀掉他的大學獎學金。申請大學這檔事真的太多變數，我們實在冒不起這個險」。

這個故事，背後象徵著我獲得動力來寫這本書的各種問題：為什麼時時更新育兒知識，同時既聰明又善良的爸媽，會願意在誠實、負責、堂堂正正做人的問題上對孩子（跟自己）放水？麥特的家長絕對知道這一題的正解是讓兒子承擔行為的後果，但他們的理性終究不敵一種我始終無法徹底摸清的東西：恐懼？焦慮？羞恥？當然，麥特一家的事情既不是個案，也不是多麼罕見的特例。任何時候都有爸媽在孩子的派對上提供酒水、幫孩子完成作業、替順手牽羊的孩子大事化小小事化無、或是為了孩子的成績著想而對他們吞聰明藥（如Adderall）的行為睜一隻眼閉一隻眼。我們都在這些誘惑面前軟弱過，也都清楚自己應該堅強一點才對。

對於這些經不太起質疑的決定，是出於什麼樣的動機，我慢慢覺得我們是在不很了解全貌的狀況下受到了神經層面、生物層面與文化層面的影響。事實上不光是父母，而是連多數成年人都不太知道當我們在感知威脅、消化不確定性，乃至於最終做出決定時，背後是什麼推力在運行。

各位可以把這一章當成是大腦的使用手冊，因為正是當中描述的各種動機，造就出了讓我聽到耳朵長繭的一次次悔恨告白：「我知道她應該（多吃一點、睡飽一點、多找時間休息、不要那麼忙），但哪個孩子不是這樣，我實在是沒辦法狠下心來改變。」這一章的內容會描繪大腦的基本運作方式，並將無意識跟家長決策之間的點連成線。任何決定牽扯到我們的孩子，都會非常艱難，而我們又恰好活在一個讓這些決定難上加難的時代。我們愈能對自己的大腦如何在當前的時代狀況下運作有所理解，就能在面對各種進退兩難的問題時思考敏銳：幼稚園該讀教學型的好還是蒙特梭利系統好？暑假實習該找國際級的金融機構還是在地的非營利組織，才有利於未來的發展？孩子開車犯法時要狠下心讓他們承擔後果，還是心軟對他們放水？

生存，就是預測危險

大腦意識的主要功能，就是進行預測。合著有《創智慧——理解人腦運作，打造智慧機器》（*On Intelligence*）的傑夫・霍金斯（Jeff Hawkins）解釋說：「所謂的預測，不只是人腦做的許許多多雜務之一，而是大腦新皮層（neo-cortex）肩負的主要功能，也是智慧的基礎。」為了應付不確定性，我們會讓神經生物的機制為我們所用，藉此來進行預測——亦即對環境進行評估，然後推測接下來會發生什麼。當然，我們不能忘記的是大腦不同區域有很多功能上的重疊，同時我們對於大腦仍有很多不了解的地方。可以說若破解大腦是一趟旅行，那我們才剛剛離開起點，終點距離我們還十分遙遠。但話說回來，關於不同的處境會如何影響我們的思緒與決定，我們也確實已經掌握了一些不能算少的資訊。

人腦的組成包含四個部分：小腦、腦幹、大腦與邊緣系統。小腦與腦幹負責重要的身體機能如平衡、心跳、呼吸，但本書關心的是另外兩部分——大腦與邊緣系統，因為它們控制的是人的思想與情緒。

大腦所管理的高階功能包括語言、聽力、視覺與資訊的理解。而作為大腦一部分的前額葉皮質則是創意、解決問題、判斷力、注意力與抽象思考的大本營。而這些功能集合起來，有一個統稱的別名叫做人腦的「執行功能」（executive function）。

邊緣系統的任務是調節賀爾蒙、處理情緒、形成記憶，乃至於確保生存，由此它會啟動憤怒、哀傷、恐懼等情緒，還會提醒我們要注意具備潛在威脅的情境、以確保我們牢記這些威脅以強化日後的安全，或是讓身體做好逃命或自衛的準備。邊緣系統還有一項功能，是在我們想控制自身攻擊性時擔任訊號的中繼站。

前額葉皮質與邊緣系統會全天候保持運轉，除非我們睡著。在世界上走動，我們無時無刻不需要根據經驗與感知到的威脅高低來做成決定。大腦死心塌地愛著可預測性，因為那代表不會有突發的威脅讓其大吃一驚，而威脅變少，我們做每個決定時要耗費的能量就會降低，面對外界也不會有太大的壓力。曾經這種功能是為了讓我們的祖先愛惜生命，遠離劍齒虎，而如今它則是讓我們平安地過完一整天。假如你得在下午三點去接孩子放學，但你又不知道他或她會從哪個出口出現，不知道你的車會不會半途沒油？不知道最近的加油站在哪？不知道你的信用卡他們收不收？這些想法會不會讓你覺得壓力很大？事實上正是那些你不需要思考的事情，才讓我們得以順利過完一天而壓力值不會爆表。

從這一刻到下一刻，我們始終在評估著環境。當面臨到抉擇，我們會權衡風險與利弊。只要當下環境並不危急，我們的大腦便會冷靜而有效率地消化資訊。但如果面臨到的是在生理、心理或社交上有較大風險的處境，那大腦就會將其認知為一種危險，邊緣系統就會以較高的權限介入並凌駕在前額葉皮質之上，接著腦中會警鈴大響，我們就會進入到壓力反應的第一階段——警戒（alarm）。我們的心率、呼吸與血流量都會隨著能量湧出而增加。我們會完全處於或戰或逃的抉擇模式裡。但這個過程一般都是說時遲那時快，結束在我們還沒來得及「看到」危險之前，比方說我們急打方向盤來避開對向來車，就大抵是這樣的一個流程。

等立即性的危險過去後，組成壓力反應系統的第二個部分——抗拒（resistance）——就會隨之啟動。可體松（cortisol，又名皮質醇）這種賀爾蒙會被釋出，好讓我們保持警覺心的高轉速。或許車子沒有撞到我們，但我們還是繼續在發抖、氣憤，並且想要找這個三寶駕駛理論。我們會繼續專注在威脅的起源上。這時候就算金剛在街上跳霹靂舞，我們也不會注意到（有個常被引用的實驗就請過人身穿猩猩裝來證明這一點）。等我們冷靜下來後，可體松的濃度也會下降，前額葉皮質會重新握回風向盤，而我們也獲進入壓力反應的第三階段：衰竭（exhaustion）。在威脅中活下來，即便只是被一名不長眼的用路人擋住去路，也會把我們弄得精疲力竭。而這一切都只會發生在幾秒鐘到幾分鐘之間。

對活在已開發國家裡的大部分人來說，會威脅到生命的事情非常稀罕。但這不代表沒有千百萬人類覺得這種極端的危險是家常便飯（世上總是有顛沛流離的難民，總是有人住在戰區，也總是有人生活在治安敗壞的社區）。而這也正說明了何以我們的邊緣系統會如此敏感。它會過度反應到無法順利區別什麼是真正的威脅，什麼又只是虛驚一場。假如你載著十五歲的女兒去她跟朋友約好的電影院，結果她的朋友沒有出現，你傳簡訊給對方的父親，而對方遲遲沒有回應，接著過了一分鐘，三分鐘，五分鐘。你的大腦開始飛快運轉。是你搞錯日期了嗎？時間對嗎？是這一間電影院嗎？還是對方搞錯了？他是因為在開車所以才不回簡訊嗎？你應該要讓女兒留在這裡等？還是陪她在這裡等？或是再打一通電話看看？或者……或者……或者……。這是一件日常的小事，也絕對不會危及性命，但還是把人搞到快要虛脫。你要嘛等，要嘛不等，就看你對自己的孩子跟這一帶環境了解多少。但往往一想到有某種威脅可能會以某種形式危及孩子，我們就會在其實可以輕鬆很多的局面中繃得超級緊。我常在辦公室裡見證孩子們對爸媽反應過度的反應，往往是莫名其妙多於生氣。

由感受到威脅所引發的一連串反應，或許有助於我們生存下來，但卻不見得有利於我們在孩子的教養上做出正確的決策。每當我們欠缺足夠的資訊或經驗來正確評估風險，或是當我們擁有的資訊太過模稜兩可，恐懼反應的開關就會被打開。而要讓恐懼消失，最好的辦法就是當機立斷。即便我們快速做出的決定並不完滿，心跳加速、呼吸急促、血壓飆高與肌肉緊繃等症狀還是照樣可以得到舒緩。話說在這種時候，能夠靠著不論是深呼吸幾口或退一步想幾秒鐘來冷靜自己的能力，就顯得奇貨可居，極具價值了。

勇闖未知

人腦如何在充滿不確定性的環境中做成決定，是讓科學家好奇了近一甲子的事情。不同領域的研究者都曾對這一塊園地貢獻過一己之力，這當中包括心理學家、生物學家，乃至於行為經濟學家。反覆的研究確認了人就是喜歡根據已知的變數來進行選擇，即便他們知道稍微冒點險可以獲得更大的回饋。在輸贏不過是一張禮品卡這種毫無壓力的狀況下，研究的參與者仍穩定地偏好已知的機率甚於未知的機率，即便他們知道未知的機率可能讓他們大賺一筆。這種人性反應是一把鑰匙，可以幫助我們理解家長在這「亂世」中的決策過程。

我們已知不確定性會帶來壓力。二〇一六年，卡特琳與馬提亞斯・布蘭德（Katrin and Matthias Brand）發表了一篇以三十份已發表研究（與其總共將近六萬四千名研究個體）作為研究對象的「統合分析」（meta-analysis），希望進一步了解壓力對於決定會產生的影響，結果他們發現在有壓力的狀況下：

* **我們會尋求立即性的獎勵**。因為壓力讓人不快，所以我們會想要盡快讓其獲得舒緩。由此我們會選擇自己可以快速部署的選項，即便理性告訴我們說這麼做可能是短多而長空。（我快瘋了，我只需要趕緊做個決定，愈快愈好。）
* **我們會匆忙闖過灰色地區**。在正常狀況下面對一個細節資訊量不足的選擇，我們會尋求他人的回饋或自己去下點功夫研究。但壓力會導致我們跳過這些步驟，然後用不完備的資料做成結論，但冒進的結果往往是不如人意。（這事太複雜了。我跟著感覺走吧。）
* **我們會死鴨子嘴硬粉飾太平**。我們會受到壓力影響而做出平常不會做的決定，然後再急著用高報償來合理化自己草率的決定。（這肯定行得通的！不入虎穴焉得虎子嘛。）

賭注很高而時間緊迫

決策過程的另外兩個層面，格外與做家長的人切身相關。這兩個層面並不直接關係到不確定性，但當如配菜一般被加進不確定的處境裡，它們便會讓我們做錯決定的傾向變本加厲。其中一個層面牽涉到我們如何處理高賭注但鮮少面對的決定。發生意外後要在外科手術與物理治療之間擇一，就是這樣一個例子。至於對家長而言，這類決定可能包括房子要買在哪裡？幼稚園要上哪一間？研究學者對此表示：「生命不會給我們太多機會實習這種選錯會很慘，而且難以逆轉的抉擇。」面對這類一翻兩瞪眼的選擇，人常見的反應有下面五種：

* **我們會習於貶低或無視統計機率**。不論是在評估某項投資的風險，還是住在核廢料掩埋場附近的疑慮，調查的受訪者都傾向於認為不好的結果不會發生在自己身上。這就像做父母的人會說：「我知道新手駕駛車上不該載著其他孩子，但我兒子真的技術很棒，而且又不是跑長途，所以應該無妨。」

* **我們看事情總是只有很短的視距**。要人去想像今天的所作所為會導致日後什麼樣的後果，永遠都是一件很困難的事情。這也就是何以我們會沉浸在把孩子送進明星小學的喜悅，而輕忽了天天遠距離通學，一通就是六年，會對全家造成什麼樣的衝擊。

＊**我們會受制於有情緒共鳴的資訊。**一個顯而易見的例子是《美國新聞與世界報導》的大學排名。我們現在知道這份排名的鑑別力有其侷限性，但多年來投下的關注，會讓家長難以抽離並在觀察時顯得當局者迷，進而忽視了其他更多更有用也更具備研究根據的指標。

＊**我們難免於隨波逐流的跟風陋習。**有時在個人歷練不足或變數太多也太複雜的狀況下，我們不少人會跟著社會上的主流前進。「我兒子數學很好，但鄰居幾乎都有給孩子補數學。我不希望他在起跑點上吃虧，尤其是SAT測驗就快到了。所以加減請個數學家教總是有好沒壞，是吧？」

＊**我們把保持現狀也當成一種決定。**面對複雜難解的決定，我們會依照目前的慣性繼續走下去。這種人性被稱為「現狀偏誤」（status quo bias）。「我知道漢娜玩平板的時間太長，但她的朋友也是人手一台，所以我還是不要管她了吧，免得她覺得自己跟其他人格格不入。也許等開學她就會膩了。」

另一樣可能會給決策過程添亂的因素，是時間壓力。時間壓力會讓人緊張，所以也跟其他類型壓力一樣會讓人做出草率而不智的決定。時鐘滴答作響的聲音，會讓我們不自覺加快思考的速率，而這又會導致我們在做決定前沒能吸收到完整的資訊。再加上我們會根據自身的偏見來篩選資訊，結果就是我們只下意識聽到自己想聽到的事情。總而言之，我們會變得更加衝動，更加捨棄理性而依賴直覺，而這都是為了能早一點得出結論來終結不適。

現實世界裡的後果

上面說的這些，對為人父母者代表什麼意義呢？你母親很興奮於有一套影片可以加速你新生寶寶的學習。她像挖到寶似地向你介紹了迪士尼幼兒愛因斯坦系列，絲毫不懷疑這會是她金孫成為明星教授的起點。她下令要你每天早上放這東西給寶寶看。

你掌握的資訊是這影片會反過來拖緩幼兒的語言習得。但你又不想讓寶寶的祖母失望，你覺得心很累，此外說不定你得到的消息才是錯的。你覺得壓力開始浮現，因為她此刻就拿著影片站在你面前。所以你只好把自己的判斷跟尊嚴一起吞下肚，與你剛學會走路的寶寶一起用幼兒愛因斯坦的精采內容開啟新的一天。

聽到外頭盛傳小學階段才是孩子求學過程要飛黃騰達的關鍵起點，於是你決定讓已經可以進幼稚園的孩子晚讀一年。「大家都知道這種名為『紅襯衫』[1]的做法會讓他在同儕團體中占有優勢，

1 Redshirting。紅襯衫指的是讓孩子晚讀一年，好讓孩子在同年級裡的身心發展較為成熟。這個說法源自美國高中與大學運動裡的一種制度：校隊教練會刻意讓運動員晚一年代表校隊出賽，好讓他們有多一點時間磨練技術，順便合法延長他們可以代表校隊的時間，而這類學生運動員在練習或出賽時必須穿著紅色球衣。

因為他會比同學多長一年身高而個性也更成熟。」你忘記（或故意不去）讀一下關於「紅襯衫」的研究，否則你就會知道在幼稚園裡多一歲的好處會在日後的年級中急速消退，且升上高中便會消失殆盡。反之身為班上年紀較小的人會隨著時間拉長而產生一些好處，比方說他們會有同年級但較年長的同學可以示範什麼叫更高的成就與更好的品行。

你十七歲的女兒氣急敗壞地說她這週一定要邀請朋友過來參加她的生日派對，否則她們就會變心去另外一個朋友家玩，而且另外那個女生所辦的派對上還會準備了酒水跟ＤＪ，於是你讓步了，你同意了讓她在生日派對上也可以喝一杯。你告訴自己說女兒橫豎都會喝酒，那不如讓她在自己家裡喝，總比讓她在陌生人家裡喝安全多了。於是你假裝沒看到有研究告訴你說認可孩子在家飲酒是物質濫用的高風險因子。

這些決定的做成，都是在某種外在壓力下，而且欠缺足夠的調查，因為當下的我們都在情緒與心理上遭到過度的拉扯。當親職經驗還不足的時候，我們會覺得每一樣抉擇都又複雜，又模糊，又有壓力，又超怕做錯決定。太多時候我們會因此躲入恐懼的懷抱或是舉雙手投降，而這兩樣東西正是影響我們做出理性決定的大敵。

滿世界的風險：家長失眠版

在深究不確定性會如何影響家長決定事情前，我們得先想想哪些東西是常見的恐懼感來源：

* **職業**。哪些工作能存活下來？哪些工作會被自動化取代？哪些會被外包？哪些會變得無關緊要？
* **科技**。人工智慧會解放我們還是會抹煞掉我們？科技是不是在用一種我們既看不懂也插不了手的方式改變社會？
* **社群媒體**。失控如脫韁野馬，讓人無法自拔！
* **心理衛生**。那些高得嚇人的數據都是真的嗎？我們到底做錯了什麼？
* **社會安全網**。有人會接住我們嗎？還是我們得自己顧自己？
* **社會動盪與分裂**。不公不義、種族歧視、性別歧視、國家內部的極化對立。
* **所得的不平等**。我是這場零和遊戲中的勝利組還是輸家？我的下一代呢？
* **社會孤立**。社群不復存在、共同目標的消散。
* **恐怖主義**。存在於國內外的恐怖分子、網路恐怖主義、核武恐怖主義。
* **槍枝暴力，校園濫射**。政客遲遲不肯處理問題，讓人感覺槍枝問題的陰影永遠在。

＊氣候變遷。火災、淹水、乾旱、超級風暴、土石流。我們可以中止這樣的惡性循環嗎？還是只能眼睜睜看著局勢繼續惡化？

有些恐懼是我們自己嚇自己：比起被外國的恐怖分子幹掉，我們更應該擔心的是走路或騎腳踏車出車禍或吃東西不小心噎到。但也有不少爸媽的擔心是應該的。社群媒體與二十四小時新聞的合體讓人連決定該擔心什麼事情（並控制好我們的焦慮）都不是一件容易的事情。我們會高估某些危險並低估其他危險。喬治・葛本納（George Gerbner）曾於二〇〇二年發明了一個詞彙叫「險惡世界症候群」（mean world syndrome）來形容電視上的暴力內容會如何導致觀眾以為這個世界比實際上更暴力。二十年過去了，我們現在要擔心的可不是只有電視一種新聞平台。持續暴露在天災人禍的畫面中，我們的大腦會受到影響。我們面對壞事會將之聳動化，內心則會更加情緒化。我們會覺得威脅離我們很近，會不自覺感到風聲鶴唳。

由此，能在心中有一把尺，不要對各種媒體與裝置上的資訊洪流照單全收，是一種很重要的技能，但多數家長都抓不到這件事的要領。當網路文化成為我們孩子們的母語之際，身為數位移民的我們卻常被多到我們吸收不完的資訊搞得七葷八素。所以我們擔心到不行。但這樣讓人失眠的清單只是鍋底而已，因為每一個身為爸媽的我們還會往裡頭添入自己專屬的恐懼。就在這種由焦慮構成的低頻噪音中，一家子的日子還得過下去。但焦慮會讓人難以精準地去評估危險並構思因應策略。所以很合理的推定是在經過焦慮地多年累積後，我們評估風險的能力已經不再那麼可信。

這樣的變化，可以從我們任由孩子去玩耍時的放心程度看出端倪。現在的家長，有幾個人敢讓孩子在家附近趴趴走？他們掛在嘴上的是害怕孩子被綁架、或是遭到暴力相向。事實上，如今這兩種類型的犯罪率都遠低於過往。真相是，美國歷史上對孩子來講最安全的時代，就是現在。話雖如此，活在當中好像感覺不太出來。一如前面提到過的研究，我們的理性一遇到孩子的安危這種不可以開玩笑的事情，就會遭到直覺的癱瘓。

專家的建議呢？

在過往（兩代人）的時間裡，為人父母者會把少數的育兒大師視為指路的明燈。從一九五〇年代到七〇年代有史巴克博士（Dr.〔Benjamin〕Spock）當班，而從八〇年代到二〇〇〇年代則有貝瑞・布雷佐頓（T. Berry Brazelton）跟潘妮洛普・李奇（Penelope Leach）輪值。另外如《懷孕知識百科》感覺是跨世代的經典（我一九八四年在懷二兒子的時候就讀過，然後我最近剛懷孕的媳婦還是讀這本）。回頭來看，以前的爸媽可以如此的有志一同，真的是有點不可思議。我清楚地記得我住處附近的書店有一兩面書架上滿滿的都是「育兒」專書——那是亞馬遜出現之前的實體書店，接著就是網路在那個古樸的小鎮上炸開。

如果說要緩解由不確定性帶來的焦慮，可以靠取得更多的資訊，那何以現今有看似無止盡的網路資訊供應，卻還是沒能解決這個問題呢？這有好幾個原因。其中最顯而易見的一點就是現今的海量資源多到一般的爸媽根本無力消化。時間壓力是第二項挑戰。現代人都很忙，所以就算我們有研究問題的心，多數人也不會有那個閒情逸致。然後就是我們怎麼知道該相信哪一個專家，話說比起以前的人只需要在幾本書籍跟雜誌之間做出選擇，現在擺在人面前的可是多到讓人眼花撩亂的平台上面有臨床心理學者，有研究人員，還有媽媽網紅。這些有專家之名的各種角色究竟有沒有專家之實呢？確認偏誤很容易在這個時候見縫插針：跟我們氣味相投的專家意見會比較容易為我們所接受。

最後一道障礙，是當我們認為可信的專家之間英雄所見不同。各種研究，比方說關於科技與社群媒體會對發育中的大腦產生什麼影響，都在快速演化中，以至於有頭有臉的專家都如履薄冰地不敢隨意選邊站。打電動對孩子是好還是壞？答案不可避免的是「看情況！」。打太多就是壞，適量就可能有益（問題是誰知道多少叫做太多，多少又叫做適量）。同樣的狀況也適用於緊迫盯人的爸媽，孩子到底是比較需要身邊有一位虎媽，還是比較需要有空間當一隻放山雞？也是沒有人能回答的問題。

我們已知環境愈不確定，我們就感覺愈焦慮，然後我們就愈急於要做成決定來終結焦慮。相互矛盾的資訊像間歇泉一樣不停湧出，只會讓我們的確定感不增反減。但話說回來，我們總是得想辦法去評估風險。所以很難說好與不好，但我們的傾向就是會投向自身經歷的懷抱，會去找身邊人的建議來倚靠，這包括：其他當爸媽的朋友，或是身分為老師、教練、大學輔導老師的人。但這很多時候都只是在同溫層裡取暖，都只是在加強我們原本的偏見。

未知的迷霧

隨著孩子慢慢長大，他們要面臨的挑戰與責任也不斷增加。等他們慢慢出現焦慮或憂鬱的徵狀時，家長心中不同想法間的拔河也會日趨明顯。爸媽覺得自己絕對不會危及孩子的心理衛生，但專家可不這麼想：現在的孩子是被捧在手心裡的爸寶媽寶，還是壓力過大的資優生？他們需要的究竟是多一點毅力還是多幾天休息？教練說這孩子有當棒球投手的天分，而且栽培他的投資都已經幾千幾萬美元地砸下去了。這時候你會鼓勵熱情消退或壓力浮現的孩子暫且休息一陣子，還是督促他要咬牙撐過去，因為撐過去就是你的？他拿到運動獎學金的勝算大嗎？透過棒球獎學金進到他原本進不去的學校，機率大嗎？

隨著這些疑問慢慢積累，我們在親職上的不確定性也愈來愈多。這一幕的開場我目睹過許多遍，而這可能對孩子造成的結果可不是開玩笑的：物質濫用、自我傷害、身體病痛、在大學第一年就燃燒殆盡等。做爸媽的自然不樂見這些結果，但他們似乎也同樣不樂見另外一種相應的結果：只因為成績差了幾分而沒拿到如同勝利「金戒指」一般的獎學金，進而搞砸了進入頂尖大學的良機。教練、其他父母、大學輔導老師，還有搞不好加上祖父母，會共同構成一個要孩子拚下去而別輕言放棄的社群。在賭注看似極大而未來又不可知的狀況下，家長會開始失去對利弊得失的精準判斷力。對於讓孩子採取與主流社群不一樣的立場，能為孩子帶來哪些長期性的優勢，多數爸媽都欠缺清晰的遠見——這些優勢包括練習為自己挺身而出、對現狀說不、清楚地表達自我觀點、調查其他選項的優劣，還有獲致一種屬於自身的能動性。這些技巧對孩子一生的助益，絕對不會輸給高中棒球打一整季。

有時候讓局面變得混沌不明的，是孩子自己。我記得有一名高二女生曾非常投入辯論隊與模擬聯合國（model UN）的活動，而她的爸媽會帶她來找我談，是因為雖然她是名優秀的辯士且成績都拿A，但她的整體狀況顯然並不對勁。她食量變得很大，體重也增加得很不健康。此外她會背痛，會動不動噁心想吐，還動不動就有淚水在眼眶裡打轉。她還沒有崩潰到需要住院或服藥，但她的生理症狀確實已經多到她爸媽的擔心不是沒有道理。

這孩子不肯減少社團活動或課業負擔。她拿想成為頂級學者得付出多少犧牲，給她爸媽跟我上了一課，然後提醒我們說要是這時候放棄模擬聯合國的活動，她將無法參加預定在費城召開的年會，而（她認為）那又會進一步影響她如願進入賓州大學的機會。她懇求爸媽讓她繼續待在社團裡。最終她爸媽同意了女兒的看法：三人一致認為半途而廢的損失對比於他們認為目前還不算太嚴重的症狀風險，前者還是比較大點。

這對爸媽，就跟我所認識的許多爸媽一樣，都有點被女兒的決心給震懾住了。她的好勝心跟爸媽的擔心放在一起，前者似乎更高尚，更應該優先處理。也確實，他們女兒的天資不差，自我要求更是令人欽佩，但我們還是要問一句：女兒這麼拚，有多少比例的動機是因為她內化了爸媽與師長與同學心中那種「大學重於一切」的想法？也許這孩子真的天生好勝，也許有些孩子真的能在巨大的壓力與密密麻麻的行程中活下來，而且活得很精采，但今天只要壓力的負面效應在他們身上浮現出來，我們就不能被孩子們的三寸不爛之舌說服，而要往後退一步，客觀地評估課業與課外活動過多會對他們身心造成的衝擊。身體出現異狀，往往是人對壓力適應不良的第一道警訊。我們要記住不論面對來自孩子的壓力，來自社群的壓力，還是來自社會文化的壓力，屈服都不是我們最好的選項。不要怯於跟孩子、社群與社會文化採取不一樣的立場。知子莫若父／母，外界對孩子的理解不可能超過你們，而身為家長的首要責任就是確保孩子的安全，包含心理衛生在內。

這名少女的家長跟很多人有一樣的誤解，那就是青少年的習慣差不要緊，長大就好了。所謂環境會嚴重扭曲我們的判斷力，這就是個很好的案例。亞特蘭大的一個爸爸告訴我說：「睡眠跟情緒問題什麼的都可以之後再補，但成績跟考試考砸了，可是會跟著孩子一輩子。」但其實我們手中大大小小的證據，都顯示事實與這位爸爸的想法恰恰相反。孩子一旦身心都被耗盡，他們的人生「預後」其實都不會太好。今天不論是SAT或有機化學，你都永遠可以重考，但必修的生活技能一旦沒有在青春歲月裡學會，你之後想補修這些人生學分可就難了，更別說萬一有孩子染上了物質濫用的惡習或罹患了心理疾病，那要好起來更會是一場苦戰。

很不幸的是，孩子們對於來自父母的錯誤觀念，往往是照單全收。他們也覺得自己的情緒可以先擱著，先以課業與社團為重才是對的。我有個精神科醫師朋友告訴我，有一名高三生的爸媽帶他來看診，是想治好他的拔毛癖（trichotillomania），也就是會忍不住扯下自己身上毛髮的異常狀況。這名年輕人向我的同事保證說：「等進了我爸的母校，我的病就會好了。」最好是。想把自我調適技能欠佳的狀況扭轉過來，不是件容易的事情。一如人生中大部分的事情，想發展出理想的調適技能需要熟能生巧——而我說的可不是拔自己的頭髮或睫毛。

其實會從基底影響青少年福祉的事情不光是大學先修課或地獄般的課業分量。體育、音樂、競賽等各種需要投注大量心力的活動都可能在吸引青少年熱烈參與的過程中，對他們的身心產生負面的影響。父母往往想當然耳地認為這些課外的追求會對他們日後的成功產生莫大的助力，但事實是父母高估了這些社團活動。孩子上了高中，父母並不會就此擺脫這種迷思——每個爸媽都覺得應該讓孩子去追夢。當孩子高喊「這就是我的未來了！」，我們的直覺就會動搖，我們就會有被孩子說服的感覺。外人可能一看就知道孩子出問題了——吃飯不正常、情緒波動大到會經常落淚、健康狀況也不好——但我們卻會當局者迷地去忽視這些警訊，因為我們身處的環境告訴我們：不讓孩子參加社團、球隊或先修班，才會是真正的風險所在。

認知失調

不確定感或許會讓我們覺得不舒服，但會讓我們不舒服的可不只這一樣：下錯決定後隨著愈來愈多證據指向我們誤判了形勢，那種認知失調也同樣會讓我們感覺不愉快。所謂認知失調，指的是當我們身處的環境裡存在相互矛盾的態度、信念與行為時，那種讓人不悅的感受。只是家長每天的生活就是被相互矛盾的資訊轟炸，所以這也算是親職的一種職業傷害吧。

我們若想緩解這種來自於兩種信念在打架，或是因為新資訊與我們固有想法衝突而產生的心理不適，有幾種辦法。就以孩子念書念到半夜而睡眠不足這個讓很多爸媽頭疼的問題為例，我們可以用下列的幾種做法來舒緩自身的壓力，讓自己不要明知道睡眠很重要卻還是讓孩子熬夜念書而內心煎熬：

*我們可以藉由挑戰這些相互矛盾的資訊，來合理化自己的決定：八小時？九小時？十小時？各種睡眠研究自己都沒有共識了，我就等他們自己先打一架，有個結論再說吧。

*我們可以增加與自身想法一致的新認知來合理化自身的行為：我朋友的小孩一天才睡六個小時，還不是頭好壯壯。

*我們可以尋求跟我們現有想法相符的資訊來挑戰與之衝突的資訊：吃一兩顆聰明藥不會怎麼樣。我聽說軍方也會用聰明藥來讓飛行員保持警醒。重點是女兒現在看起來很好，這才最重要。

支持這些合理化想法的世界觀，普遍反映了我們所處社區的價值觀，也反映了我們對怎樣對孩子最好的各種推斷。只要稍微與這樣的世紀觀保持些距離，哪怕只是一點點，健康的輕重緩急就會變得容易設定許多。我想挑明了說這對家長而言是個很大的要求。你不只得在下決定時能狠下心來，而且忙碌的生活步調也讓我們沒時間在下決定前深思熟慮。對於也曾在困難的親職決定前掙扎萬分的我來說，一名精神科醫師同事曾給過我一個讓我十分受用的建議：「睡一覺再說。」這建議陪了我三十年，一直到現在。

孩子的決斷能力源自父母的身教

隨著我們日復一日做成一個又一個決定，孩子也會在身邊耳濡目染。小時候孩子樣樣都得倚靠我們，所以他們會有大量的機會可以觀察我們的一舉一動跟各種習性。他們會慢慢摸索出家中的權力結構，就像我們只有他們那麼大的時候一樣。想請病假不去上課，該問爸爸還是媽媽？星期五晚上想去朋友家玩，想買新的電動，這些問題又該問誰才有勝算？比較衝動、愛自責、容易心情不好，但比較有彈性的，是把拔還是馬麻？看久了你每天面對各種抉擇的反應，孩子也慢慢會摸清你的底細，你一動他們就知道你要幹嘛了。他們會看著猶豫不決的你學習衡量各種選項，也會看著你對時事、對意外找上門的要求跟對無妄之災的反應，而慢慢知道該為哪些事情感到焦慮。

很多爸媽都不會在大事上徵詢孩子的意見，所以基本上是旁觀者的孩子會根據家中的溝通風格來習得決策技能。爸媽會在他們面前進行大量的意見交換嗎？或者家中的大小事都是透過簡訊跟孩子睡了以後的午夜場對話來得出結論？討論事情的爸媽會講著講著就吵起來或相互角力嗎？很多爸媽都很強調人要懂禮貌，教孩子要光明磊落，但家中的決策過程往往會在雷達上隱形，這是因為決策過程既複雜又耗時，而且我們實在不想再跟孩子發生額外的衝突。

一旦爸媽做成了與孩子相關的困難決定——或者是他們知道孩子會反對的決定——家長很愛用的一招是把這決定塞進「更高層權威」的嘴裡，免得被孩子的怒火燒到。「你的教練說你禮拜六也得練球。」「阿嬤會幫你出錢去夏令營，目標是你要把高爾夫球學起來。」「我跟你法文老師談過了，他說你的程度繼續上第四年沒問題。」參考他人的意見並沒有錯，但話說到底這些仍應該是我們做爸媽的決定，甚至在適當的程度上應該是我們孩子的決定。既然我們的決定權比誰都大，那我們就應該老實承認這一點。不要以為自己這種敢做不敢當的行為，孩子們會看不出來，他們早把我們給看穿了。理想的狀況下，我們應該要針對自己的決定說出一番道理（這不等於我們要在一直盧的孩子面前捍衛這個決定）。能不能說服孩子不是重點，重點是我們在示範人要怎麼做成決定，又該怎麼把決定的理由解釋給別人聽。當二十來歲的人會覺得自己有壓力得在ＩＧ上貼文，而且主題還是「adulting」（表現得像個大人）時，那恐怕就代表我們錯失了太多機會讓孩子參與成長過程中許多需要讓他們去挑戰自我的環節，包括做出困難的決定。

隨著我們愈來愈能得心應手地去管理不確定性，也能管理好由不確定性所衍生出的焦慮，下一步我們便可以適當地讓自身的決策過程在孩子眼前顯得透明：我們可以在決定事情時進行「有聲」的思考，可以請他們提供意見，也可以示範我們是如何解讀資訊、如何排定優先順序，如何評估輕重緩急。我們還可以從在許多學校裡非常值得一上的社交—情緒學習（Social-emotional Learning）課程中得到一些啟發。當我們的孩子在學習大腦如何運作，並同時在發展並應用那些自我意識與自我情緒控制必備的知識、態度與技巧之時，我們自己也應該要加強這方面的修養。亦即不分家長還是孩子，我們都必須要學會深呼吸並冷靜下來。

「糟糕，搞錯了！」是我們學習的好機會

這一章把大部分的篇幅都聚焦在與不確定性相關的不舒服與危險上，但其實不確定性也有其光明面，主要是若問人何時學習效果最好，那就是大腦判斷錯誤的瞬間。這個瞬間有一個專有名詞叫「預測錯誤訊號」（Prediction Error Signal），也就是夾在「我們所預期」與「實際發生的狀況」之間的灰色空間，而我們不論是吸收新資訊、做出新推理，還是達成新結論，這個灰色地帶都是事發現場。每當「搞錯了」什麼，我們就會得到機會去重新思考問題，去挑戰自身的假設，去思考其他的可能性，並藉此朝著正解慢慢靠近。

你可以這麼想：人生一大目標就是要對未來的事件做出準確的預判，因為若能準確預判未來，我們就能在事件果然發生時做好準備，然後進行有效率的適應。但當環境變化快到今天這種程度時，我們若還想幫助提升孩子的適應力，最好的辦法就是讓他們習慣預測錯誤。誰能把錯誤視為學習的機會，然後再試一遍，誰就最有機會能快速找到新的解決方案（而孩子也可以藉此增強韌性）。那些因為犯錯而僵住並陷入慌亂的個體，則會覺得適應環境是件很辛苦的事情。

曾經有個六歲的小女生在我的辦公室裡拼一幅頗有難度的拼圖。我原本擔心她會因為一直沒辦

法把拼圖塞進正確的地方而覺得有挫折感。但我問她需不需要幫忙，她二話不說就回答說：「當然不要，這個很好玩耶。」如果要我在辦公室熬一整夜，只為了等著看這積極自信的孩子把拼圖拼出來，那也是沒問題的，但事實上我想熬也沒得熬，因為她很快就把圖拼出來了。面對錯誤的勇氣，讓她在拼圖訣竅的掌握上極具效率。

這個故事說明了何以雇主會如此看重員工容忍錯誤並從錯誤中學習的能力。少了錯誤，我們就會停留在原本的軌道上毫無作為。維持現狀對只賣一樣東西的老牌子或許是不錯的策略，但這在瞬息萬變的環境裡就是自尋死路。從便利貼到盤尼西林到噴墨印表機，再到X光攝影，這些東西全都是由錯誤衍生出的創意，因為它們全都不是研發人員一開始就打定主意要做的東西，而是誤打誤撞，因為原本設定的功能不彰，才重新構思出的新應用。現世的一個優點是企業會主動提供環境來扮演這類驚喜的溫床。許多公司如絲芙蘭、BMW與3M都設有「自由時間」或「創新時間」來供員工從事未經測試的旁支企劃。Google任憑員工有每週一天的額度可以去恣意構思，於焉誕生的是Gmail與AdSense。擁抱不確定性不是自爽或自我滿足而已，那是在研發工作上戰功彪炳的良策妙計。

重點整理：家長必修的不確定性與決策原理

為了孩子的事情做決定，從來不是一件輕鬆事，而大腦處理這類決定的方式與處理其他決定並無二致：調出過往經驗來衡量風險跟報酬的高低，然後預測結果。但今日的資訊過載與環境的瞬息萬變，導致愈來愈多的決定落入到「無從預測」的範疇。大腦視不確定為一種威脅，而這會誘發神經反應來命令我們盡快做成決定，以便讓威脅得到緩解。我們會自然而然靠向熟悉的標準來評估風險與報酬——像是現狀偏誤、文化壓力與內心的直覺，但這些都不是最理想的評估標準，因為它們所根據的都是我們過往的經驗，而我們的過往跟孩子可能的未來，顯然會有很大的差異。

關於家長的腦部一點最後的觀察是：我認為我們身處的高度不確定性，以及過度暴露在美國與全球新聞毒害中的程度，都大幅削弱了我們容忍焦慮的胃納。我們就像創傷的受害者，任何一丁點校園的傳聞或國際快報都會掀翻我們的傷疤。我們沒有足夠的頻寬去冷靜地吸收這些消息，那就像是我們在一次次溫習具體而微的壓力反應——警覺、抵抗、疲憊——而且一天好幾遍，中間幾乎沒有供我們喘息的機會。這在一定程度上說明了何以家長來到我的辦公室，共同的口頭禪都是「我快不行了」。我們也不是很善於容忍家中孩子的焦慮。而這會像連鎖反應引發其他問題，一如我們下一章會見分曉。

透過對大腦如何推動我們對環境的反應有所理解，我們將能把對改變的恐懼與抗拒推開到一邊。面對新時代，我們必修的功課是要發展出一組更有彈性的反應來幫助我們跟我們的孩子培養出好奇心與熱情，而不是困於對未來的焦慮。

第三章
無能，是不斷累積的結果
——過度保護反而帶來真實危險

我原本跟同學一起走路上學，一點問題都沒有，但我爸媽不知道在哪裡讀到說有個變態在全美流竄，然後他們就說我不准自己去學校了。我現在上下學都是他們開車接送。

——十歲男孩的心聲

我們多數人都了解自己活在一個快速變遷且充滿不確定性的世界。如前所述，這會加深我們的焦慮，削弱我們解決問題跟做成決策的能力。為了完全解除不確定性對我們的思考所產生的負面效應，我們必須更透徹、更細微地去了解焦慮為何物。焦慮究竟如何影響我們？我們的焦慮如何影響孩子？我們該如何在會誘發焦慮的情境中增進自己的耐受性，又該如何進一步從焦慮裡學到教訓？

孩子們的本能是會去避開讓他們害怕或焦慮的事物，但如果不去面對這些東西，他們就永遠無法發展成兼具勇氣跟能力的個體。這是在面對不確定性時我們最不樂見的局面，因為既然冒險、快速適應與自在地與陌生人互動是你未來必備的生存技能，那你就不能一心只顧著不要讓自己焦慮。

焦慮的父母養出焦慮的孩子

過去一年，美國每五名成年人就有一個人苦於焦慮症，而終其一生，將近三分之一的美國人都會面臨這個問題。另外去年一年在從十三到十七歲的青少年當中，每三個人就有一個會掙扎於焦慮之中，其中可歸入嚴重心理傷殘（impairment）者也有百分之八點三。關於焦慮人數增加的來龍去脈，固然沒有人能夠全部細說分明，但多數專家的共識是這跟不穩定的時代應該脫不了干係，而兩名幫兇則是智慧型手機與社群媒體。如艾力克斯‧威廉斯（Alex Williams）在《紐約時報》中所寫：「流行病學界認為焦慮是一種病症，但同一時間，焦慮症也愈來愈儼然是一種社會現象：一種在驚悚電視畫面裡的腥羶中茁壯，然後透過社群媒體不斷渲染擴散，共有的文化經驗。」

除了某些文化因子會造成人的焦慮升溫，我們的基因組成也要負一點責任。有些人天生就比較外放，而有些人則天生謹小慎微。同理，有些孩子生來就愛探索世界，簡直天不怕地不怕，而有些孩子則光是離開母親就萬分掙扎。研究顯示焦慮症有三到四成的個體風險可歸因於基因遺傳。但身上有相關基因不等於被判（必得焦慮症的）死刑。因為不論好壞，環境因素永遠都會與基因密碼一起影響我們。

存在於家長的焦慮與孩子的焦慮之間，還有另外一項關聯。焦慮的爸媽對孩子的痛苦比較沒有耐性，而這代表這些爸媽會設法逃避他們認為會讓孩子不開心的處境。當然沒有哪個爸媽會故意去讓孩子不開心，但焦慮的爸媽會在避免孩子焦慮的顧慮上，比一般家長敏感得多。

童年就等於一連串不得了的發現——有些新鮮事讓人興高采烈，有些則讓人焦慮難解——這點同時適用於孩子與爸媽。要看著孩子朝著世界探險，而能忍住內心的焦慮，我們需要三樣法寶：耐性、自制力與情緒燃料。一旦這三樣法寶的存量偏低，我們就會不自覺地想要讓自身的焦慮感馬上喊停。新手媽媽吉娜一遇到三個月大的寶寶在夜半哭號，就覺得簡直難以忍受。她媽媽說讓孩子哭完就好，但她就是做不到。那淒厲的哭聲在摩擦著她的每一條神經，於是她往往寶寶發出一丁點呻吟就一把抱起孩子，然後一直搖到寶寶睡著為止。只要寶寶一睡著，就代表這對母子都獲得了解脫，但這也代表寶寶沒有能從過程中學會自己安慰自己，而吉娜也沒能學會去容忍幼子的一時不適。我們不先學會冷靜，孩子就沒機會學會獨立。

這把雙面刃一出鞘，你會在當下以為自己付出了慈愛與陪伴，但久而久之，這沉積在孩子身上的效應會極端有害。你可能小時候學騎車曾經摔得很慘，於是為人父母的你不急著讓孩子跨上腳踏車——你怕他會跟你一樣留下一記就是三十年的內心陰影。為了不讓悲劇重演，你遲遲不肯答應他的要求買輛腳踏車。這麼做一舉兩得，你心想這一方面可以讓兒子避開不必要的危險與會激發焦慮的經驗，二來更可以不要重新點燃你騎車摔下來的夢魘。但其實你這麼做只是一面在妨礙孩子鍛鍊勇氣與處世技能，一面不知不覺在幫恐懼與遲疑代言。

提到要保護孩子，我們第一個聯想到的往往是拯救孩子（於直直撞過來的汽車之前），或是當他們的盾牌（擋住網路色情與同學霸凌）。當然我不是說這些型態的保護不重要，但想長長久久的保護孩子的安全，我們需要把眼光放遠一點。真正可長可久的保護無法一蹴可幾，而必須要腳踏實地地慢慢累積建立。孩子對危險的免疫力必須源自於他們內化後的本領與自信，而這兩樣東西又必須在生理、心理與社交上的測試中反覆砥礪。懂得回應的雙親會很擅長鎖定親生骨肉的頻率，而那絕對是好事一樁：親子之間的溝通愈是順利，就愈有利於孩子培養出健康的心理與同理能力。但話說回來，父母若對焦慮一事過於敏感，反而會有礙於孩子的身心發展。這類過度焦慮的親職反應往往扎根甚深且抗拒改變，但我們還是先來看看不在看著孩子焦慮時去馴服我們的反應過度，會產生哪些意想不到的副作用。

我在執業時見著的青少年與青年人，往往苦於一種我口中的「累積性無能」：即生活／處事／

適應環境／扮演社會角色等能力的減損。會有這種我們不樂見的結果，是因為父母在孩子發展過程中出現正常焦慮症狀時，給予了不該給予的庇護，而這些父母還以為自己是在拯救孩子或當孩子的盾牌。這種溺愛即便在別的時代也會令人遺憾，而在我們的時代則更是會實實在在威脅到年輕人的生活乃至於生計。因為關於未來二、三十年，我們起碼確定生存需要以下幾種東西：凡事靠自己的獨立、面對變局時的鎮定，還有迎接挑戰的熱情。

提奧：分離焦慮的惡性循環

我跟許多病人的初見面，都是在他們中學時代。按照他們的爸媽所說，這些孩子本來都好端端的，然後可能是課內外的負擔變重，或是因故轉了學，兒子或女兒就突然亂了套，出現了很多不對勁的地方。問題是無風不起浪，人一定是有先遇到狀況才會出現異狀，而這些作為背景的狀況往往得數次療程後才會顯露出真相。

提奧是在母親陪伴下來見我，那年他十二歲。如果母親的記憶沒錯，提奧早期的各種發展里程碑都順利達標，原來她是全職的家庭主婦，所以提奧沒有被送去日托中心或幼稚園，而是跟媽媽一起去參加「親子蒙特梭利」（Mommy and Me）的團體與其他性質類似的活動。他在襁褓裡很乖，慢慢會站會走後也是個稱得上平和的小孩。開始上幼稚園後，他開始展現出一些分離焦慮：早上他會不想上學，爸媽得扳開他卡在車座上的手指，才能把他抱進幼稚園（加入班上其他在父母懷裡一把鼻涕一把眼淚的同學行列）。校方向提奧的爸媽保證這樣的反應很正常，而也確實在前幾週的壓力高峰過去後，適應了幼稚園環境的提奧變得平靜了許多。

三年級，也就是提奧八歲的時候，他又一次開始表現出與學校有關的焦慮。他在班上同學間愈來愈害羞，但又不想在爸媽面前承認這一點。他早上會磨磨蹭蹭不肯出門，一會兒喊累，一會說自己生病了。他每天經常課上一上，就跑到護理室報到，理由不是頭痛就是胃痛。提奧會哀求校護不要打電話通知家長，他堅稱自己只要休息一下就好。他爸媽因此得知兒子對學校似乎適應不良，但一般來講他真的只要休息一下就可以回到班上。

大約在同一個時間點，提奧開始失眠，於是爸媽不得不輪流在他的雙人床上陪他入睡。他們的想法是兒子白天在學校已經很辛苦了，晚上怎麼能再讓他獨自就寢而無人安慰？就這樣，這一家三口跌跌撞撞熬過了三年級，然後四年級，期間都沒有人提議讓提奧去接受心理治療，畢竟提奧家中的狀況根本沒人知道。相對於陪伴嬰兒或路還走不穩的幼兒睡覺，是很多家長都會做的事情，陪八歲小孩睡覺實在不是美國文化的常態，由此夫妻倆也不太敢跟親友們提。他們曾為了頭痛與胃痛等生理症狀帶提奧去看小兒科，但兩人都沒想到要跟醫生提一下孩子的失眠與之前的分離焦慮。

五年級開始，提奧的焦慮愈演愈烈。他開始驚恐於各種關於中學的傳聞：小圈圈、霸凌、壯碩大塊頭的八年級男生。他認真害怕起學校，晚上不論誰陪都睡不著（此時他爸媽已經放棄抵抗，還為了陪睡給他換了張大床）。夜裡提奧會不斷起來上廁所或喝水，白天他則會又睏又緊張，而他爸媽則輪番被擔心與自責折磨。他們要怎麼樣才能幫上兒子呢？可憐的孩子有那麼多功課得做，又十分焦慮於能不能成為一名好學生，結果是提奧的爸媽一開始是想要「幫忙」他寫作業，最後變成幫他寫完了大部分的作業。

而這，便是把他們帶到我辦公室的最後一根稻草。提奧媽媽問我能不能幫忙開一個學習障礙的診斷，好讓他可以有多一點時間寫作業或接受測驗。這對家長根本無法想像自己的孩子要如何去面對中學的課業，而他們的擔心恐怕是對的。提奧恐怕真的應付不來中學的生活，因為他根本沒有練習過自己睡、自己調配時間、自己寫作業。這就是我所謂累積出的無能：父母用心良善地想要保護孩子，但卻在這過程中引發或強化了孩子的惡性焦慮，限縮了他們的生活能力。

提奧的爸媽話說得痛心疾首：「他會有辦法度過求學生涯嗎？我們做錯了什麼？還有什麼是我們能做的？」這時他們不知道聽不聽得進去的實話是：「你們得少做一點。」

讓爸媽懂得向後退開，常常是難度很高的事情，因為他們會來向我求助，就代表他們早就深陷於泥淖中，早就一直在家中打造一個幫孩子減壓的環境。而與此平行的發展則是孩子可以用來處理焦慮的技能工具箱，變得空空如也。在提奧的家中，平凡無奇的日常生活變得如儀式般緊繃：提奧晚上想吃什麼？甜點要準備什麼？他什麼時候要我們幫忙寫功課？睡覺前他要打什麼電動？這整個家念茲在茲的，就是怎樣讓提奧的日子好過一點，但其實這些做法反而讓他的人生愈變愈難。他爸媽愈是圍著他打轉，他在感受與行為上就會變得益發脆弱，益發窘迫，而這又會反過來讓他爸媽陷入焦慮，導致他們想更多的辦法去配合提奧。

常常在跟提奧面談時，我會陷入一種思考：「要是小兒科醫師有多問他們幾個問題就好了，或者爸媽有提起孩子失眠或分離焦慮的模式就好了。要是爸媽能早個四年，帶八歲的提奧來找我就好了。」四年，對孩子來說是一段很長的時間，而孩子的年紀愈小，焦慮症治療的效果就愈好。等成為青少年，各種問題已經根深蒂固。等到二十出頭更是如此。當然並不是說青少年與二十出頭的人沒救，但治療的難度與耗時都會增加很多。

父母與孩子雙管齊下接受治療

如果能夠回到過去，提奧的爸媽應該怎麼做才對呢？最直接的答案是不要幫著他躲避讓他產生焦慮的事情，而應該倒過來幫助他去跟恐懼的事情面對面。當然這說來容易，要爸媽狠下心是很難的事情。只是在過往那種用大嗓門要兒子「像個男人點」的老派嚴父，跟現今這種會陪五年級兒子睡覺的慈父慈母之間，我們肯定能找到一個折衷的平衡點。

在努力捍衛孩子不受各種力量威脅時，我們不時會保護過了頭，結果是在不知不覺中讓孩子感覺更加脆弱。我們每次出手對孩子而言都是短多長空，他們的焦慮會先暫時降下來然後再報復性升高。而這道理也適用於我們自己身上。支持著這種觀點的研究顯示當家長偕孩子一起接受焦慮症的治療時，孩子狀況改善的程度會遠勝於他們獨自接受治療：一邊的好轉比率是百分之七十七，另一邊則只有百分之三十九。基因固然在焦慮症的轉移上扮演了某種角色，但焦慮型父母的親職風格也似乎是一項不容忽視的風險因子。

這在日常生活中，可以是這樣的流程：假設你女兒怕狗，而你在跟她一起散步時發現對街有條大狗。這時你可以牽起她的手，過到對面，跟狗主人聊聊天，問對方狗狗親不親人，然後伸出手讓狗狗聞，摸牠幾把，最後問你的小女兒她想不想摸摸看超軟的狗毛。這樣的經驗只要夠多次，加上你能去多認識些狗主人跟他們的愛狗，那你女兒就有機會去摸毛、拍狗、部分或全然克服她對於狗兒的心魔。這種透過增加與焦慮源接觸來改善狀況的做法，臨床上的專有名詞是「漸進式減敏」（progressive desensitization），這點我們第五章會再細談。由此為了讓人牢記接觸（exposure）過敏原在處理各種焦慮情境時的重要性，我同時傳授給親子的一條心法是：「看到狗，不要躲。」本書一以貫之的一個脈絡是，行為改變需要時間，需要操演，而且是大量的操演。

當然你有另外一個選擇，就是留在街道的這一邊。這麼一來，您的寶貝（與您）都能暫且鬆一口氣，但逃避會讓你們學不到任何東西。您女兒將無法伸展其名為勇氣的肌肉，也無法得知征服了恐懼這座大山之後是如何的海闊天空。但來到這裡，故事只說了一半：想想你自身的反應。任何時候你跟女兒一起看到狗狗出現，你都會因為預期到女兒的恐懼而焦慮飆高。但若你走到對街跟狗狗親近，則你跟孩子都可以一起鍛鍊到忍受焦慮與建構能力這兩條肌群。

有朋友跟我說了個故事，算是上述原理的另外一種開展。我朋友從小就會每年搭機在全美飛來飛去，為的是跟家人一起去拜訪親戚。但等長大離家後，中間隔了許多年，我朋友再次跟母親一起搭機旅行已經是她三十好幾的事情了。而就在母女倆一起在飛機上準備起飛時，她母親突然一把將女兒的手緊緊抓牢。

「怎麼了？」我朋友問起。

「我怕坐飛機。」她母親說了實話。

「不會吧！我怎麼都不知道。」

「因為我不想讓你受我影響。」而朋友的母親算是沒有白忍。做女兒的拍了拍媽媽的手，感謝她當年咬著牙，沒有在還是小朋友的她面前驚慌失措冷汗直流。從友人母親的角度看，她當年應該是想通了一個道理，那就是搭飛機讓她緊張就算了，要是連在身邊的小孩都被她嚇到而一起緊張，那她真的會崩潰。多數我們日常的焦慮源，並沒有像搭飛機一樣如此顯而易見，但只要我們意識到把自己的焦慮控制住對所有人都好，那我們就會比較知道接下來該怎麼做才好。

我們都需要調整自己的行為，以盡量避免讓孩子的正常焦慮突變成名符其實的焦慮症。要做到這一點，我們可以堅持讓以勇氣面對焦慮成為一件沒有年齡之別的事情。焦慮是成長的一環，但正常的焦慮必須與挑戰的嚴重性成正比。對花生過敏的孩子對食物有這玩意會緊張，是可以理解的，因為過敏弄不好是會要命的。但孩子只是因為認床而就從來不去朋友家過夜，那就是對正常發展過程中的挑戰小題大作了。怕去朋友家過夜的孩子很多，尤其是經驗還不多的時候。所以身為父母，我們也需要教導孩子去評估什麼是合理的風險，還有去懂得克服焦慮的價值所在。這，才是真正意義上的支持孩子。

說到管理孩子的焦慮，這一代跟前幾代的爸媽之間有一項有趣的差別。以往，多數爸媽都覺得憑藉經驗與知識，他們理應擔綱孩子的老師一職。他們覺得自己的工作是馴服孩子各種恐懼、焦慮、粗魯與衝動的直覺。然後在一九七〇年代的某天，親職專家與心理學者間的風向開始轉向。有些人在理論上認為所有本能都有利於兒童的發展。於是讓嬰兒自然斷奶開始蔚為風潮，幼兒學習「上廁所」要等他們「準備好」，大一點的孩子想吃什麼跟不想吃什麼，也都看他們的偏好。七〇與八〇年代的爸媽幾乎都記得自己小時候是如何被迫吃下他們不喜歡的食物，只因為他們的爸媽會說：「非洲小孩連吃都沒得吃！」這樣的童年，讓他們不希望自己的孩子得硬吞下討厭的食物。只是沒想到四十年後，這種哲學竟然像脫韁野馬一樣揚長而去，家長不再嘗試馴服孩子的本能就算了，還開始拍這些本能的馬屁。

為了讓孩子準備好面對未來，也為了保護他們不受難以逆料的挑戰傷害，我們必須與他們並肩學習如何克服害怕的直覺，並練習容忍孩子跟自身的焦慮。不替孩子做到這種程度，哪怕是少一點，都對他們是一種不公平。我們做爸媽的已經擁有了謀生、建立人際關係與養家活口的技能，但我們的孩子沒有。要是任由自身的焦慮妨礙了我們協助他們長成勇敢而能幹的大人，那吃虧的還是孩子們。

散播焦慮與逃避的種子

本書談的這種焦慮症，好發於人生的開端，六至十歲是高危險期。但其實遠在我們的孩子兩手一攤說：「我受不了學校了」，或是因為覺得焦慮而傷害自己之前，我們就應該要留意到各式各樣必然存在的警訊。我會這麼說，是因為一心想保護孩子的我們很容易對這些預警視而不見。我們會陪著孩子過街，好避開那個脾氣暴躁又不喜歡小孩的鄰居。我們會說：「那個場合會讓你感覺不舒服嗎？那就別去了。」親子之間這種像用「這讓我感覺很差！」跟「讓我幫你躲掉吧！」跳恰恰的互動在會讓孩子失能之餘，尚未在臨床上獲得充足的調查與研究。但這其實是很值得研究的主題，因為兒時的焦慮會在某個程度上造成青少年期的焦慮，而焦慮的青少年又是焦慮成年的人高危險群。

說起這種容易為人忽視的逃避行為，在我由三個小孩（與一名焦慮媽媽）組成的家庭裡可以說屢見不鮮。我在想，只要你懂得該注意什麼地方，那各位應該也可以在自家發現不少案例。我們下面會一起來看的狀況，並沒有哪一種代表你的孩子一定會發展出焦慮症狀。我們真正必須要留意的，是我們本身處理焦慮的模式，因為經常性對孩子的焦慮舉起白旗，只會讓他們朝欠缺處事技能的焦慮狀況更加靠近。

＊睡眠

我大兒子晚上睡不著，我會陪他躺著直到他睡著。很多爸媽都會與嬰幼兒同床，更有很多社會裡有「全家福床」的文化。有問題的不是跟年輕的孩子一起睡，有問題的是想用陪睡的方式來消除孩子或家長自己的焦慮。值得一提的西方文化雖然算得上百家爭鳴且多元開放，但跟滿四歲以上的孩子同床仍被認為是脫離常態的事情（為求本書的資訊透明，我承認我小兒子直到四歲之後很久，都還經常會來敲主臥室的門，然後睡在我們夫妻床邊的一條棉被上。如今長大成人的他是我所認識最不焦慮的年輕人，但我也曾向先生保證過「睡在爸媽房間裡的小孩上不了大學」。我跟大家分享這些事情，是想凸顯沒有人能百分百照著書上寫的去做，就算是我也做不到。一個家只要其他方面健康完整，那親職上的一些小疏失其實無傷大雅）。回頭來看，我有些時候會對孩子放了似乎不該放的水，並不是因為我過度顧慮他們的感受，而是單純因為我累了。雖然結果一樣，但動機不同就是有差。

美國小兒科學會並不建議父母與嬰兒同床，因為研究顯示這會增加嬰兒猝死症（SIDS）的風險。一份二〇一七年的研究顯示，從零歲到一歲與嬰兒同房（但不同床）不會增加猝死的風險，但「與四到九個月的嬰兒同房會導致其晚間睡眠的時間變短、導致其容易睡睡醒醒，並導致其產生具有安全疑慮的睡眠習慣」。所以雖然跟嬰兒同房固然能讓爸媽睡得比較好，但這不見得符合孩子的最大利益。

每個寶寶都會先愛哭一陣子才學會自我安慰，尤其部分寶寶更是對午睡或夜裡要一個人入睡充滿了純然的恐懼，但基本上在兩歲到四歲之間，孩子們就會進步到晚上能一個人睡著的程度，頂多偶爾例外一下。過了四歲還沒辦法一個人睡，正是未來可能出現焦慮症的早期警訊。但危機也是轉機，我們可以藉此解決還沒有大到失控的問題。「我要你陪，我沒辦法一個人睡」是小朋友常哀號的一件事情。而有一就有二，無三不成理，會說自己「沒辦法」單獨睡的孩子也會慢慢「沒辦法」單獨做其他事情：「我沒辦法去朋友家過夜，我會認床」、「我沒辦法參加枕頭派對，別人的床太亂了」、「我沒辦法離開家去夜宿，外面的床上一定會有東西爬來爬去」。等孩子長大了，事情就會變成「我不能住學校宿舍，因為會有我不認識的室友」。

*吃

有些孩子是一種龜毛的猛獸。他們會堅稱特定的食物讓人作嘔，然後會把被逼吃下去的全吐出來。爸媽忙了一天都很累了，但晚餐卻還得跟這些小猛獸作戰。這孩子究竟是想要控制爸媽，還是真的不能接受對特定的食物？話說到底，面對想控制你的孩子跟面對易焦慮的孩子，原理是相通的，孩子焦慮就讓他們焦慮到不焦慮為止，孩子耍賴就冷處理而不要動氣的說：「我們家今天晚上就吃這個，你想吃就吃，不想吃就擱著，我反正是不會另外煮別的了。」

爸媽的反應至為關鍵。我有個案主的九歲女兒不喜歡吃「醬」，所以每次去朋友家，做媽媽的案主都會來電提醒不要拿有醬的東西給她吃。但這樣只是讓她九歲的女兒失去了練習與醬共處（跟受邀作客）的機會。

身為臨床心理學家，我不時有機會瞥見別人家會如何為了吃這件事你來我往。有位女性跟我分享了她曾讓七歲兒子帶幾個朋友來家裡過夜，結果當天夜裡有人來敲她跟先生的房門，時間是凌晨一點。一名小客人亞當吵著說：「我要吃果醬吐司。」這名媽媽叫亞當回去睡覺，但他卻語帶威脅地說一定要吃到消夜，否則他就要打電話叫媽媽來接他回家。不堪其擾之下這媽媽照辦了。而一起坐在廚房裡，亞當告訴她說：「我靠吃東西紓壓，晚上沒有吐司我睡不著。」

由於我們很難精確地掌握孩子不吃飯的動機，也因為我們擔心孩子營養不足，所以關乎食物的親子衝突總是格外讓爸媽進退兩難。尤其是我們人一累，就很容易兩手一攤說：「好吧，你想吃漢堡我幫你做。」但對孩子不合理的偏食投降（我只吃白色食物、有葉子的蔬菜不吃、需要嚼的東西不吃、醬類也不吃）比起讓他們偶爾餓著肚子去睡，前者更可能造成長期性的嚴重傷害。現代家庭中的孩子想營養不良談何容易，但養成紊亂的飲食習慣就容易多了。大部分人都會慢慢蛻變成不太挑食的孩子，就算偶爾面對不是為他們量身訂做但仍充滿愛意的食物，他們也不會有太多意見。

＊上廁所

另一項爸媽必修的難題是孩子不肯在家以外的地方上廁所。這門功課最常見的開端，是孩子不肯在外食的餐廳上廁所，於是全家人只好把食物打包回家。此例一開，孩子就會開始不肯在親戚朋友家或公共場所上廁所。這有時候是社交恐懼的前兆，也可能預告著強迫症（ＯＣＤ）。放著這樣的狀況不管，不然孩子練習在各式各樣的環境中使用洗手間，結果不難想見：出門玩得提前回家、郊遊的地點選擇受限，然後等孩子上了學，他或她可能在學校憋一整天，而這也就代表這心理問題會開始影響到孩子的生理健康。一旦孩子長期拒絕使用公廁或在朋友家解放，我們就該懷疑焦慮在壓抑他學習生存之道的能力。這時候若能與精於減敏技巧的專家懇談一兩次，不論是讓孩子獨自參加或更理想的是由你陪著還小的孩子參加（你也可以學學減敏的原理──相信我，那不是什麼量子力學），都能未雨綢繆地讓你避開在夏令營或大學校園中等著你的大麻煩。想速成不用急，第五章會教你。

*遊玩日

遊玩日的意義在於讓孩子有機會練習容忍各式各樣的潛在焦慮開關：不同的屋子、家長、同齡者、手足、習慣、食物、玩具、浴廁，以及或有的保姆。這也難怪有些孩子會對遊玩日帶著戒心：「我比較喜歡在家玩。」而許多家長也樂於就範，像我就是其一。我從來不把在家辦遊玩日跟焦慮問題扯在一塊兒，我只是單純喜歡把所有的孩子揪來家中，跟他們玩，招待他們吃的，然後豎起耳朵聽他們聊什麼話題。身為好動但相對沉默的三兄弟的媽，他們的閒聊是我的寶藏。

孩子希望遊玩日辦在家裡，並不代表他們出了什麼問題。只是這代表他們錯失了一個良機可以去練習幾件事情，包括善用策略在焦慮的面前舉重若輕，也包括去承認並挑戰內心中的焦慮。社交焦慮對兒童與青少年來講是一個大問題，而其罪魁禍首往往被認為是社群媒體、簡訊、遊戲。在這些東西變成一個問題之前，鼓勵孩子只在自家參加遊玩日的爸媽也是在幫倒忙。你的孩子不只需要跟同齡的其他孩子有所接觸，他們還需要與各種陌生的環境有所接觸。再者，遊玩日永遠辦在家裡所傳遞出的訊息是：這附近唯一安全的地方只有家裡。

家庭軌跡的延續：校園生活

從十八個月到兩歲半，多數孩子會開始體驗到正常的分離焦慮，主要是爸媽會開始把他們交到保姆或日托中心手裡。精於此道的照顧者就知道要讓孩子紓解分離焦慮，最好的辦法就是使他們分心。然後等孩子要進入幼稚園就讀時，分離焦慮又會第二次輕微復發。

熟能生巧，兒童只要在這之前曾大量練習過如何忍受新的人事物，那他們就可以不太困難地完成入學的過渡（實際狀況當然得視孩子的秉性而定）。反之若爸媽較常帶孩子躲開狗狗而較少陪他們去練習跟狗狗接觸，那這時候就會比較辛苦了。該來的還是要來，孩子只能在此時看著自己究竟會沉下去還是浮起來。

同樣地對母親而言，這也是需要辛苦克服的一種過渡。看著孩子在操場圍籬邊哭得撕心裂肺，並把冷靜異常的老師甩開在一邊，我們很容易陷入自我懷疑：「我這麼做是對的吧？怎麼感覺很不放心？」「他需要我！我今天先留下來，明天他應該就會乖一點了。」我的經驗是，只要母親保持冷靜，並堅信這麼做符合孩子的利益，那大部分有分離焦慮的孩子都會在進入幼稚園的兩星期內習慣環境。只不過真的要狠下心來把孩子留在那兒，真的是談何容易，尤其是對新手父母親，所以我們才會動搖，會懷疑自己。在我幾個兒子就讀的幼稚園裡，我見多了哭得梨花帶雨的孩子被硬生生從母親身邊掰開，接著便是顫抖的母親由老師陪著走到園外。

從幼稚園到小學三年級的這幾年，不論對爸媽、孩子，還有焦慮的發展，都屬於關鍵階段。如果之前你自覺稍嫌溺愛，那這幾年正好可以讓你把錯誤補回來。孩子每大一個年級，他們就會面臨到更新的社交與學業挑戰。人際關係與學業成績其實有所相關，但一定要說，仍舊是社交焦慮比課業壓力更會讓八到十歲的孩子說出：「威廉昨天又欺負我了，他今天肯定還會欺負我，我不想上學了。」聽孩子這麼說，你可能會擔心起霸凌。這如果已經形成一個模式，則你絕對有必要去進一步了解，但萬一你因此說出「好，親愛的，你今天先留在家，我會打電話給老師問作業是什麼」，那可就非常不聰明了。這麼做或許會讓親子都馬上覺得好一點，但你的孩子將會在日後付出代價，因為在你的「保護」下，他失去了與同儕團體互動的機會，而迫使孩子打開心靈變得更有彈性的（你很奇怪耶，怎麼會不喜歡吃醬，這超好吃的），讓孩子準備好面對國高中更廣大之社交世界的，正是同儕團體的力量。身為父母，你的工作是幫助孩子想辦法處理偶爾的挑釁，而不是讓他們遇事躲在家裡。

三、四或五年級生若還沒有學會處理身處於團體中的焦慮，那他們的處境真的會非常不利，因為小學階段一項主要的身心發展任務就是學會在錯綜的社交關係中如魚得水，再來就是要趁此時熟稔交友的藝術。所以說在這個階段，我們必須要盡早把孩子的焦慮確認出來並加以處理，好讓他或她可以到外面的世界去體驗各種處境，而那又可以進一步避免焦慮在未來惡化成更大的事端。

小學生的家長常用「他們還小」來合理化一些不當的做法，包括讓他們不用去面對社交場面，或是雞婆地幫他們完成作業：「他才九歲而已。多給他一點時間。」但如果孩子不趁小學不多吸收點處理焦慮跟面對挑戰的經驗，那上了中學，他們的感覺就會像是想從消防栓喝水，他們根本不會有能跟上速度的機會，而那也解釋了何以許多爸媽第一次來找我求助，都是為了升上中學的孩子。

中學：「現在是玩真的了」

中學始終是一道難關。我一直覺得你把一群專攻兒少的心理學家、精神科醫師、小兒科醫師與發展行為專家集合起來，放到一個房間裡，然後要我們針對十一到十四歲的孩子提出一種糟到不能再糟的學習情境，那我們得出的結論應該就可以四捨五入成中學的模樣：只給孩子四十五分鐘的時間去消化一點也不簡單的學習進度，還不准他們在椅子上挪動一下屁股；故意讓他們無縫接軌地連上物理跟高等代數；想尿尿要先舉手；強迫他們在對身體外貌最敏感的年紀與其他孩子裸裎相見，順便讓他們身形有的已像成年男女，有的還是個小不點；最後再用特愛看好戲，且編故事能力不輸莎士比亞的同齡者把這些孩子團團包圍。而我這還沒提到他們申請大學的難題。不過反正他們暫時也想不到那麼遠，畢竟光是應付日常的人際關係與課業壓力，中學生就已經得使盡吃奶的力氣。

不少人不過是七年級生，就會聽到有人要他們開始規劃大學生涯，包括思考要主修什麼。先不論這種話有多瘋狂，對青少年的基本發展課題又有多無知，我們先姑且來想想這對小學時被爸媽保護得很好，連相對溫和的社交與學業壓力源都沒有體驗到的孩子，代表了什麼意義。除了學業負擔大增以外，中學的開始還代表著孩子要開始面對青春期（搞不好很多人早就開始了），要面對青春痘與跟身體羞辱（與外表相關的人身攻擊），還要面對霸凌、與雙親的分離焦慮、小團體、從一個變成七個的師長群、手機與鋪天蓋地的社群媒體，還有隨之而來永無止盡的比來比去。也年輕過的我們大都知道中學生活沒有太多的安慰可尋，而我們當時起碼還少了不少的壓力、少了一堆有的沒的科技，也少了空氣中對於成績和申請大學的焦慮。有些爸媽或許一直很自我克制，沒有對孩子的各種作業或作品插手太多，但隨著沒有人能例外的壓力愈來愈大，這些爸媽也將開始出手助孩子一臂之力，那就像有一種無所不在的緊張氣氛在發出警語，而晚餐桌上那句「現在是玩真的了！」則讓人感覺充滿了張力。

家長幫忙做作業，固然是造成累積性無能的各種干預清單上，很主要的一項，但可別以為爸媽幫孩子做的事情只有這一樣而已。中學是青少年開始學習照顧自己並幫忙家務的重要階段；但在很多家庭裡，青少年所打理的內務與家務並沒有比兒時增加，甚至還會變少，主要是擔心孩子沒時間應付課業、球隊與社交活動的家長會幫忙都已經十四歲了的孩子整理床鋪、會允許他們不用做家事，並讓輪到做飯的他們可以選擇輕鬆的部分。這些爸媽還會一而再再而三地為丟三落四的孩子購置新的用品或手機（所以孩子可以很放心地粗枝大葉），會在就寢時間上一再放水，會讓家中網路開到三更半夜，還會幫孩子打電話給老師緩頰，表示說孩子的作業遲交或考試分數太差都是「誤會一場」。家長的這些行為讓孩子無法學會的一干生活技能包括時間管理、獨立自主、製備食物，還有身為社會一分子的責任心。換句話說，累積性無能就是藉此扎根並開枝散葉。但只要孩子在課業上或在球場上表現優越，爸媽就會對他們其他方面的缺失睜一隻眼閉一隻眼。

聽我提起家務跟責任的話題，家長常見的回應是說「我自己來比較快」。這我完全懂。對於耐性已經耗盡，沒有力氣去聽孩子拿功課、交友、照顧小妹等事情有多煩來大發雷霆的父母而言，自己做真的省時省力又省心。家長美其名為「家和萬事興」，而實質上就是他們包辦了所有的家務，以避免跟孩子為此起衝突。但做家務與為自己的衣著及個人衛生負責，也是現實中需要青少年去學習的一種能力。很多中用但不中聽的技能，比如說洗衣服、基本料理、縫釦子，都會是孩子們有朝一日搬進新鮮人宿舍後，自信的基石。

高中：一場完美風暴

隨著大學出現在地平線上，父母的干預會在高中階段持續而且不減反增。對此青少年會有不同的反應，包括一些其實很健康的回應方式。我懇談過不少孩子不過十五歲的年紀，就已經釐清自己的界限在哪裡，而且也不覺得有什麼難以啟齒之處。他們會說「大家都選理工科，但那真的不適合我」或「我不練田徑了，因為喜歡歸喜歡，但我知道自己必須有所取捨」。

對家長角色變小會有所抗拒的，往往是父母親。他們會讓孩子每一場練習或比賽都去，會勤於透過學校網站監督孩子的成績，會三更半夜給老師發簡訊抱怨他們分數給太低或替作業晚交的孩子說明原因。他們會陪孩子去看病或看牙，然後在檢查室或診間裡從頭坐到尾。不少爸媽會希望孩子滿十八歲前不要提想學開車的事情，因為他們覺得安全的共乘服務令人放心得多。他們會勤於給孩子請家教，而要是孩子不善於兼顧課業與課餘的事務，錢不是問題的家庭還會聘所謂的時間管理教練，或是有一種「作業治療師」會被找來協助孩子念書與處理念書產生的壓力。

即便是那些勇於修課都修最硬的高中學子，都還是會覺得爸媽不相信他們的自律。有名父親因為一心想讓兒子把微積分成績拉起來，便把孩子每一次測驗與抽考的成績製成圖表追蹤。這已經很過分了，但更過分的是這爸爸還不讓孩子自己記錄成績！他非得自己記錄才覺得準確，覺得安心。他兒子最終還真拿到了A的成績，但付出的代價是焦慮感突破天際。每一次成績都要加入圖表計算，代表每一次考試都視同作戰，都是生死交關，同時這爸爸堅持自行保管圖表，就意味著他覺得兒子沒有能力把這件事做好（欸，你覺得能修微積分的孩子，會連記個分、連條線都做不到嗎？）退一萬步講，他父親應該跟孩子說，你去記一下分數來掌握自己有沒有進步，讓孩子自我管理，因為適度讓孩子自我管理，正可以讓他的焦慮降低。父母的干預與那沒有說出口的批評——你做得不對，你靠不了自己——會讓孩子出現沒必要的挫折感。人的能力，當然是不斷嘗試出來的，而嘗試自然不會一次就成功，犯錯是應該的。而上頭故事裡的爸爸或許讓兒子的微積分拿了A，但代價卻是他的自尊跟自信吞了個F。能力老是遭到雞婆的爸媽質疑，那就連最聰明的孩子都將無法對累積性無能免疫。

在高二這年，父母干預與美國複雜的大學申請程序會聯手創造出恐懼／焦慮／壓力的三合一漩渦。準備申請大學的過程之繁雜與令人費解，不少爸媽都會聘請顧問來帶他們從迷宮中穿越。大家比較耳熟能詳的障礙，包括SAT／ACT的準備與應考，包括AP（大學先修課程）的準備與應考，包括對各所大學進行研究，包括安排前往個別校園考察，也包括財務規劃、獎學金申請、暑期課程的安排、實際申請，還有小論文的撰寫。而這些都得在高中原本的課內外負擔外抽時間進行（不少院校已開始讓SAT分數要求慢慢退場，而這趨勢可望持續下去，所以說針對過時而無關緊要的入學標準，改革的腳步也確實已經動了起來）。

就在家長與學生眼裡只有大學，並為此拚了老命之際，孩子難免會出現情緒上的問題（焦慮、抑鬱、自殘、物質濫用、飲食不正常、身心症、對學習產生疏離感、被送急診等），而這時爸媽就會帶他們來找我。有些這類孩子讓我聯想起災難的倖存者。而我對他們的治療一開始，就是要先教會他們如何冷靜、如何不要風聲鶴唳、如何對威脅的嚴重程度進行分析。經歷過創傷的人，特別是被診斷出有創傷後壓力症候群的人，都會面對威脅有如驚弓之鳥。同樣地，這些孩子也會覺得生活裡危機四伏：「我只拿了個B，這下子我永遠進不了史丹佛了。」「我修了AP的微積分（一），但我聽說要真正有競爭力，微積分（二）不修不行。但我修下去一定會很慘。」如果當年有人跟我說我會念到博士，然後我日後有一半的上班時間會陪十六歲的小孩做呼吸練習，我的反應一定會是「你神經病」。但世事真的難料。

在這個點上，我不少年輕病人是真的不懂得管理自己的生活，因為韁繩早就被爸媽搶走。由此就算他們考上了夢寐以求的第一志願大學，我也知道自己會在新鮮人那年結束前與他們不少人再見。他們做成的結論是自己不僅沒有做好準備面對人生，而且他們還連去努力看看的機會都沒有。他們沒有選擇，也感覺不到一點能動性。而這些狀況可以歸納成一個詞，那就是「後天習得的無助」（learned helplessness）：一種覺得自己不論做什麼，都影響不了外在環境的信念。累積性無能的意思是「我沒有做這件事所需要的技能」；後天習得的無助則是「我做什麼都沒差，反正我就是無能為力」。這兩種處境是一體的兩面——青少年先是在累積中變得無能，然後這種無能又會坐實了他們認為自己不具備技術或勇氣去改變處境的想法。如此造成的後果是如何不容小覷，就由我們在下一章細說分明。

第四章 後天習得的無助感與延遲的青春期

——停滯不前、不想努力的一代

沒多久前，我們看到的還是沒被打趴在地上的青少年——他們是一群憤怒的，被惹毛的青少年。被功課或父母壓力逼瘋了的他們會在我的辦公室裡一步一次地震，會口吐七彩變化球般的各種穢語來表達對雙親的不滿，還會把教科書扔得滿地。他們會拜託我讓他們的家人、師長、教練與家教放他或她一馬。在全家共同參與的療程中，他們會拚了命在自身興趣與爸媽的期許間劃一條楚河漢界。他們會把入戲太深跟投入太多的爹娘拒於千里之外。如果說兩歲的美國小孩在耍賴時愛說的是「你又不是我老闆！」，那十來歲的孩子就會反射性地宣示：「這是我的人生，不是你們的！」

但這一代的青少年就不一樣了，因為你會心驚膽跳地發現他們身上看不到成功制霸青春期所需要的果敢與叛逆。正常情況下，青少年會活在當下，會拚了命在內心劃出一塊他們宣布人格獨立所需要的情緒領域。他們必須要建立自身道德準則，必須要四處晃蕩來體察各種經驗，然後從中找到他們喜歡或擅長的東西來瘋狂練習，直到出類拔萃為止。他們必須要為了勝利歡呼，必須要承受錯誤並以錯誤為師。唯有如此他們才能發展出能力與自信。社會心理層面上的三大成就——自我意識、認為我們可以對環境發揮影響力的信念，還有我們調節自身情緒的能力——會讓我們在面臨挑戰、挫敗與失落時不會手足無措。這三大人格特質就像工地的鷹架，我們想建立的親密感、人生意義與心理健康都必須依託其上。最終，自主性——既能健康地與人分離，也能健康地與人產生聯繫的能力——一旦出現，就代表我們成功通過了青春期，解除了當中的每一個任務。在幾乎所有的文化中，青春期都始於心理上勇敢與雙親遠離，而終於成熟地回歸家庭關係，也終於形形色色的友誼與親密關係。

就我二十年來輔導過的青少年來看，有兩樣東西拖住他們的腳，讓他們跨不出分離的第一步，那就是焦慮與累積性無能。父母接管一切的做法，導致青春期的孩子產生一種百無聊賴，「希望趕快把這一段混過去」的心態。他們或許能把書念得不錯，但他們並不覺得讀書有趣（丹尼絲・波普身為我「挑戰成功」計畫的共同創始人，精準地描述了這些孩子是「機器人學生」）。原本用與同儕共有的叛逆精神來當作潤滑劑，他們可以相對順遂地完成在心理上脫離父母的內部運作，但這樣的機會卻遭到剝奪。他們只能日復一日地感覺自己受制於人，特別是受制於爸媽跟師長，由這兩種人決定他們的自我意識。這樣的他們更像是自身生命的觀眾，而不是主人翁。

除了我常在年輕病人身上看到的被動、疏離與幻滅以外，我起碼同等擔心的還有另外一件事實，那就是不少爸媽把青少年孩子對自己的持續依賴，視為是親子關係良好的獎牌。高中的孩子讓爸媽代他們挑選選修的課程，大學生天天用電話問媽媽從洗衣服到約會的大小事情，這些才不等於親子關係親密，這些代表的是一種不健康的糾纏。研究顯示爸媽愈是過度插手孩子的大學生活，這些孩子就愈有可能陷入憂鬱跟對生活不夠滿意，而這多半是因為家長可能覺得他們是在支持孩子，但事實上他們是在削弱孩子的自信心與自主性。研究還發現自我管理的大學生比起繼續讓爸媽遙控的同儕，前者的學業成績會比較優異。

家長控制孩子的形式不一而足，利弊也不能一概而論。透過行為上的控制讓孩子知道自己什麼事不能做，做了會有什麼後果，被發現對青少年是有益的：「夜歸的門禁是十一點鐘，想繼續開車就不要遲到。」這種公正公開的規定會讓青少年覺得有安全感，也會讓他們得以透過責任心換得更大的自由：「你這個月開車都很小心，所以從今天起，你可以開車進城了。」

但心理上的控制則往往比較隱晦。那往往牽涉到侵入性地去操控孩子的想法與感受，特別是透過明言或暗示的情感勒索來達到這一點，也就是說父母會讓孩子感覺要是不對他們言聽計從，他們就會把愛給抽回：「萊斯大學是我的母校，你不去念我真的會傷心。」父母把心理控制用在孩子身上，會讓孩子有種無助感。而無助會導致憂鬱。心理控制，不論對三歲還是三十歲的孩子，都是有弊無利。

青春期的人格養成，不能由外而內，而要由內而外。一九九〇年代，蘇妮雅・路德博士（Suniya S. Luthar, Ph.D.）研究了青少年期的孩子，結果發現具備內部控制點[1]的九年級生（意指他們覺得形塑自身生活的力量控制在自己手裡），比起覺得控制點在外部的同儕（代表他們認為形塑自身生活的力量掌握在他人手中），前者的抗壓性比較好。「一旦認為自己無力控制自己的遭遇……人就會變得被動，而在處事能力上產生侷限。」路德博士寫道。「反之，若人相信事件與結果都可控，那他們就能避開後天習得的無助感，代之以積極的行動去嘗試克服逆境。」控制點不是一種全有全無的概念。我們沒有人是百分之百的內控型或外控型。我們或許會為了年終獎金而在工作上更拚一點（外在動機），但最終做不做得下去還是取決於我們對這工作有沒有興趣（內在動機）。

只是愈來愈明顯的趨勢是在我所觀察到的青少年裡，他們的內在動機已經少之又少了。他們愈來愈習於向教練、老師與爸媽開口，要大人幫他們排除路障，也幫他們把問題便簡單。他們不知道什麼叫做臥薪嘗膽，也不懂得如何面對困難的挑戰。數量多到嚇人的這類青少年會表現得像個長不

1　控制點（Locus of control）概念最早由美國社會學習理論家朱利安・羅特（Julian Bernard Rotter）於一九五四年提出，後於心理學家格洛佛（Glover）在其七〇年代的《教育心理學》一書中發揚光大：控制點指的是一個人認為決定自己成功或失敗的原因何在——內部或外部。由此人可以分為內控型跟外控型兩種。內控型認為個人生活中多數事情的結果取決於個體的努力程度，並相信自己能夠對事情的發展與結果進行控制，此類人的控制點在個體的內部。外控型則認為個體生活中多數事情的結果是個人不能控制的各種外部力量作用造成的，他們相信社會的安排，相信命運和機遇等因素決定了自己的狀況，個人的努力無濟於事。

大的小孩。他們會卡在「當個乖孩子讓大人開心」這種童年的社會心理任務中走不出來，而不會去著手達成適合他們年齡的人格發展——分離與獨立。由此面對青少年量級的問題，他們身上配備的技能卻只是兒童級。

憤怒但無助

二〇一八年的春天，簡稱ＣＤＣ的美國疾病管制與預防中心（Centers for Disease Control and Prevention）針對自殺問題公布了一份令人毛骨悚然的報告，當中提到從一九九九到二〇一六年，自殺率在過半的州中增加了至少三成；在十五到三十五歲的年齡層死因中，自殺排名第二。回推一年，ＣＤＣ曾公布過針對青春期民眾進行的統計數據，結果是在二〇〇七到二〇一五年間，十五到十九歲的女性自殺率翻了一倍，同年齡層的男性自殺率則增加了三成。格外令人憂心的是，十到十四歲的少女自殺率在一九九九到二〇一四年間增加了百分之兩百，也就是變成了原本的三倍。

範圍若從全美縮小到我的周遭，我也一直帶著警覺在追蹤舊金山灣區與矽谷等富裕社區裡的高中生自殺率。在地社區裡一旦鬧出這些悲劇，自然而然會引起媒體的注意、地方官員的反省與父母師長跟同學的痛心。在報章的社論裡與（部分我以專家身分受邀出席的）社區會議上，成年人與青少年都針對自殺問題把矛頭指向在家跟在校的壓力太大，具體而言這包括：帶著執念要讓孩子進入頂尖大學的爸媽、重視成績甚於重視學習熱情的師長與校方、各界鍥而不捨對於競爭的強調、作業負擔太重、睡眠不足。一份哈佛的研究調查了逾萬名國高中生，確認了有八成多的學生認為自家的爸媽認為覺得成績好比心地好重要。說真的我是不相信有這麼多爸媽會覺得孩子的成就比品行重要，但孩子們會這麼想也不是沒有道理，畢竟我們每天表現出來的樣子，就是成績比什麼都要緊。比起孩子踢贏足球比賽後的慶功宴，我們更不能忘記去肯定孩子日常看似微不足道的善舉——幫弟弟妹妹找玩具、幫忙把買回來的東西從車上搬進來、關心隔壁鄰居的爺爺奶奶。

在一封爆紅的網路公開信中，某義憤填膺的高中女生在砲火四射的內容最後做了這樣的呼籲：「家長們就繼續把家財萬貫與功成名就看得比我們的性命還重好了，自殺就是這樣才會接連不斷。對改革我們不能再等了，我們現在就要。」

這名年輕女性發自內心的呼喊，讓我體會到椎心之痛——尤其是她那種遭到背叛，那種無能為力的絕望，更是讓我感同身受。她毫無遮掩的苦難宣言充滿了感染力與說服力，但她似乎沒有意會到一件事情，那就是她與她的同學可以主動去發起她所渴望的改革。她可以說不，可以退掉幾門課，可以減少課外活動，可以準時上床睡覺，可以拒絕壓力繼續無孔不入地對她造成更多傷害。

在接受《大西洋》（*The Atlantic*）雜誌為了〈矽谷自殺問題〉這篇封面報導所進行的專訪時，我對執筆的漢娜・羅辛（Hanna Rosin）點出說研究顯示青少年點名學校是他們最大的壓力源。羅辛敏銳地評論說這項發現「有可能代表學生某種程度上在逆來順受——家長的價值觀被不受質疑地接受了」。事實上這種可能性，也的確呼應了我在輔導現場所觀察到，年輕病人的痛苦煎熬。孩子們固然對家長跟社群的壓力多有不滿，但他們也同時充滿了無力感，他們不覺得自己有能力去改變環境、改變命運，或是按照自己的意願去採取行動。在原本應該由叛逆登場的地方，我看到的是聽命行事，是在無奈中去試著討好，而遭到犧牲的則是這些青少年的健康與理性。

我常聽青春期孩子掛在嘴上的一句話是「隨便啦，反正事情不是我說了算」。我已經一、二十年沒聽到火爆的青少年病人會在我面前狂飆：「這事我說了算，他們給我閃一邊去！」那種自我捍衛的叛逆到哪兒去了？為了順利晉級到身心發展的下一階段，從青少年蛻變為青年，我們的孩子必須要順利航行過青春期的各種挑戰。但很多人都沒有做到這一點，而這也造成傳統上應該用在探索、許諾與身分整合上的青年期，看起來愈來愈像是卡關的青春期。

究竟是「初成年」，還是在補修青春期的學分

青春期的起點被認為是性成熟，也就是從生理上可以繁衍後代的時間點算起，人就進入了青春期。而性成熟這件事在工業國家裡，年齡愈變愈輕。一八六〇年，女性青春期的平均起點是十六歲，一九二〇年變成十四點六歲，一九五〇年剩下十三點一歲。甚至於到了二〇一〇年，少女的初

經年齡已經降至十點五歲。同樣的趨勢也可以在男生身上見到，只是平均還是比女生晚一年。對此有些科學家的解釋是兒童肥胖率的大幅上升，而肥胖正好會觸發兒少的賀爾蒙飆升。還有些學者把矛頭指向環境毒素，特別是內分泌的干擾素，食品與家庭日用品中的化學添加劑，因為這些東西都會影響賀爾蒙的生成。

雖然三言兩語無法交代青春期提早的原因，但事實就是孩子性成熟的年紀愈來愈低，連世界衛生組織都把青春期的範圍擴大為十到十九歲。「人類多數層面的情緒與心智成熟，都完成在十五到二十二歲之間。」天普大學心理學者羅倫思‧史坦伯（Laurence Steinberg）如是說。著有《不是青春惹的禍：了解十到二十五歲孩子的大腦潛能，成功從教養開始》的他說：「青少年的判斷力可以在十六歲時趕上任何一名成年人，前提是他們可以取用非情緒性的審慎決策跟可以與人商討，也就是在心理學中所謂『冷認知』的情境下；如果是在『熱認知』被喚醒——也就是情緒被撩撥，有時間壓力，或是身處於群體裡——的情境下，十六歲的年紀就不足以讓他們在判斷力上與成年人匹敵了。」

神經科學家使用功能性磁振技術研究了青少年與青年人的腦部，結果發現大腦執掌自我節制與判斷力等執行功能的額葉，要到二十五歲前後才會完全上線。史坦伯更有興趣的是大腦另外一個名叫伏隔核（nucleus accumbens）的部分，也就是會在青春期達到活動頂峰的愉悅中心。整體而言，研究顯示青少年會做出胡鬧跟冒險的事情，一來是因為他們的判斷力還沒有發揮百分之百的功能，二來則是因為胡鬧跟冒險感覺很好。再者，在我們史前的祖先裡，冒險成功可以獲得順利交配的獎賞。大老遠去找到適合的對象，是需要勇氣的。由此史坦伯說青少年有演化的本能與神經傳導的線控在指揮他們做幾樣事情：深刻地去感受一切、勇於冒險，然後狠狠槓上這個世界。研究還顯示他們會一直保持這個狀態直到二十幾歲。

這類發現，讓克拉克大學（Clark University）心理學家傑佛瑞・阿聶特（Jeffery Arnett）推出了一個名為「初成年」（emerging adulthood）新概念來描述夾在青春期與完全體的成年之間，一個以前不存在的發展分類。他認為在現今繁榮發達的工業化社會裡，十八歲到二十五歲左右的青年有前所未見的良機可以在正式成年並扛起責任前，好好去體驗人生並摸索自身定位。他把這段期間標示為「初成年」期，並形容這是一段屬於「可能性」的年齡。這是一種說法，而另外一種說法是「令人捏把冷汗的延長青春期」。或許初成年期的概念之所以成立，並非因為它如阿聶特所想是一段進行額外成長跟擴大自我評估的時間，而是因為它提供了人一個去「趕進度」的機會——由此初成年期的意義在於彌補，在於讓人把青春期該完成但未完成的學分補修起來。

我屬於對於重修是不是最好的選擇或有沒有那麼容易，都憂心忡忡的那一派。而跟我同一派的是梅格・傑伊（Meg Jay）這名維吉尼亞大學的心理學家。她警告我們不該把二十出頭視為是青春期的延長賽，進而把初成年跟青春期混為一談。她認為十八到二十出頭是成年人發展的關鍵階段，而這個階段的成功發展，其前提正是你要先把傳統青春期的作業做完。到處宣傳說人可以拖十年再成為大人，在梅格看來是剝奪了人按部就班去完成修練的動能。

我在執業過程中遇過全美太多青少年是這種狀況：他們沒有能及時發展出作為一名功能健全且得以建立成年人關係的大人，所需要的各種特質——能動性、人格的獨立性、人際間親密性、韌性，還有自立自強的能力。這往往是因為他們所處的社群（父母、同儕、師長與親戚）眼裡都只有讓孩子在高中階段埋首書堆跟申請大學，以至於他們忽視了去鼓勵孩子發展這些人格特質。我苦口婆心地想說服這些孩子跟爸媽的，就是一點：耽誤了青少年的情緒面發展，是很危險的事情。

「我們不斷在發現青少年的大腦極具可塑性，」史坦伯表示，「這些腦袋有極高的潛能可以因應經驗來做出改變。而這是一把雙面刃：如果接觸到有毒的經驗，這副年輕的大腦會將之吸收起來而造成傷害，反之若接觸到正向的力量，則大腦也會受其影響而加速成長。這種可塑性作為一種契機，正被我們忽視浪費掉。」

這項發現，深化了我對「後天型無助」的擔憂，畢竟那正是一種格外有害的人生體驗。這種經驗會強到壓過青少年內建的冒險傾向，讓他們放棄去體驗新事物，放棄去追求個人的成長。

克里斯：焦慮和溺愛的受害者

來找我治療那年，克里斯二十六歲。文組的他當時尚未大學畢業，但他其實已經在校園裡混了八年。他沒有在工作，又愛喝酒，大麻也抽得太多，而且一如現在已經變成一種文化基模的刻板印象，他還真住在爸媽家（美輪美奐）的地下室裡。從克里斯十八歲離家念大學開始，他爸媽就一直按月以六千美元供應他的花費，而這還沒算他們幫克里斯出的住宿費和學費（畢竟他當中還是偶爾會上學）。

我與克里斯初見面時，他爸媽正要求他要找份工作，但遭到他的拒絕。雖然伶牙俐齒的魅力讓他表面上看來不致太狼狽，但說起各種展開負責成年人旅程的技能，這年輕人身上都不具備。他堅稱每一樣等著他去做的工作（包括星巴克的「夥伴」，也就是店員），他都看不上眼。他表面上高度自戀且目空一切，彷彿自己能過這麼爽是「應該的」，但那其實是在掩蓋他的心虛，掩蓋他對於基本工作技能的欠缺。我知道大家現在開口閉口提到被「寵壞了的」孩子，都很愛念他們不該覺得這一切是「應該的」。我的經驗是（絕）大部分這類孩子都極度沒有安全感，都極度匱乏於各類基本處世與生活技能。更加深入去訪談過克里斯後，我發現他不懂得如何安排並遵守進度，也沒辦法不靠酒精當潤滑劑來克服與陌生人交談的社交焦慮。他下了一個很中肯的結論是，自己即便做再普通不過的工作，也撐不了一星期。

克里斯是五個孩子裡的老大。他以避險基金經理人為業的父親是個疏遠的大忙人，而他幹練又一絲不苟的母親則是個一當媽媽便退出了職場的前律師。克里斯小時候是個有點愛作夢，有點心不在焉的孩子。曾經他喜歡往外跑，尤其喜歡在家附近的樹林裡冒險，他討厭為了寫功課而被綁在書桌前。克里斯的雙親都擔心他的學業一直沒有起色，尤其他父親更因為日復一日看著國際金融市場的動盪不安，而益發懷疑克里斯會有能力在求職的世界中存活下來。他無視於跟自己興趣很不一樣的兒子喜歡大自然，而也因為他們擔心兒子的前途，所以這對父母對克里斯可以說百般包容，包括免除了他各式各樣的責任與挑戰。克里斯爸媽的擔心就像是一個預言，並由兩人親手實現。小克里斯感染到了父母的疑慮，由此他不光是自視無能，還做到了真的無能。

累積性無能與後天型無助是兩款非常早發的陷阱。克里斯回憶說自己八歲時，曾在學校被年級比他高的孩子用很老套的手段霸凌——用難聽的綽號罵他、搶他午餐、用手推他。嚇壞了的克里斯把事情告訴媽媽，於是他爸媽先讓他在家休息了一星期，然後把他從明星公立學校轉到獨立的私校。這對爸媽在做過功課後，得知了霸凌非常有害於孩子的身心，於是他們認為「不能冒一點險」。克里斯很排斥轉學，但最終還是適應了新環境，但當然新環境不等於「零霸凌」，而少了成年人的適當指引，克里斯決定一靜不如一動，他開始為了避免被霸凌而在班上扮演小丑兼聖誕老公公，耍寶之餘也大發禮物——小時候發餅乾糖果，上了高中大學則升級為毒品跟酒精。

我向克里斯與他爸媽點出了正確的做法應該是：去找老師商量，請學校邀霸凌的實施者與受害者暨雙方家長開會，還有教導克里斯各種因應霸凌的辦法。但當年這三樣事情都沒有發生，結果是克里斯感覺爸媽完全不相信自己，所以他也跟著不相信起自己。沒能幫助克里斯去正面處理霸凌與其他各式各樣的問題，使父母親成了克里斯焦慮、逃避與處事能力差勁的主因。而這有毒的三位一體，也最終讓克里斯步向了物質濫用。

克里斯作為一名掙扎中的青年，凸顯了父母親未及早介入孩子焦慮問題的後果。出於不同的理由，克里斯的爸媽都擋在了他與問題之間，讓他沒有機會去克服自身的恐懼，而這又會惡性循環地導致他變得更容易焦慮與怕東怕西。最終他會失去希望，失去能動性，而這便是我所說的「後天習得的無助」。

不讓孩子面對讓他們焦慮的事情，不是為他們好，這一點對年幼的孩童如此，對上了大學的孩子亦然。

大學裡現在有種習慣類似於「前方高能警示」，也就是大學教授會提前警告學生說，這禮拜要讀的東西裡有讓人看了會不舒服的東西（他們會說「這次指定的章節裡有涉及身體暴力的內容，大家閱讀時請斟酌自身接受度」），但這種做法我期期以為不可。二十歲的人為了某件事在焦慮，你該做的不是叫他閃開，就像八歲的克里斯被霸凌，你該做的也不是把他從學校裡轉走。把年輕的大人當成易碎品，覺得他們什麼難聽的言語都承受不了，等於是讓人學生活被扭曲成焦慮的強化器，殊不知他們將來在典型的職場裡得面對多少明槍暗箭和流言蜚語，更別說未來有多少不可知的挑戰在等著他們因應。

最終，克里斯決定展開復健。我與他母親取得了不能再給他錢的共識，等他接受完治療後得去找工作，然後搬到一個他負擔得起的獨立空間。在他復健過程中，我仍繼續與他爸媽溝通，主要是希望他們確實了解愛之適足以害之，繼續保護克里斯絕不是一件好事，也希望他們了解對一個已成年的年輕人，我們應該合理懷抱著什麼樣的期許。

做完心理復健的克里斯在地方政府的公園養護處找了份地景維護的工作。在治療過程中，他慢慢意識到自己小時候錯失了機會去學習三件事情：管理自身情緒、為自己的行為負責、消化挫折。但他也意識到現在學習這些人生技能，也不算晚。於是在二字頭的後半段，他踏上了學習當個大人的開端。

艾瑪：堅持獨立

同樣想蛻變成一個健全的大人，艾瑪的時間會比克里斯多一些。十五歲的她作為我的一名新病人，憂鬱且焦慮，而她處理這些壓力的方法，是拿剃刀在手臂上劃啊劃。從她一出生，艾瑪的爸媽就決心不讓他們的獨生女受到一點委屈。她母親會為晚餐準備三道主菜，好讓路都還走不穩的小艾瑪能起碼有一樣喜歡。中學時期的艾瑪曾因為沒被邀請去參加朋友的派對而心裡有疙瘩，而她母親的處理方式不是讓艾瑪去跟朋友把話講開，或是叫她失望一下就算了，而是在同一時間另外籌辦一場盛大的活動，為的是把原本要參加那場派對的同學搶過來。這讓艾瑪失去了親自去面對挑戰的機會，也讓她覺得母親不相信她有能力「把自己的生活過好」。艾瑪每次想為自己解決問題，母親都會默默地參與然後主導一切。

進入青春期，艾瑪嘗試與母親拉開距離，希望騰出空間來培養獨立性。對此她母親感覺被女兒背叛。「我明明替她做了那麼多！」這母親對我說。這話她也不止一次對艾瑪說過，但說得愈多，艾瑪的焦慮與憂鬱就愈嚴重。艾瑪的母親很不能接受女兒有這種反應，並再三對我表示：「我只是希望女兒回到我身邊。」但對艾瑪而言，她可不想母親回到她身邊。在與母親不睦的過程中，艾瑪慢慢放棄了想當一個能幹而獨立的年輕人，甚至於等她的焦慮與憂鬱變得難以忍受後，她還開始劃傷自己來阻斷痛苦的情緒。自殘當然痛，但至少那能讓她覺得選擇是自己的，人生是自己的。

克里斯與艾瑪的父母親都覺得他們已經窮盡了一切努力來幫助自己的小孩，畢竟他們已經盡可能為兒子女兒擋開失落、焦慮與悲哀。身為父母他們感覺受傷，感覺困惑，感覺內心有股莫名的怒火，因為他們付出這麼多，換得的卻是兩個傷痕累累的孩子，一個是有物質濫用問題而人生毫無方向的年輕大人，一個是會自殘的憂鬱青少女。家長這種從一心想保護孩子開始，慢慢幻滅到失落，最後因為孩子始終長不大而陷入不解與憤怒的模式，已經是我辦公室裡的家常便飯。

我必須說服艾瑪雙親的有兩件事情：一件是艾瑪得靠自己的力量從失望中反彈，另一件是童年的終結必然得經過摩擦。為此我再三向艾瑪與母親保證說衝突是一時的，但之後必然會換得的親密感是真實而長久的。我還強調了艾瑪必須學著去冒險。我治療過的許多青少年都覺得自己冒不了險，再小的險也一樣。「我想要選修生命科學，」一名高二生跟我說，「因為聽起來很有趣，但我媽說：『生物又不是你的強項，選下去只會拉低你的GPA。』」這名充滿好奇心的少年被成功勸退，他接受了母親灌輸他的觀念：「不能馬上成功的事情，有什麼好嘗試的？」這就難怪青少年視「成就落空」（achievement failure）為洪水猛獸，寧可被動躲在可預期的安全結果背後。

極度厭惡冒險的父母會繪聲繪影地用「末世言論」，把自身的焦慮感染給孩子。他們會把日常的挑戰可能一敗塗地到何種田地掛在嘴上，藉此恐嚇孩子：「不想辦法把數學成績拉起來，你就絕對進不了好學校；選不上校隊一軍，你就永遠別想踢足球了；你畢業舞會找不到女伴，大家都會覺得你一定是哪裡不對勁。」這種路數的思考有傳染性——還具有癱瘓力。這種想法一旦與青少年容易大驚小怪的個性結合在一起，產生的就是我的一個病人，一個宣稱說她因為被夢幻學校拒絕而得到創傷後壓力症候群的高中生。雖然我確定她沒有縮寫為PTSD的創傷後壓力症候群，但她在處世技能上的匱乏確實讓她展現出某些PTSD的症狀，如被電話響聲嚇到、晚上作惡夢，但這些正常來講，應該是暴露在嚴重暴力下才會產生的心理反應。想上的大學沒上，依照孩子的秉性不同，正常的反應應該是難過、失望、焦躁或預期之中，但就是沒道理成為創傷。

親密感的缺口

年輕的艾瑪或較年長的克里斯都沒有交往對象。在執業生涯中，我發現青少年發展培養親密關係能力的任務常常被延後到成年後，主要是跟父母親過強的聯繫往往壓縮了孩子在家庭外練習建立人際連結的機遇。難道說千禧世代中會盛行約炮文化（素昧平生的男女透過網路等管道約出來發生關係），且已婚比例只有百分之二十六，遠低於嬰兒潮世代在千禧時代這個年紀時的百分之五十，就是因為這個原因嗎？影響千禧世代結婚率的應該還有別的原因——父母親離異的陰影、養家活口的工作不好找、在薪水數字上狠狠咬一口的學貸文化都是。另外這還可以是數位時代的副產品：爸媽沒空管的他們被丟到一旁，更精確地說是被丟到電子裝置堆旁，導致了他們用訊息溝通的比率兩倍於與人面對面溝通。他們因為缺乏練習，所以不善於讀取旁人表情中的失落、受傷、怒火，或者是希望、興趣、挑逗，而這些也正是代表親密的肢體語言。許多二十來歲的年輕人都很納悶於要如何從只是某人的朋友更進一步，在曖昧之中成為某人的戀愛對象。

導致親密關係延宕的一項主要成因，毫無疑問地是情緒調節能力的發展遲緩，更精確地說是年輕人欠缺處理他人感受與撐過自身失落的能力。孩子們需要空間去從零開始體驗初戀、性經驗，還有心碎，並在與之討價還價的過程中獲得蛻變。父母親必須容許他們痛苦難過，好讓他們能發現一件事情：情緒危機不是世界末日，傷心是會好的。許多我輔導過的青少年與青年人會心情不好就一蹶不振，是因為他們疏於練習，而他們疏於練習，是因為大人總是會提前跳出來救危扶傾。

知道為何而戰的叛逆

我們忽視青少年心理發展的必要性與急迫性，會危害到的不外乎孩子們的情緒健康。不論是用抗議來表達不滿、在喧鬧中坐立難安、把各種新事物拿來做實驗、或是挑戰周遭大人的權威，他們做起來都是理所當然。因為不這麼做，他們就無法進行大腦叫他們得做的事情，也就是透過上述的過程去搞清楚自己是誰（跟不是誰）。

光看表面，你可能無法體會現今的青少年身處何種危險。在很多方面，現在的青少年仍跟我們一向知道的青少年沒有兩樣。沒錯，他們都會口吐謊言。他們會說自己要去圖書館，但其實他們是去跟男／女朋友約會。他們會酗酒、呼麻、會陽奉陰違地帶朋友開車兜風。他們會在同儕壓力下去做一些原本不想做的事情，所以也算稍微體驗到了冒險，但這些扭曲的冒險完全不能與跟家人分開的心路歷程相提並論，須知後者才真正是為了要透過測試與摸索來形塑出真正的自我。

這年頭爸媽口中很常見的台詞是：「我不忍心看著孩子受苦。」對此我一向的回覆是：「看孩子受苦也是爸媽的工作。」青少年想學會調節情緒，就必須要迎著一整組複雜性不斷提高的挑戰走去，當中有些挑戰完全難不倒他們，有些挑戰則會把他們徹底擊倒。我們想保親生骨肉周全的心態無可厚非，問題是若不讓他們去搞清楚自己哪些事情處理得不錯，哪些技能又還需要琢磨，孩子就永遠不會有成熟的一天。這樣的現實結果或許不是那麼好吞，但為人父母者就是要懂得回歸他們應扮演的角色：他們不該是孩子的朋友或助理，而應該是熟知世事且思慮縝密的成年人，由此他們該提供的不是鋪天蓋地的保護罩，而僅僅是一種不分年齡的孩子們在從挑戰與經驗中累積教訓時，必然需要的安全感與穩定性。

青少年與現今這個不確定的時代，應該要是天作之合才對。傳統上的青少年既是冒險家，也是創意十足的思想家，他們照例能在群體裡與人合作無間，且總是不安於現狀。這些特色在遇到世事難料的時代，都是很能派上用場的人格特質。如果好奇心與（好的那種）桀驁不馴在此遭到壓抑，那青少年該有的發展進程就會被人為扭曲，成年期就會在該來的時候不見人影。好消息是，家長與青少年面對這等難題已經愈變愈聰明，他們已經慢慢懂得不該隨波逐流，而要在這些無助於人格發展的趨勢面前忠於自我。

第二部

修正方向

第五章
丟掉無力感，把能力安裝回身上

雖然青少年的焦慮與憂鬱比率上升讓人看得怵目驚心，而失去鬥志與方向的年輕人則在我的辦公室裡川流不息，但青少年自帶的火花永不會被捏熄。至少我，總能看到那火花閃耀在某些孩子的身上。即便爸媽堅持要請家教幫他把物理的B拉到A，或是堅稱說攝影課不是不好只是對申請大學的履歷沒有幫助，這些閃爍著火花的孩子也不會輕易對爸媽言聽計從。而只要火花不滅，我們就永遠有機會見證星火燎原。

二〇一八年二月，佛羅里達州帕克蘭的一群青少年用他們的義憤填膺與無遠弗屆的訊息，風靡了全美，而激發他們如此不吐不快的，是他們死於校園濫射事件裡十七名同窗的寶貴生命。利用社群媒體的力量，這群馬喬里・史東曼・道格拉斯高中（Marjory Stoneman Douglas High School）的學生掀起了一場名為「下不為例」社會運動（#NeverAgain）來抗議槍枝暴力。他們召開了記者會，發起了「為我們的生命而走」（#MarchForOurLives）活動來倡議更嚴格的槍枝管制，並賦予年輕選民在這個議題上更大的動能。他們犧牲了春假所籌辦的全國性活動共吸引了逾兩百萬人次的民眾參與了全美八百餘場遊行（外加海外的響應）。他們面對記者、政治人物跟二十萬的群眾毫無年輕人的青澀，而我們做父母的只能讚嘆於他們多知道不要當個弱者，多勇於點出現狀的醜惡，多敢於高聲疾呼要改革。在他們爆紅的演講中，在他們雷厲風行的計畫中，在他們表現出的不妥協與大格局中，我們看到的是令人驚豔的無懼。「我們現在該做的，就是劍及履及地去改革，因為當某種做法行不通的時候，我們沒有其他選擇：錯了就要改。」從帕克蘭校園槍擊案活下來的羅倫佐・普拉多（Lorenzo Prado）說。這些學子的膽識跟我們自身的無能為力放在一起，或是跟我們許多孩子的憤世嫉俗或奄奄一息放在一起，都形成強烈的對比。

想著每個高中生的胸腔裡都跳動著一顆戰士的心，會讓人覺得熱血莫名。我們祈禱絕大多數的高中學子都不用歷經這樣的考驗與悲劇，但任誰都必須面對未來的挑戰，而只要能具備帕克蘭的同學所展現出的那種創意與果敢，那他們就一定能戰勝未來而收穫滿滿。不論我們的孩子幾歲，也不論家裡養成了他們哪些習慣，我們都可以幫助孩子發展出不輸給帕克蘭高中生的特質。兒童與青少年都可以重建他們對於新環境的耐受性，也可以學著去克服焦慮。他們可以重獲已經萎縮的能力，也可以習得各種策略，藉以在各種需索與混沌的重圍中保持自信。換句話說，我們的孩子可以放下怯懦無助，拾起能動性與無懼。

找出力量給孩子勇氣

無所畏懼的孩子，只能誕生於無所畏懼的家庭。如果面對不確定性讓我們陷入慌亂且開始溺愛，則我們該做的第一件事是重整旗鼓並讓自己變強。在思考如何減少把焦慮傳遞給孩子的時候，我們不該忘記的是親職是一場長期抗戰。我們常覺得每個瞬間、每次決定、每一場成敗都關鍵得不得了，但其實在歲歲年年中真正關鍵的，是我們的孩子有沒有蛻變成忠誠的朋友、有沒有學會當個理想的伴侶、在職場上是不是個誠實而可靠的員工、有沒有培養出強韌的道德核心，乃至於有無發展出其他可取的人品。我們身為父母的目標是勇於給孩子時間跟機會去培養出上述的人格特質，並以身作則擔綱他們的模範。

我們還必須接受一項事實是，孩子的成就感與自我價值會隨著他們的成功與失敗而潮起潮落。我有一個年輕的病人曾在國中階段是籃球明星，充滿自信的他在同學裡是風雲人物。但在高中階段他加入的是校隊的二軍，表現不算特別突出。由此他的內心也從悠然自得且正向積極，變成了充滿焦慮與憂鬱。最後是狀況維持了幾個月都沒有好轉後，他驚惶的母親才帶他來找我。我們一起探究了他在籃球以外的興趣與才華，然後他決定加入橄欖球隊。而隨著橄欖球愈打愈上手，他的自信也慢慢回籠，他又變回了那個「正常而且很殺的自己」，至少他自己是這麼說的。人的學習曲線上滿布低潮與高原，這點我們大人應該都還記得。只要接受這一點，我們就已經是幫孩子一個大忙了。

你要把孩子的成長想成一部電影，而不是一張快照。一瞬間感覺是世界末日的東西，時間久了就只是稍縱即逝的一眼。絕大多數我們擔心的事情──兩歲送日托或三歲上幼稚園？小學要念公立或私立？孩子參加校隊要選客場出賽組還是主場出賽組？暑假該去打工還是補習？大學要選國立還是私立？──事後常會讓我們有一種白擔心了的感受。關愛、支持、好奇、對於「擇善固執」的強調，還有忍受孩子踏錯腳步跟失落的能力，才是我們真正不可或缺的東西。

每次替孩子擋失敗，或每次幫他們編排成功的橋段，我們都是在扭曲他們成長所需的經驗。相較於那個爸媽沒有看到他在掙扎就貿然干預的籃球選手，我可以想到許多孩子的爸媽都忍不住出了手，而這也無意間造成了孩子的成長出現阻礙。我目前在治療一名大學上了兩年，但一堂課也沒有去上，一篇報告也不曾寫過的病人，原來他們家花錢請了名家教幫她寫。我原本還在猶豫要不要把這個案例寫進書裡，我在想這麼極端的例子有沒有代表性。但當我跟一名同事提起這事，他馬上分享了一個真人真事，有個年輕男學生完成了四年的大學學業，同樣不上課也不寫作業。他同時曾為此去找學生的母親對質，結果這母親說：「你該不會以為我會坐視某些爛成績影響到我兒子的前途吧，蛤？」

我不反對家教，也不打算把家教逐出教育的大家庭。他們可以幫助孩子在格外不擅長的科目上獲得指點，也可以協助人突破難到靠北但又不能不修的核心課程。聘請家教，也可以讓孩子懂得需要人幫忙並不可恥；事實上，適時開口求助是智者的行為。對於有學習障礙的兒童或青少年而言，家教可以帶他們走不同的路來達到學習的目的，或是協助他們提升學習的效率。問題不在家教本身，而在於我們如何評估孩子的能力與秉性。我相信很少有爸媽說得出口：「我的孩子就是拿B的料，她拿B剛剛好。」絕大多數的爸媽會嘴硬說：「只要再多努力一點點，她就會是個拿A的學生。」家教在我們看來，是腦力跟努力之間的一道橋。但聘家教也同樣會傳遞一則訊息：我覺得你恐怕不夠聰明。

在瀰漫恐懼的家庭裡，爸媽不覺得孩子夠聰明、夠能幹或夠有常識，都是很常見的事情。這樣的爸媽不覺得這世界會把他們覺得生存必備的優勢交到孩子手上，他們不相信老師或教育體系，他們會想把手指壓在天平上，因為他們擔心不論自己的孩子需要做到何種程度才行，他或她恐怕都沒辦法靠自己的力量達標。在這樣的心態下去聘請家教，是對孩子的能力一次血淋淋的不信任投票。

用家教的方式去操控孩子的成功費力且花錢，但我們樂此不疲是因為這能給我們一種事情操之在我的幻覺。要把生命的控制權適度交到孩子手裡，對家長而言不是很容易的事情。但首先我們可以做的是承認這是門做起來困難、動輒會很痛苦，而且前後可能得堅持數十年的親職功課，然後想完成這門功課我們得燃燒大量的情緒燃料。由此可知我們內在的情緒燃料儲備愈充沛，我們就愈能面對源自自己與孩子生命中的焦慮而游刃有餘。面對親子雙方的焦慮愈游刃有餘，我們想樹立並管理一種生活哲學是基於深思熟慮的選擇而非反射性的焦慮，做起來就會更有效率。

儲備我們的情緒資源

關於情緒資源有一件事實很簡單：既然叫做資源，那就不可能取之不盡用之不竭。我們每個人都要知道在高壓或慢性壓力的環境下，在睡眠不足的狀況下，或是在沒有機會從事休閒活動來回復情緒的狀況下，我們的判斷力會受損，我們的決策會失常，我們整體而言將不會是那個隨心所欲的自己。

逾七成的母親是職業婦女，爸爸的上班比率更高達百分之九十三。換句話說，多數家庭的組成都是兩份薪水，還有兩個每天被時間追著跑的爸媽。時間不夠用的狀況，在每四個家庭裡就有一個的單親家庭中，就更不在話下了。隨著家長幫著孩子去分食世人咸認有限的資源，競爭已經取代合作主流的常態。財富在美國的持續M型化，也讓我們在決定讓孩子去哪兒上學、修習什麼課程，還有選擇哪所大學時心懷危機感。念大學的成本高到很多家庭想都不敢想，供得起但很辛苦的家庭更是不計其數。由此我們任何一個人都可能想找時間去喘口氣而不可得。但適時休息來恢復心情，是非常重要的。這道理就在於有休息，我們才能手握耐心與專注力，而手握這兩樣法寶，我們才可能幫助孩子去建立屬於他們的韌性、能力，也幫著他們學習沉著冷靜。

靜坐冥想是讓人回復心靈平靜的利器。在正念禪修大師喬・卡巴・金（Jon Kabat Zinn）的聲音背景下靜坐個十五分鐘，可以讓你脫胎換骨，但當然前提是你要不排斥這類東西，像我就還滿喜歡的（雖然我入門也偏晚就是了）。但我知道不是每個人都能接受正念的概念，所以如果你不吃這一套，那也沒關係，繼續去找你能接受的做法就好了。什麼時候你感覺比平常冷靜、銳利、有耐性而被醍醐灌頂？什麼環境下讓你輕鬆露出笑意？你什麼時候最喜歡自己？哪些處境、人群、地點讓你覺到放鬆而正向？這些問題的答案都高度主觀。當你發現有活動可以讓你滿血復活時，試著不要把它們當成是選修課程一樣的存在——它們不應該是我們在被枯燥煩悶生活整得死去活來後，行有餘力的小確幸。它們作為我們心靈的充電站，應該要在日常生活裡占有一席之地。我有個好朋友的家庭美滿而工作也很滿，但即便如此，她每天回到家還是會親自做飯。她覺得做飯讓她創意滿點而且壓力能完全紓解。日子一久她成了個手藝高超而臉上總是掛著笑意的廚娘，而說巧不巧，她早已成年的孩子也老是在吃飯時間「剛好晃到附近」。做飯於是對她來講，是為自己紓壓跟維繫親子關係，一舉兩得的做法。

說起調節跟孩子有直接關係的焦慮，我們能做的其實比自己想得多。很多相關的負面情緒都是累積於孩子根本不在家裡的時候。你可以通盤審視一下你平日的生活，想想你跟孩子有關的焦慮是以何時為高峰。是你跟別人聊到孩子的時候嗎？果真如此，那你聊的對象是誰呢？你母親、手足、伴侶？還是其他為人父母者？你的目標是找出焦慮的病灶，然後把這類對話量減少。

我們有人會花大量的時間跟其他爸媽交換心得，但我們這麼做，很多時候是想讓孩子在今年的年終學業與社交排行榜上上升個幾名。我們會將之想成是健康競爭——我們是在為了自己的孩子而戰！我們會這麼對自己說，好合理化我們的種種行為，這包括我們會拿對方孩子的表現去「質詢」其他的爸媽，我們會問他們請了哪些王牌家教，或是讓孩子進了哪個天才名師的班級，我們會問他們孩子所屬的球隊是不是常勝軍，或是我們會拚命八卦誰又受邀去參加了誰的派對。這時我們的孩子根本不在視距以內，但我們的焦慮還是持續累積，只因為我們攔不住自己的好勝心，彷彿孩子的勝利就是我們的勝利。而我們想要控制住這樣的行為，就得先了解這麼做會耗盡我們的情緒資源，讓我們沒有足夠的燃料儲備去經營與孩子的關係，也沒辦法好好去面對我們的朋友與伴侶。甚至於我們不難想像，這會讓我們沒有多餘的情緒頻寬去供應自身的心理衛生所需。

跟孩子在一起的時候，我們會因為對孩子的焦慮產生反應而同步產生焦慮，這是可以理解的。可以理解——但還是不好。很多事情都會讓孩子煩惱：我午餐會不會落單？卡拉今天會不會跟我斷交？克雷頓會不會繼續已讀不回？我選不選得上校隊？這些煩惱都只反映了正常的社會心理發展，不需要大驚小怪。為了讓孩子跟我們都抱持平常心，我們可以把引發焦慮的危機重新架構為轉機：

「我搞不好選不上校隊！」

「我知道你真的很想成為校隊的一員，但萬一沒選上，你就會多出很多時間可以運用耶，你有什麼新計畫嗎？」

或者：

「我知道沒選上你心情不好，但你會好起來的。」

這樣的字句——你心情不好我知道，但你不會有事的——代表了兩層意義，一來是我們相信自己的孩子，二來是我們證明了自己受得了孩子心情不好。

跟著孩子一起心情不好，是很自然的一種同理心。但有時候只隔一條模糊的線，我們的同理心就會變質成「過度認同」。我們的孩子，有時即便是最晚生的老么，都已經脫離我們有獨立的自我了。我們不見得每次都能精確掌握他們難過的深度與時間長度，更不一定會知道他們難過是為了什麼（他們可不會什麼都告訴我們！）看到孩子難過，我們十次有十次會跟著難過，但話說到底那痛苦是他們的而不是我們的，而且絕大多數時候即便我們把他們的難過攬在身上，不論對他們或我們來說也於事無補。所以聰明的話，我們就應該有意識地調低我們對孩子的情緒同步性，然後對他們說：「我明白你很焦慮。我想你能理出個頭緒來的。有我幫得上忙的事情出個聲。」

最終，我們要談到睡覺的問題。我們很少人能真正睡飽，但最能讓我們的情緒崩潰的莫過於睡眠不足。也不知道怎麼回事，「誰比較累？」彷彿是大人間的一場遊戲，而且還是場贏了會很光榮的遊戲，而高中生也有樣學樣養成了這種觀念。各年齡層的孩子會睡眠不足，原因不外乎以下幾種：課業或活動繁重、花在手機平板上的時間太多、拉著累壞了的爸媽一起熬夜，還有專家認證的第一節課時間太早。研究已經清楚告知我們睡眠不足會導致學習能力受損、學業與工作表現打折，更別說會引發情緒問題。我們像無頭蒼蠅一樣跑來跑去，就為了替孩子爭取各種天曉得有沒有用的優勢，但其實我們能給孩子（跟我們自己）最棒的禮物，就是每一夜都能睡飽睡好。

睡眠不足在各年齡層的孩子間之普遍，不少打電話來的爸媽都會一開口就說自己的孩子有注意力缺失（ADD）或過動症（ADHD）的問題，而我鮮少會立刻讓他們掛號。通常我的回覆會是：「我的門診最快也要三星期後才有空，這三個星期我想請您做一件事情，那就是讓孩子每晚至少睡滿九小時。三個星期後若狀況依舊，你再打給我。」半數的家長從此音訊全無。

用漸進式的減敏打造焦慮的防護罩

焦慮的雙親溺愛焦慮的孩子，然後又導致更多的焦慮與最終的累積性無能，是一種孩子即便還很小，都不見得能免疫的惡性循環。孩子天生有的比較容易焦慮，有些就還好，而不同孩子的焦慮傾向高低，往往跟父母親之間有基因遺傳的因果關係。但不論他們遺傳到什麼樣的基因，孩子都需要暴露在挑戰之下，藉此去學習如何應付挑戰，否則他們就會慢慢對風險產生排斥的心理。表觀遺傳學[1]作為一門科學已經清楚告訴我們基因遺傳會受到環境的影響，幾乎是一項必然。看著學走路的孩子跌倒（沒有小孩學走路不跌倒，而且還會來回跌個不停），你的反應是無動於衷？處變不驚？還是呼天搶地？你對於幾乎與新經驗是一體兩面的焦慮有多大的耐受力，是孩子成長過程中的關鍵變因，而這也是你會在親職的漫漫長路上，一而再再而三接受考驗的一項能力。

焦慮症發生在孩童身上，基本上可以分三大類：社交焦慮、分離焦慮，還有廣泛性焦慮症（GAD）。很多孩子都有害怕的東西（蜘蛛、浴室、髒汙、食物等），但廣泛性焦慮症的不同處在於其牽涉到多重開關。廣泛性焦慮症的定義是「連續六個月以上，因若干事件或活動而焦慮與擔心過度的日數多過不焦慮擔心的日數」。GAD官方診斷的另外一環是這狀況導致兒童出現痛苦或功能受損的現象。很多孩子都會因此不斷重複做一件事情，或是滿腦子只剩下一件事情，搞得大人在一旁懷疑他們是不是陷入了某種偏執，但孩子自己卻完全不以為意。想想你是不是見過有些孩子喜歡數數字、特別鍾情於紫色，或是從早到晚一直穿著蝙蝠俠的睡衣。這些行為都不算罕見，但也只是無須過慮的暫時性行為。

1　表觀遺傳學（Epigenetics）研究的是在不改變DNA序列的前提下，如何通過特定機制引起可遺傳的基因表達產生變化。表觀遺傳學是自一九八〇年代興起的學門，其濫觴是研究與經典孟德爾遺傳法則不相符的許多生命現象。

不論對小孩或大人，漸進式的減敏式治療都是治療焦慮症的標準做法。這個過程牽涉到讓患者逐漸增加與焦慮源的接觸——如讓怕狗的孩子跟眾多親人的狗狗相處。父母其實一天到晚在使用減敏這一招，只是他們沒有意識到：

「馬麻，衣櫃裡是不是有怪物，我怕！」

「你櫃子裡有人嗎？我們來看看。」

「不要，我怕。你去看。」

「喏，你看吧！櫃子裡什麼怪物都沒有。」

隔天晚上：「馬麻，我還是好怕。你再幫我開一遍。」多數爸媽都會連著兩三晚幫孩子開櫃子，然後告訴孩子說，「我們一起來。」一個禮拜後，這孩子就會自己去檢查櫃子了。最終他會根本懶得去開櫃子，因為他對這恐懼已經減敏成功。而這就代表，我們可以在孩子度過的又一個發展階段旁邊打勾。

這種模式會重複千百遍，因為孩子得不斷去接受新食物、新穿著、新技巧、新人物與新環境的引介。只要爸媽不投降於孩子的恐懼，那孩子就會自行處理並跨越他或她內心的抗拒。孩子會因為恐懼而卡住，往往都是因為累壞了或無法專心的父母忘了去對孩子的抗拒說不——畢竟人一累，我們就會想趕緊把事情解決，這時候我們就會想著退一步海闊天空而對孩子說：「沒事沒事，我們繞過那隻狗狗就是了。」

當然，這並不是說我們可以把所有的焦慮症都推到配合度過高的爸媽腳邊。世上有無窮無盡的親子組合，而焦慮症的影響也可以輕至無傷大雅，重則讓人變成廢人。我希望我們可以做到的，是提高我們對每個小小步驟的意識，畢竟積少成多，我們總是可以一步一腳印地建立起孩子的勇氣與自信（或稱自我效能〔self-efficacy〕）。理想的狀態下，我們在面對孩子的焦慮或遲疑時可以無腦採取一種反應，那就是帶風向讓孩子覺得危機就是契機。「喔，我記得我第一次離家去參加營隊，心裡超緊張的。但沒想到我在營隊裡認識了萊絲莉，而她也有點緊張，所以我們就聊著聊著成了好朋友。你也很好聊，所以我覺得你去營隊也會交到些新朋友。」

透過漸進式減敏的應用，心理學者有能力幫助孩子克服最嚴重的焦慮症。有時候孩子的症狀太過嚴重，我們會要求精神科會診來評估需不需要開抗焦慮藥，但接下來就是慢慢讓孩子接觸焦慮源，並在他有進步時提供充分的正增強。這整個療程通常會需時六到十二週。治療師比家長有優勢的地方，在於我們處理的是別人的孩子，所以我們的焦慮程度不會受到影響。但話說回來，由家長來使用漸進減敏在自己的孩子上，是完全做得到的。他們需要的只是多點耐心，或許再加上些常識：不是每種排斥心理都需要大張旗鼓地用上十二週的療程。孩子的成長本來就會歷經各種階段。我們判斷一個人是需要治療還是自己會好，看的是他們的正常功能有無受損，還有他們的症狀是否久久不癒。

為了讓大家對漸進減敏有一個大致的概念，我想介紹一個案例是我治療過的盧卡斯。盧卡斯是個九歲的男生，他被送來找我是因為他已經兩年不肯上公共廁所。他所經歷的漸進減敏可以複製在大部分的焦慮症或恐懼症上。如我所說，我最常教小小孩爸媽的一招，就是漸進減敏。

一開始我先跟盧卡斯一起演練了某些放鬆的情境——我稍微教了他如何深呼吸，還跟他分享了正念的概念。這很重要是因為他會需要工具在面對焦慮時保持相對冷靜。然後盧卡斯跟我一起列了張清單，上頭詳列了公共廁所讓他焦慮的各種形式。我們接著討論了這當中哪些是大魔王，哪些只是小嘍囉。我選了清單上引發他焦慮程度最輕的一個，作為治療的起頭。他說看到廁所的照片，算是相對比較沒什麼，而要使用公共廁所則最為嚴重。我首先讓他看了雜誌裡一張廁所的照片，並請他依照他內心的焦慮程度給予一到十的評分。我的盤算是如果他受不了看照片，那我的備案是問他：「你可以幫我念一下bathroom這個字嗎？」我做此打算的目的，是希望我跟盧卡斯一起進行的頭幾個活動，都可以大獲成功。面對恐懼需要真正的勇氣，我把這一點跟盧卡斯說得很明。我首先讓他暴露在低焦慮的因子之前，然後一點點把強度往上加，慢慢投直球給他。就這樣，盧卡斯跟我從一起看廁所照片出發，慢慢進步到把廁所畫在紙上，到搭車經過一個裡頭的廁所讓他緊張的地方，到步行經過廁所旁邊的走廊，到他人進入廁所但不使用廁所。而療程的結局是他成功了，他上了公共廁所。

除非有什麼特殊的理由不行，否則我都會盡量帶著病人到外頭的世界裡去跟他們焦慮的目標進行真實的接觸。研究顯示這比起在診間裡紙上談兵，才會是更有效的減敏。在療程中的每個步驟中，我都會讓病人評估其焦慮的程度；只有在他們的焦慮減輕時，我才會把療程往下走。我並不強求病人對某個步驟的焦慮程度降到零，只要是降得更多（比方說降到三至四分），那就代表病人已經能夠承受這一類體驗。如果他們在某個階段卡關而顯露出痛苦，那我會說：「你已經很努力，已經做得很好了。這階段你感覺好像比平常焦慮一點，可能是我們進展太快了。」這麼說完我會把進度拉回前一個階段，然後等下一見面的時候再重新開始用蝸牛步前行。一般來講等整個療程走完，大部分孩子都能要嘛學會徹底擺脫焦慮，要嘛把焦慮控制在可以接受的程度，其中又以後者為多。每一次的成功體驗都可以強化減敏，讓療效更上層樓。

用漸進減敏去應對兒童的焦慮，是我們相信孩子能力的一種表現。我們每天的任務不是叫孩子評估每一陣焦慮或反胃有多嚴重，而是像在聊天一樣問一下他們的狀況，然後溫柔地推他們一把。「你討厭起司？那你有試過刨絲起司嗎？你知道，就是你最愛的披薩上面的那些起司。」「你怕飛蛾？你知道牠們等於是夜間版的蝴蝶嗎？你不是很喜歡自然歷史博物館裡的蝴蝶館？」提問、打探消息、打個哈哈、機會教育一下、然後把進度繼續往下走。我們該做的是透過鼓勵其好奇心的方式去建立孩子的耐受性，給他們機會去克服自身的恐懼。

不論任何時候，我們的目標都是讓孩子出落得更有勇氣，也更有求知欲。沒有爸媽可以每回合都贏。有時候我們會累到沒力氣去跟孩子糾纏，沒力氣去管衣櫃裡的怪獸，這很正常，不需要放在心上。我們要追求的不是滴水不漏，不是當一個完美的爸媽（經過二十五年於公於私的體悟，我可以證言這是一種人為發明出來，虛無飄渺的概念，不存在於世間！），而是在大方向上朝著無懼跟不逃避前進的氣氛與動能。

根據孩子的年齡給予適當的授權

能力可以中和焦慮：這兩種變數之間是一場零和的遊戲。隨著孩子在待人接物、適應新環境，乃至於承受各種過渡期的經驗上不斷累積，我們也可以同步增加對他們的授權，讓他們自己的生活由自己去管理。就像父母會憑直覺去進行減敏，我們也不需要特別營造場合去讓孩子練習掌舵或體驗風險——這種機會每天都一大堆。重點是，只要代表這種機會的活動或責任符合孩子的年齡（或只超過一點點），你就不要急忙去護著他們。只要我們能沿途從旁鼓勵，並適時給予回饋但不帶批評，那他們就會自然而然學會管理自己的時間、學會耐著性子把該做的事情做完、學會會自己設定遠大的目標、學會從錯誤中振作起來，也學會發想新的辦法來化解疑難。

下方這張按年齡劃分的家務與責任表，取自蒙特梭利的教育方針。但這些只是建議而不是硬性規定。孩子每把一種任務搞定，就可以把對應的能力與自信收進口袋裡。而隨著家務變成一種例行的責任，他們也會在淺移默化中學會身為團體的一分子，自己理應有所貢獻。打好這種基本功，孩子將來才會是個合格的團隊成員，才能扮演好同學、同事、朋友、伴侶與公民社會一員的角色。你的家庭或許不會覺得讓一個兩歲的小孩搬柴火或讓一個六歲的小孩幫馬鈴薯削皮，是什麼好主意，但這張清單確實反映了兒童與青少年應該合理地在各年齡層學會的家務類型，至少那是蒙特梭利教育專家的設計。我把這張表放進本書裡，是希望它像維他命一樣去補強在美國家庭裡流通的一堆學習清單、學校排名表與上大學前的準備清單。我衷心希望各位的孩子在離家去上普林斯頓或聖荷西州立大學之前，都能起碼知道怎麼換燈泡及煎荷包蛋。

這張表裡的某些家務，看起來可能會有點難度，但教育者深知兒童可以受益於一件事，那就是嘗試面對位於他們近側發展區間（zone of proximal development）內的處境。不要被專有名詞嚇到，這些處境其實就是稍微落在他們舒適圈外的任務。孩子若能從小就知道他們可以處理好那些乍看之下有點嚇人的活動，那他們長大之後也會比較善於應付各種壓力源。這一路上他們會磨破膝蓋、會在頭上撞出一個包、會嘗到被排擠的痛苦，甚至會稍微地借酒澆愁，但他們就是要這樣才能成長、才能意識到自己的弱項與強項，才能培養出自我效能來免受無助的痛苦。反之若孩子的生活方向盤

蒙特梭利分齡家務責任表

二到三歲	四到五歲	六到七歲	八到九歲	十到十一歲	十二歲（含）以上
把玩具放回玩具箱	餵寵物吃飯	收垃圾	把餐碗盤放進洗碗機	掃廁所	拖地板
把書架排整齊	把打翻的東西擦乾淨	摺毛巾	換燈泡	吸地毯	換客廳大燈
把髒衣服放進洗衣簍	收拾玩具	掃／拖地	洗衣服	清理吧檯	洗車／吸車子內裝
丟垃圾	鋪床／整理房間／澆花	把洗碗機理的碗盤拿出來	掛／疊乾淨的衣服	深度清理廚房	修剪籬笆
搬柴火	挑出乾淨的餐具	把乾淨的襪子湊成一對	幫家具撢灰	準備簡單的一餐	油漆牆面
摺小毛巾	準備簡單的點心	幫花園除雜草	用噴霧器幫庭院灑水	幫草坪割草	根據清單進行採買
擺放餐具	操作手持式吸塵器	耙落葉	把買回來的雜貨放好	把郵件拿進房裡	烤麵包或蛋糕
取得尿布跟紙巾	清理廚房桌面	給馬鈴薯或胡蘿蔔削皮	炒蛋	簡單修補衣物（如縫線、鈕釦）	進行簡單的居家修理
清理踢腳板上的灰塵	把碗盤擦乾後歸位	拌沙拉	烤餅乾	掃垃圾	清洗窗戶
	替門把消毒殺菌		遛狗		熨燙衣物
			掃門廊		照顧弟妹
			擦桌子		

完全握在爸媽手中，完全由爸媽決定他們在什麼環境裡進行什麼活動，那他們的學習動機跟成長潛力都會遭到壓抑。

我治療過的一個家庭就是這樣的情形。四歲的小傑克爸媽來找我是因為幼稚園老師對這個剛入學的孩子十分擔心。在這間強調學習的學前機構裡，小傑克上課並不參與，只是呆滯地在放空。「我兒子一向隨和又有朝氣，」做父親的說，「我不知道他這是怎麼了。」為此我前往幼稚園觀察了小傑克，結果我隨即有兩項發現。首先，因為課程的內容太過「充實」——像字母跟數字的練習卷就一堆——小朋友們基本上得一直坐著。整體而言，小男生比小女生更坐不住，由此傑克常因為太愛晃來晃去被老師念個兩句。那天早上，我看他的課是愈上愈無精打采。

第二，以是非對錯來呈現的課程設計，使得這些小朋友上起課來會「錯」個沒完。所以小朋友會「消風」也是剛好而已，不然你以為四歲的小朋友有什麼通天的本領？一直舉手回答，然後一直被老師說答錯，他們能不洩氣才怪。我在現場的感覺，是自己正目擊著後天型無助的從無到有在活生生上演，主要是孩子一個個發現自己沒辦法讓環境有任何改變。

我給傑克爸媽的意見是他們的兒子跟多數的學齡前兒童一樣，都需要一個能讓他們不斷有機會四處移動、探險，與嘗試錯誤的環境。東尼・華格納（Tony Wagner）作為哈佛創新實驗室（Harvard Innovation Lab）的駐室專家，曾告訴我說他傾向於用「嘗試錯誤」的說法來取代「失敗」一詞。華格納博士非常肯定的一種成長過程是讓孩子去從事各種半吊子的嘗試，或是讓他們做做看再說。「其他的選項，」他說，「都會像是在跟嬰兒說你先當個啞巴，等能一口氣講出完整句子後你再說話。」傑克要好起來，需要的是一個什麼答案都是好答案的老師，而不是一個答案要分對錯的老師。事實上多數小小孩都是這樣才學得最快。

我對傑克爸媽解釋說，學業潛能最好的指標是投入的熱情，而投入當中融合了情意、認知與行為等要素。像傑克這樣的小小孩理應對上學有熱情，理應對學習感到興奮，也理應在教室裡充滿活力，而在目前的教室裡，傑克一點也不投入，就像其他的孩子也都彷彿關機了似的。那個班安靜得很不自然，而安靜在幼稚園裡是孩子表現出退縮與疏離的鐵證。一個健康的學校環境，特別容納小小孩的校園環境，應有的模樣是活活潑潑、吵吵鬧鬧、充滿了動態與熱情。我在給大兒子羅仁挑選幼稚園時，曾有一名園長領我進了一間四歲小孩的班級教室，然後驕傲地表示：「看到沒？針掉到地上都聽得到。」我幾乎是用跑的逃離了那間幼稚園，因為我一點也不想讓我活潑、熱情、靜不下來的第一胎在園長辦公室度過他大部分的幼稚園生涯。

轉學到另一間以遊戲為主的幼稚園後不過幾個星期，那個樂天自在的傑克回來了。這次的經驗讓傑克爸媽得到了教訓，他們現在知道自己該給傑克的，是一個他能設法成功的機會，是一所能讓好動的傑克展現好奇心的學校。在最大限度下，他們會給傑克所有的機會去探索屬於他的世界，為他的表現叫好，鼓勵他不要放棄。相對於告訴他說你答錯了，他們學會了心理學家的一句口頭禪：「多講一點。」孩子還小的時候，二加二到底等於四還是五還是六，其實不如搞清楚他們的小腦袋瓜重要：他們是怎麼想的？他們在想什麼？他們眼裡是一個什麼樣的世界？這些才是我們該去了解的東西。想順水推舟地讓他們知道二加二等於四，以後機會多的是。很顯然在某個時間點上，這種事情你的孩子不用教也會，畢竟那是教育工作裡最沒有難度的一環。建立好奇心，培養他們對學習的熱情，讓他們在開放的胸懷中藏著玩心與迅捷的思緒，那才是真正的挑戰所在。次要中的次要才是背誦，我對談過的每一個企業領袖都對此深表認同。

風險評估

想建立孩子的自我效能與獨立屬性，其中很關鍵的一環就是要幫助他們進行一個人的冒險。你可以以讓他們想辦法過馬路為起點，慢慢讓他們練習跟朋友一起走路上學，然後是騎腳踏車或溜滑板在家附近玩、搭乘大眾交通工具、逛量販店、學開車與班級、社團或朋友相偕出遊。為此父母可能會一而再再而三地接收到來自街坊鄰居或其他家長的「恐怖故事」，他們要嘛會當面嚇唬你，要嘛會在像Nextdoor.com這樣的論壇上聊得超起勁。看著家長們一個勁兒地搓手冒汗，促成了記者出身的蕾諾・斯肯納齊（Lenore Skenazy）創辦了「讓孩子成長」（Let Grow）這個以「反過度保護文化」為宗旨的組織。該組織的網站作為相關報導的集散地，上頭會看到這類的新聞標題：業者銷售電子腳鐐給矯正署──以及家有青少年的父母，或是他只是要去祖母家：吃飽太閒的人報警說有個小男生，八歲，一個人走在路上。網站上有一角作為「拆穿恐怖故事」之用，裡頭會針對兒童誘拐、雛妓走私交易等各種爸媽的惡夢提供準確的資訊。

膨風的犯罪數據姑且不論，不容否認的是爸媽每個星期都得面臨新的挑戰／機會／風險。我們怎麼知道某項活動是不是真的危險而不適合孩子？在我打下這些字句的同時，電動機車已開始在舊金山市區與Uber一起到處穿梭。用路人要移動完前往大眾運輸工具的「最後一哩路」，電動機車是很好的選擇。但不久之前，我有朋友看到她家門前的人行道上有四個沒戴安全帽的高中男生競相把電動機車騎到每小時十五英里（約二十四公里）的極速，然後用人行道上高達十英寸（三十公分）的突起處當成起跳板，騰躍到了空中。我自己二十八歲的「孩子」才剛買了一輛電動機車。我喜歡電動機車嗎？一點也不。所以我送了他一件顯眼的黃色背心，對他進行了一番（恐怕不必要）的耳提面命，然後祝他好運。跟各位說這些，我只是想表達一件事：為孩子緊張兮兮是爸媽不會好的慢性病，我們只能調整心態，只能適時把敏感性調低，只能偶爾屏住呼吸，然後回歸自己正常的作息。

問題不光在於我們怎麼知道一項活動會不會太冒險，也同樣在於我們如何協助家中的兒童與青少年培養出風險概念。一條簡單的策略是前美國參謀總長柯林・鮑威爾將軍（General Colin Powell）堅持要他的幕僚軍官們在評估部隊狀況時所採用的三種分類。他會說：「告訴我你知道什麼……告訴我你不知道什麼……然後告訴我你的想法是什麼。」當我們在對孩子表達內心的焦慮時，我們應該讓他們用這樣的句型來照樣造句，而不應該自己在那邊胡思亂想。錯誤的示範是咄咄逼人地質問他們說：「電動機車你懂什麼？你知道它們能跑多快嗎？時速十五英里耶！就是那麼快！」比較聰明的辦法應該是建議孩子去上網做一下電動機車的功課，然後來回報給我們。他們自然而然會在網路上查到一些比較醒腦的資訊，比方說十五英里的時速下不戴安全帽，會讓頭骨撞到人行道時受到什麼樣的損傷。等孩子自行掌握了這些情報後，我們便應鼓勵他們把想法與結論說出來。

我之所以喜歡鮑威爾將軍的分類法，是因為這麼做，有助於孩子發展出他們可以用來評估風險並受用一生的特質：一種「慎思」與「明辨」的習慣，而這種習慣又可以細分為考慮替代方案、研究事情的來龍去脈，乃至於在結論中做出理性的判斷。想培養孩子理性的決策能力，這會是一個優雅的模板。

家長與孩子可以透過正向思考，把冒險視為一個解決問題的機會。試想這麼個情境：你十五歲的孩子想要去友人丹尼爾家參加一場派對，而你已知丹尼爾的爸媽這晚在家的時間不會太久。你確信這處境已經超乎了你女兒的處事能力，讓她去就等於讓她暴露在過高的風險裡。此時你當然可以撂下一句「不准去」，但這麼一來，你就錯失了一個給女兒機會教育的機會，而她也就無法學會當你不在身邊替她判斷的時候，她該如何自行評估社交場合的風險。所以比較好的辦法是跟她討論一下各種選項的得失利弊。在問過她對這場派對的感覺，並帶著尊重傾聽完之後，你便可以開始分享你的疑慮，而這按照鮑威爾將軍的分類，多半會是孩子「有所不知」的事情。

「丹尼爾是個好孩子。我可以理解你為什麼這麼想去這場派對。但我的推測是現場會有酒類，而你也知道我不能接受未成年喝酒。酒精會干擾你這個年紀孩子的明智判斷力。」

「媽，我不會有事的啦！」

「轟趴失控有時只在轉瞬之間，而你對那樣的場合並沒有足夠的經驗。」

「你聽我說，媽，那兒確實多半會供應酒精，然後其他人開始摟摟抱抱時我會許會有點不自在，但那又怎樣？出了事我可以打電話給你。」

「電話是個好東西，但現階段光靠電話還不能讓我安心。」

「你老是什麼事都不准！我什麼時候才能像別人家小孩一樣想出去就出去？」

「總之這次不行。我希望你能明白酒後亂性的危險性。而這也是為何我堅持對方家長必須整晚全程在場。」

我之所以在此提供這段對話的樣本，是因為我知道現實生活中的對話從來不會像育兒書裡寫的那麼順遂，事實上在現實對話中，肯定少不了文字無法呈現出的白眼與臭臉。不過即便如此，我們還是要在這些交流中尊重孩子的觀點（藉此爭取我們的指示獲得青睞），並順勢把我們的疑慮植入到孩子的意識裡。在說出最後那個不字之前，這名母親在做的事情是推著女兒去思考風險、思考選項、思考意料之外的後果。畢竟不經過一番提點，青少年的大腦並不善於進行這一類的思考。

有個適用於大部分狀況的簡單手法，可以幫助家長判斷孩子是否已經準備好迎接下一階段的風險：看他們應對上一階段風險夠不夠從容。假設你十歲的孩子已經騎腳踏車在你們郊區家外頭的街坊繞了一星期，而現在他吵著要單槍匹馬去繞整個郊區，搞得你血壓直往上飆。他「犁田」了怎麼辦？他騎一騎爆胎了怎麼辦？萬一有變態從樹叢後跳出來抓住他，又該怎麼辦？

此時你該做的第一件事，是讓自己冷靜。冷靜下來，我們大都能意識到那是自己在嚇唬自己。再來，你該去觀察一下他在家附近騎得如何。他是個負責任、有分寸的小騎士嗎？他有信守承諾準時回家嗎？他有在外頭爆胎過或是有學過如何換備胎嗎？冷靜思考過之後，你就可以去跟想更上層樓的孩子約法三章。「我可以讓你騎車在社區裡繞三十分鐘，看你表現我們再決定你能不能騎得更遠。」這條基本規則可以幫助你處理小到要不要讓你家裡的小小孩去滑陡一點的溜滑梯，大到要不要讓小大人在公路上開車的各種決定。

讓自己有條不紊與懂得去評估風險是兩種從來都很重要的能力，尤其在「亂世」中更是如此。

所以說為了孩子好，我們應該讓自己的決策過程在他們面前保持透明，而不要黑箱作業，不要莫名其妙給出一個好或不好的決定，或是因為懶得吵就讓孩子予取予求。當然有時除了好或不好以外，我們還真的擠不出其他的話來，這時候我們也不用太苛責自己，畢竟我們是人不是機器，但就是大方向上我們要盡量朝著透明前進。

從悲觀到樂觀：改變解讀事情的風格

後天習得的無助有一個特性，那就是我們會相信自己雖想改變環境但什麼也做不了。那感覺就像腦子裡有個旁白在碎念著充滿負能量的評語，而你的自信也因此不斷受到打擊。這一點尤其在我們解讀生活際遇時，會釋出最大的毒性。我們每個人都有用來解讀事情的專屬風格——我們會習於用這樣的風格來告訴自己事情為什麼發生，以及它們代表什麼意義。假設你搞砸了工作上的一次簡報。樂觀的解讀會是：「這樣看起來我準備得不夠充分，但公司會指派我就是對我有信心，而我也知道自己可以。下次我要更加努力。」這樣的思路會賦予你強大的能動性。悲觀的解讀則會是：「我就是這麼沒用，我就是個魯蛇。我看我差不多要被開除了吧。」這樣的態度很容易導致後天型的無助。我們解讀事件的風格並非一成不變，但確實每個人都會稍微偏向樂觀或悲觀。

對生活的解讀風格，決定於我們如何回應三種關鍵因子：持續性、擴散性、個人性。

＊持續性

容易放棄，容易對無助感投降的人，往往認為壞事或逆境是持續的——現在是什麼樣子，以後也永遠會是這個樣子。「這種事我一輩子都不可能做到啦。」反之那些不願屈服於無助感的人則認為壞事的成因只是暫時性的。「今天是不太順利，但明天又是新的開始。」用樂觀去解讀生活的人一樣會短暫地氣餒或放棄，但用負面心態去悲觀解讀生活的人（如在小熊維尼故事裡擔任固定班底的驢子咿喔）就無時無刻不在放棄。

＊擴散性

當失敗襲擊了其生活中的某個部分時，負面解讀生活的人會覺得那是世界末日，他們會以偏概全地認為自己一事無成。他們會覺得這是一場災難，會因為生活的某一環不順遂就對外宣稱自己的人生整個垮掉了（而且永遠不會有能重建的一天）。「我做什麼都是錯的。」反之樂觀解讀生活的人不是不會對特定的事件產生挫折感，但他們不會將之推廣到所有的事情上。「我確實數學不好，但我的英文還不錯。」他們可能會在生活的某個層面上受到挫折影響而感到困惑，但在其他陣線上他們還是會繼續大有斬獲。高成就且樂觀的孩子無法免疫於憂鬱，但這反而會讓他們更抱持決心在課業上努力，因為他們可不希望在憂鬱過去後才發現自己的學習進度落後。

＊個人性

遇上倒楣事，悲觀的人會覺得只有自己會這樣，由此他們會自責（把問題內部化）。「我是個白痴。」樂觀的人則比較願意去檢討環境（把問題外部化）。「老闆今天吃了炸藥呢。」長期把問題內部化會導致人的自尊心降低。

在治療的情境中，我們會用簡稱CBT的認知行為療法（cognitive behavioral therapy）來設法處理病人的負面生活解讀風格。實務上對憂鬱與焦慮症效果最好的CBT，其理念根據是我們的主觀感受，在很大程度上決定於我們如何有意識地去思考某種客觀處境或狀況。

我這裡有一個案例，就是一家子改變了他們解讀生活風格的實例。艾胥莉在第一次的SAT考得差強人意之後，就覺得重考也沒有多大意義，但其實她這時只是高二生而已。她說她不可能再進步了，因為她「笨」，因為她「很沒用」。為了證明自己真的笨又沒用，她表示自己有些朋友考得十分優異，至於跟她一樣第一次沒考好的同學則被她當成空氣。

陷入了憂鬱的她以淚洗面，並堅信在高中之後等著她的是基本薪資，然後她一輩子就這樣了。她的爸媽想問她是怎麼了，但他們的關心只是增添了艾胥莉的壓力，畢應她一點也不希望考試成為每天晚上餐桌上的話題，也不想聽到爸媽端出補習、家教與五花八門的各種建議。艾胥莉的母親忍不住跟先生商量起要是艾胥莉真的不肯重考，或是重考了但還是沒考好，他們做爸媽的該如何是好。在校方的輔導老師把艾胥莉轉介到我這兒之前，她的母親曾打了超多通電話到學校詢問如何把女兒的成績拉起來。

我注意到的第一件事是艾胥莉解讀事件的眼光極其狹隘。她是個重度的問題內化者。依照她的看法，生活中所有不愉快的事情都是她的錯，像她就曾告訴我說有天中午她沒被邀請加入平日的飯友桌（中學時期非常熱門的創傷來源），並說就在那一天，她才意會到自己有多不好看且多不討人喜歡。聽到我說一件事情可以有不同的解讀，因此她沒被叫去吃飯可能有別的原因時，她的臉上寫滿了困惑。

我們展開了認知行為療法，過程中我開始教導艾胥莉去觀察並質疑自身的生活解讀風格。她一開始幾乎要被這個艱鉅的任務打敗，由此她需要我從旁提供大量的另類視角去開導她（也許中學女生就是這麼壞，也許她們妒忌艾胥莉太美了才不想讓她坐過來，也許她們在家裡跟人吵了架，所以到了學校想找個人出氣）。我跟艾胥莉共度了十二次療程，才讓她學會抗拒一遇到壞事就膝反射地陷入持續性（我永遠好不了）、擴散性（我徹底完蛋了）、個人性（我活該）的陷阱，而我教她的辦法是捫心自問幾個問題：那是怎麼回事？我內心的感覺如何？我認為事情是怎麼發生的？我有什麼證據證明自己的想法是對的？事情的發生有什麼其他的可能性嗎？很顯然ＣＢＴ除了可以緩解或甚至根除不理性的悲觀以外，也有助於人培養慎思明辨的態度。

另一方面，我也與艾胥莉的父母進行了療程，並把焦點放在如何幫助艾胥莉改變她灰暗的人生觀（我們內建的人生觀裡往往存有基因的成分，由此我見過不少悲觀的孩子家裡都有一到兩名悲觀的父母親）。等艾胥莉跟她母親都掌握了訣竅，知道如何去與她們的悲觀態度周旋後，這對母女便開始相互砥礪，彼此在對方往壞處想時要對方提出證據。

不論是艾胥莉或她母親都不可能浴火重生為在美國文學裡擔綱樂觀代言人的波莉·安娜[2]。但要他們適度改變想法來質疑自己或彼此質疑，讓她們在陷入悲觀與末世思想前有個緩衝，是絕對做得到的。改變人生觀也讓艾胥莉順便改善了她喜歡鑽牛角尖的毛病——不然以前的她總是喜歡把壞事的前因後果翻過來轉過去，想個不停，畢竟比起男性，女性更容易什麼事情都往心裡去。讓艾胥莉鬆了口氣的是她發現自己只要有意識地去挑戰自己的灰暗想法或讓自己分心，那她對壞事的「反芻」就不會再繼續下去。想從根本上扭轉悲觀，第一步往往就是得跟自己內心那個愛唱衰的旁白對抗。

艾胥莉在高二尾聲考了第二次ＳＡＴ，這次有考得比較好。她在高三秋天又考了第三次，這次

2 Polly Anna。美國作家艾蓮諾·波特（Eleanor H. Porter）在一九一三年創作的小說，同名的主人翁是個無可救藥的樂觀主義者。

的成績又比第二次進步了一些，由此她順利跨過了幾所首選大學的入學門檻。這下子她終於可以稍微揚眉吐氣地說：「一次的失敗不等於一輩子完蛋。」

培養樂觀的態度

後天習得的無助作為一種概念，源自於馬丁・賽里格曼（Martin Seligman）這名在一九九八年劃時代開發出「正向心理學」概念的心理學家。他形容這個新領域是「對正向人性在各個層面上的運作與蓬勃進行的科學研究」。在賽里格曼橫空出世前，人類心靈的運作機轉幾乎都是從心理疾病（而非心理健康）的角度切入去進行觀察。在研究過促成心理安適的各種因子之後，賽里格曼開始認為我們每個人心中都藏有一個字——是或者否。是代表樂觀，否代表悲觀。兒時的悲觀往往預示了成年期的悲觀，並與日後的憂鬱之間存在著某種關聯，所以對於孩子的悲觀心態，我們也應該抱持著防微杜漸的想法，趁早將之處理好。

我經常建議家長試試看賽里格曼的ABCDE法來幫助孩子克服悲觀。下方且容我簡單介紹一下這ABCDE法是如何在我所輔導的一個家庭身上發揮作用：

A＝ADVERSITY（困境），也就是當事人客觀遇到的問題

一名十歲的男孩淚眼汪汪地回到家，原因是他被一心想加入的棒球隊給刷掉了。

B＝BELIEF（相信），也就是當事人對事情內涵的主觀認定

男孩的父母問兒子所相信的事情經過為何，他回答：「很多同學都選上了，所以我是個沒用的東西。他們以後大概都不會想跟我交朋友了。我在同學間永遠都酷不起來了。」

C＝CONSEQUENCES（後續），也就是當事人面對困境的反應

他們問起男孩後續是怎麼處理這個令人失望的情形，而他說：「我就一個人坐在角落吃午餐，不理任何人。」

D＝DISPUTATION（論議），也就是促使當事人進行利弊的分析

男孩爸媽給兒子的教育，是用若干例子來說明他可以如何去與內心的負面想法抗衡，並向他保證這麼據理力爭可以讓他感覺好些。他們導引著這名失落的小球員去思考了一系列的問題，就像認知行為療法也會用問題來挑戰並扭轉人生觀。幾輪的論辯下來，成果非常令人振奮。「好吧，也許

我的棒球不夠強，但棒球不是我人生最重要的事情。事實上我真正最喜歡的是數學，而我也被挑進了數學競賽的校隊，所以我絕對不是一事無成。」

E＝ENERGIZATION（激勵），也就是當事人如何獲得能量的賦予

等男孩挑戰完自己的悲觀想法後，他的爸媽回報說他已經從失望中振作起來，且準備好了要勇闖人生的下一關。在心情不再鬱卒後，他甚至在交織著輕鬆與熱忱的高亢心情裡化身為小作家。「棒球球技沒受到肯定，感覺有點掉漆。」他說：「我想我會繼續努力，但數學才是我之後的重心，畢竟我要代表學校去跟人家拚！」

研究讓我們知道了一件事情，那就是替人服務可以增加樂觀的心情，這點就跟對人心懷感激是一樣的。透過服務與感激來提升自己，是值得從事的努力：樂觀並不等於不悲觀；樂觀是一種思考模式，一種世界觀，而這種思考模式與世界觀可以為我們帶來許多好處，比方說樂觀的人比較快樂、比較健康，也比較堅強。他們比較不會鑽牛角尖，比較不會情緒失控，比較能在學業、職場與賽場上交出漂亮的成績單。

從僵固型心態轉化為成長型心態

在賽里格曼的理論基礎上，心理學家卡蘿・杜維克（Carol Dweck）感興趣的是後天型無助跟樂／悲觀風格如何影響課堂學習。杜維克發現孩子——但其實也包括大人——會在接近問題時採去固定式或成長式的心態。懷著成長心態的孩子相信努力可以讓人變聰明，由此他們將起步失敗或其他任何一種嘗試失敗都視為轉機。相形之下，僵固心態的孩子則會嘗試避免犯錯；他們覺得自己只能第一次就把事情做到完美，因為進步是不可能的。僵固心態的四歲孩子會不斷地重複拼同一幅拼圖，而不會去挑戰難度更高的新拼圖。成長心態的孩子不懂為什麼會有人一直重複做一樣的事情，明明這個世界這麼大，那麼多有趣的事情在等著人挑戰。

杜維克的研究不僅牽涉到孩子，也關乎大人。世界各地都有企業應用杜維克的研究來嘗試培養具備成長心態的員工。一家企業若想成功，就不能眼睜睜看著員工認為自己的智慧、潛力與能力已經封頂，因為員工面對環境變遷的適應力正是組織發展生存的命脈所繫。

想讓孩子從僵固心態轉換為成長心態，必須要全家一起動起來，而晚餐餐桌就是一個很好的開端。與其問孩子今天在學校考幾分，做爸媽的其實可以關心孩子：「你今天上學學到了什麼？」與其問在校隊裡的孩子今天得了幾分，做爸媽的其實可以關心女兒今天哪裡做得好，那裡需要檢討，而她從做對跟做錯的地方裡又分別學到了什麼。我也很建議家長跟孩子分享他們的失敗經驗，還有他們是如何從這些失敗或失望中獲得成長，讓這些失敗成為他們蛻變的機會。孩子不見得都明白大人每天也得面臨大大小小的各種挑戰，而如果我們告訴他們，如果我們讓他們看見有爸媽在前面做著面對挫折也要再接再厲的示範，孩子們絕對會因此感到比較心安。

我覺得爸媽不妨跟孩子解釋一下什麼叫成長心態，什麼又叫僵固心態，還有這兩種心態分別會如何影響大腦。孩子們都有興趣知道自己的身體是怎麼在運作的。我認識一個小女孩曾帶著非常固定的心態來找我——但這並不令人驚訝，因為她一家子都是這種很保守的個性。每天的晚餐，他們全家會輪流交代今天有哪些失敗來配菜，然後再分享一下他們心情有多壞來下飯。今天火車在路上拋錨，害把拔開會遲到；她哥哥在校隊選拔被刷掉；她喜歡的男生跑去跟另一個女生好。但經過我的干預，也經過這個家每個成員的個別與共同努力，成長心態慢慢有了雛形。晚餐時分不再是訴苦大會，而變成一個大家會相互提醒不要重蹈覆轍，然後全家人都覺得很有趣，每晚有如儀式般的場合。我很榮幸他們能全心相信我的建議，但其實只要說清楚事情的來龍去脈，讓家中每一分子接受成長的心態只是剛好而已，不想要這樣還比較難。

為了激發出孩子的成長心態，我會建議家長避免只看成績或結果去評斷孩子的好壞，而應該要在他們願意冒險跟願意嘗試新事物的時候給他們拍拍手。我都跟家長說，幫助孩子跳脫僵固心態而改採成長心態，就是在幫助孩子建立一顆更好的腦袋：近期的研究顯示，比起僵固心態的孩子，懷抱成長心態的孩子會與學習有關的大腦區域中產生更大數量的神經元連結。話說到底，人腦原本就是設計來學習新東西。所以在餐桌上的一個好問題是：「你今天學了什麼新玩意，說來聽聽？」

家長與孩子一起挺身而出

帕克蘭慘案發生的六個月後，馬喬里‧史東曼‧道格拉斯高中第一次推開大門，展開了秋季學期的第一天。許多家長為了這一天接受了媒體的採訪，而其中也包括在事件中承受了喪女之痛，與女兒阿萊娜（Alaina）天人永隔的萊恩‧佩帝（Ryan Petry）。身為人父的萊恩還有另外一個孩子，是正要升上高三的派翠克（Patrick）。採訪的記者問到了佩帝一家這天早上的氣氛——剩下的家庭成員如何面對這令人心痛的週年？萊恩‧佩帝承認家中有就這件事談過，但他隨即說起他兒子已經重返校園好幾天了。「（我們都）非常以他為榮。能願意回到學校裡去實實在在地幫助其他同學，讓更多人願意回到校園裡並把安全感重建起來，證明他真的是個非常勇敢的孩子。」做父親的萊恩接著分享了他到今年年底，給自己訂下的計畫：他打算投入在地學校委員會的席次競選。「學校委員會的決策，是真的攸關孩子與老師們的生死。為此我想清楚了，想要對政策發揮影響力，並確保安全規範的執行夠徹底，最好的辦法就是在委員會裡有一席之地。」

各個受到帕克蘭槍擊案衝擊的佛羅里達州家庭，沒有三頭六臂。他們能做到的事情，美國每一個角落的家庭也都可以。兒童與青少年都有潛力去改變他們與世界的互動關係，而大人也有機會為了保護家人而產生動力去推動深刻的改革。萊恩先生採取行動的契機，是孩子的安全遭受到危機，而我們其他人所面對的挑戰，則是不靠慘劇後的悲憤也照樣把自己的動力喚醒。我們可以針對親職的策略進行各項調整，來幫助孩子獲致更強的本領與更健全的身心。他們或許不能像馬拉拉[3]一樣以十七歲的青澀年紀拿到諾貝爾和平獎，也不至於去發起像是「為我們的生命而走」的[4]大遊行，但他們絕對可以找回熱情、好奇心、主動性，絕對可以放下對冒險的恐懼，因為冒險是他們與生俱來的權利。

我相信每一名兒童與少年少女都能以行動表達出他們的勇氣與悲憫之心。我一個朋友也叫萊恩的兒子得了癌症，年紀輕輕才十三歲就得接受化療。而萊恩的朋友們為了表示與他同在，通通剃了光頭。這些可愛的朋友還討論了很多辦法要改變其他同學的觀念，他們希望所有人都能理解萊恩沒有哪裡怪，他只是生病了而已。

3 Malala Yousafzai，馬拉拉・尤沙夫賽，是巴基斯坦一名以爭取女性受教權而聞名的社會運動者。二〇一四年，年僅十七歲的她獲得諾貝爾和平獎，創下諾貝爾獎的最年輕獲獎人紀錄。

4 MarchForOurLives，「為我們的生命而走」是由馬喬里・史東曼・道格拉斯高中學生主導的遊行活動，其訴求是推動立法來遏止美國繼續發生槍枝暴力。該活動於二〇一八年三月二十四日在華府舉行。

十來歲正好是青少年形塑道德觀的年紀，而這些道德觀將在未來的歲月之路幫助他們做出一個又一個困難的決定——突破性的先進醫療該優先給誰用？基因改造的「名牌嬰兒」有沒有倫理的問題？環保與經濟發展孰先孰後？如何確保人工智慧不會失控？想到這一點，我們就該知道自己幫助孩子面對道德兩難的價值所在。而所謂的幫助，很多時候只是傾聽他們訴說自己如何在各種道德問題上掙扎，不論這問題是關乎地球、關乎社會國家，還是關乎他們一己。比起長篇大論地對他們演講，更能讓他們在思想上有所長進的其實是足夠的耐心，跟幾個恰到好處的問題。

為了讓孩子可以跟等待著他們的挑戰匹敵，我們務必得幫助他們發展成一個心思縝密、明辨是非、相信自己而且獨立自主的成年人。在本章中我們知道了孩子容易在這過程裡卡住的地方，也學會了該如何幫助他們重拾成長動能。下一章我們會一起來看孩子們需要哪些明確的特質，才能帶著存在感，順利加入那個充滿未知但肯定燦爛的未來。

第六章

破除迷思，探究二十一世紀必備的技能

我知道大家現在三句不離二十一世紀需要哪些技藝。但拜託一下好不好，這根本就是那些自由派的覺青帶出來的話題。小孩就是需要苦幹實幹地學些東西，那些風花雪月的玩意只是講出來好聽而已。我家高中生的投資社團剛在校內成立，不要說我沒提醒你，這才是人要飛黃騰達的天梯。

——十七歲高中生的父親

進入二十一世紀雖然已經二十年了，但做爸媽的人跟孩子都還在摸索什麼是「二十一世紀需要的技能」——主要是各種可能性簡直無窮無盡。孩子們在上大學前得精通的各種專業，已經膨脹成一張讓人看了頭皮發麻且鬥志盡失的待辦事項。當然，核心的課程如閱讀、寫作、歷史、地理、數學、理化仍一如往昔是全人教育不可少的老面孔。但近年來，課業的必修範圍裡又加入了不在少數的新成員。在不確定的年代，人人似乎都對什麼技能比較重要有自己的一套看法。

教育從業人員拚了老命，就是想把這種困局的樣貌釐清。二〇一五年，某教育智庫發行了一份廣為傳閱的文件，當中就鉅細靡遺地說明了老師正與哪一些挑戰面對面。這份名為〈P21框架定義〉（P21 Framework Definitions）的文件中提供了一組集傳統學科與「二十一世紀學習主題」於一身的學習成效表。

這些二十一世紀學習主題包括：全球意識；金融、經濟、商業與企業基本常識；公民社會基本常識；衛生保健常識；環保基本常識。資訊、媒體與科技技能也被認定為不可或缺。再者，這個框架還納入了各種被認為有益的生活與職涯技巧：領導、合作、專案管理等能力，外加我這一代人在求學階段所必須學習的所有基本科目。至於為了騰出空間來容納大量的新科目，我們刪除了哪些東西呢？答案是藝術、下課時間、音樂與體育，也就是學子身心健康在正規學校課程裡僅有的微弱支柱。

我並不是說這樣的學習廣度會把所有的學生都淹沒，因為還是有特定的學生可以游刃有餘地應付自如。惟二〇一七年一篇登在《教育週刊》（*Education Weekly*）上的專文指出這種鋪天蓋地的課綱建議有什麼樣的缺點：「我們擔心的一點是，為了讓今日的學生做好明日的準備，我們訂出的高標準已經脫離了現實。且即便美國的學校真能按這種課綱，穩定地產出（資優生），有些專家也擔心那無濟於事。」因為自動化與人工智慧已經為改變或消滅人類崗位做好了準備。

這種看法，其實我會同意。我愈是去研究像氣球一樣愈吹愈大的二十一世紀技能表，就愈是質疑這種「寧可錯殺一百不可放過一個」的做法。就拿幾年前還被一堆人拿來造神的某項技能來說吧——我指的是寫程式。當時一票專家的建議都是寫程式跟英文字母一樣，都是每個孩子都得學的東西。大家覺得別的先不說，會寫程式起碼就一定找得到工作。但到了二〇一九年，普遍的看法已經是人工智慧快要能做到「自己的程式自己寫」了——事實上部分電腦也真的已經開始撰寫自己需要的程式碼。這總結一下，就是一個看似萬無一失的就學／就業優勢，在短短兩年之內就被踢下了神壇，取而代之的則是一個新興的領域，名為資料分析——在資料分析的領域裡，寫碼只有如基本的語言能力。像這樣的改朝換代恐怕會繼續進行下去，而且速度還會愈來愈令人目不暇給。

哪些能力最能在各種可能的未來中支撐孩子的未來，我們會不會根本無從得知呢？我們有沒有可能從「丟到籃裡都是菜」的瘋狂堆疊中退開，然後把一套我們可以合理預期他們精通的技巧交給孩子，讓不分天資、興趣與職業選擇的孩子都能一體受惠呢？如果有，我們該去請教誰呢？教育工作者？心理學者？職涯顧問？還是科學家？把這個問題丟給想當然耳的這些人，只是讓我在迷宮裡愈陷愈深。從事教育的人想要擴充「核心」課程；科學家想要多教STEM這四大理科；心理學家力挺社交與情意學習（SEL）。如同瞎子摸象，不同領域的專家都只看到全貌的一角。但我想要看到的是整頭大象。這些對教育重點的不同觀點，有沒有可能透過某種辦法送作堆呢？還是說我們需要打掉重練，重新擬定一個全新的策略？考量到我們充滿不確定性的近未來會相當難以預測，加上可能的解決方案又是如此的琳瑯滿目而莫衷一是，我覺得自己眼前的強敵應該是科技業口中的「棘手問題」（wicked problem）。棘手問題之所以棘手，是因為它們性質繁複、不好定義、內含有不完整或相互矛盾的資訊，且天生對解決方案有「抗藥性」。聽起來是不是就像一頭霧水的家長與老師拿在手上的燙手山芋？我能確知的是為了有靈感擬出一組方針能兼具好懂、好用且可長可久等優點，我必須要撒出一張大網來囊括多元的觀點。

歡迎來到「烏卡」的世界

確定這一點後，我便開始搜尋起一個簡單的問題：誰的工作就是在處理最極端類型的不確定情況？而這時我腦中蹦出來的一個朋友是退役的海軍，更精確地說他曾是特種部隊海豹突擊隊的一員。隔著咖啡的香味，我跟他說起了來求助的家長是如何覺得自己的準備不足，沒有辦法應付一個交雜著不確定性與波瀾起伏的世局。另外我還向他描述了教育工作者是如何需要釐清在這個一團混沌的時代裡，那個學子們顯然愈來愈需要的東西到底是什麼。

「啊，你是說VUCA（烏卡）啊，」他的口氣好像是明白了什麼，「這四個字母所代表的東西，幾乎就涵蓋了今天地表上的生活樣貌：多變（Volatile）、不定（Uncertain）、複雜（Complex）、曖昧（Ambiguous）。」作為一種概念，VUCA成形於冷戰時期尾聲那個尚未塵埃落定的世界，但這四個英文字首被挑出來湊成一個字，則是一九九〇年代末期的事情。接著一直要到二〇〇一年的九一一恐怖攻擊之後，關於烏卡的一切才真正流行起來。在伊拉克戰爭與阿富汗戰爭中，烏卡成為了用來總結新穎與極端作戰環境的標準軍事用語。一開始是地面部隊，後來連運籌帷幄的軍官也意識到要在變化多端且經常一片混亂的環境中獲致戰果，他們必須創造出更為水平的指揮鏈，還有就是得重新思考傳統的教育訓練。

在研究烏卡的過程中，我發現這個詞在商界的愛用者，多半是那些得設計新策略來在市場上因應不確定性或甚至群魔亂舞的企業領袖，且這現象在二〇〇八到二〇〇九年的金融海嘯後格外明顯。最終，烏卡所代表的狀況先是在商業界創造出了一種弔詭，然後有目共睹地在科技界也來了一回。科技業奉為圭臬的「動作快，搞破壞」、「撕裂」、「失敗要快，而且多多益善」等概念，代表著一體的兩面，一邊是振奮人心的發明，一邊是漫不經心的毀棄。隨著這些創造性破壞的混亂所衍生出的道德兩難，在早期對這種弔詭的討論中成了遺珠之憾，直到俄羅斯駭入二〇一六年的美國總統大選之後，科技不受節制所導致的道德問題才獲得了遲來的關懷。倫理問題，一下子在我們對烏卡世界該如何管理的思考中，移動到了舞台的正中央。

除了商界與科技界，烏卡所代表的挑戰也沒有放過一種與未來職場息息相關的專業社群：大專院校裡的職涯諮商人員。

身負為社會新鮮人指點迷津，讓他們能在就業時同時滿足成就感與身價的重責大任，廣大的諮商人員達成了一項會潑人一盆冷水的共識：可以做到退休的工作，已經不存在了。二〇一一年，美國高等教育諮商學會（NACADA）在會刊上發表了一篇〈烏卡環境下的職涯建議〉（Career Advising in a VUCA Environment）。取材自與就業、行為經濟學、社會學等領域相關的九十一處資料來源後，這篇論述的作者群聲稱：

> 一輩子做一件事的期許，已變得不切實際，主要是職場變化的本質與速率，已經變得又快速又難以逆料，再沒有課程可以讓學生習得能一輩子受用而無須擔心失業的技能……雇主們也意識到自己不可能期待高中或大學畢業生能身懷充分的技能與知識，一進來就擔綱企業的即戰力。

在烏卡的就業環境裡，擁有一份工作不代表你能高枕無憂。想真正穩定就業，你得刻意而

> 有意識地去維繫你的技能與專業，那才是你不被職場淘汰的唯一保證……職涯諮商人員必須協助學子理解，即便你選擇了完美的主修或科系，也不代表你能獲致在特定職位上發光發熱需要的一切專業。他們必須要學著視正式的高等教育為終生學習的準備階段，亦即透過不同的管道與媒體去建立各種知識與技能，將是他們得一輩子進行的事情。

號稱就業版臉書的LinkedIn高層也呼應了來自職業諮商人員的這些呼聲。他們的人事長（Chief People Officer）克莉絲緹娜・霍爾（Christina Hall）說：「光有一技之長是不夠的。我們的雇用標準已經出現位移。技術我們可以教，但好的情緒智商、態度與學習熱忱則不見得，所以我們需要的人才更應該具備後者。」

如果等著畢業生的真是這樣的一個環境，那就意味著我們應該重新思考「多多益善」的課業要求與社團活動，進而去調整校園能提供給孩子的就學經驗，使之更專注於那些學子想在快速變遷的職場上如魚得水，真正需要的知識與心理策略。

人工智慧的萬有引力

寫這本書最有趣的一點，就是發現隨著人工智慧的出現，我們的專家對十年、二十年與三十年後會是什麼樣的世界完全沒有共識。我所請益的社會中堅包含Google研發總監彼得・諾維格（Peter Norvig）在內的電腦專家，也包含未來研究所（Institute for the Future）傑出院士鮑伯・約翰森（Bob Johansen）在內的社會學家，但我發現他們唯一的共識只是未來是什麼模樣，會受到人工智慧很大的影響，但就是沒人知道那究竟代表我們會有APP幫我們確認冰箱裡永遠不缺牛奶，或是會有機器人帶人類走向末世。我自己是覺得機器人毀滅人類是太誇張了啦——應該吧。

推動著科技發展的，是人工智慧；驅使著一款款機器人動作的，是人工智慧；早就是人類文化重鎮的社群媒體，背後有隻黑手也叫人工智慧；我們的民主制度無法自外於人工智慧的影響；我們的醫療科學正因為人工智慧而改頭換面；我們或可在人工智慧的協助下修正氣候變遷；而我們進進出出的職場更早就被人工智慧徹底攻陷。總歸一句，人類共同的命運，就要看我們能如何好好地控制人工智慧，導引人工智慧為我們所用。由此我們若想建立一套方針來養育下一代，希望他們能在這片未來地景上活得精采，那有件事我們自然不能忘懷：孩子的未來有很大一部分將取決於現在還看不出個端倪，但將來希望是有責任感的人工智慧應用與發展。

而這就帶到了這本書至此一項重要主題——不確定性——的核心。我們必須假定即便是看似免疫於人工智慧影響的區域，比方說語言上的情感詮釋，最終也會在某個程度上遭到破解。所以我們在養育孩子時的戰略內涵，不能只是讓他們學習課堂上教的東西，還必須協助他們發展出韌性、發展出對終生學習的脾胃，也發展出對挑戰的興趣，因為挑戰必然會出現在他們前方的路上。而或許最重要的，是他們會需要在內心安裝一枚可靠的道德羅盤，主要是面對人工智慧與科技發展將帶來的倫理挑戰，他們會需要在這日益複雜的亂世中，保持好方向感。

軟實力一點都不「軟」？

孩子要準備好迎接未來且過得幸福安泰，必不可少的技巧有兩「籃」。這兩個籃子，一個裝的是所謂的「軟實力」，或是我習慣註記為「基礎實力」的東西，包括合作精神與溝通能力；另一個裝的則是較便於量化的「硬實力」，也就是傳統的學科與寫程式（碼）等科技教育。

我們若是認真想讓孩子有工具去在高度不確定與節奏飛快的未來稱心如意，那一項我們百分百確定他們會用得上的技能就是適應能力。穩定就業的關鍵在於終生學習，而除了在個人專業領域上的硬技能，如生物學、經濟學或法律素養以外，終生學習還牽涉到彈性、好奇心、受挫力與合作精神等能力的培養。這些極其重要的技巧需要結合努力與智慧才能習得。這些東西老師可以教，但學生學起來一點也不比學硬技巧簡單。不論怎麼想，「軟」都是一種會讓人誤會的說法，畢竟軟字會讓人不經意地聯想到女性與容易。很多跟我聊過的成功女性都直言她們覺得被說「軟」是一種「侮辱」。

生於過往的時代，你有可能一畢業就靠著優異的成績獲得聘用，然後就幾十年都在企業任職或擔任公職，期間完全不用擔心自己的社交能力或進化能力。但這對我們的下一代來說，已經不會是一個選項了。他們必須要在專業與基礎技能上精益求精。雇主很清楚「複合型」技能的價值所在——就以合作能力為例，那當中其實結合了傾聽、發問、準確讀取肢體語言、表達意見，還有虛心與人分享情報與功勞等能力。從事的職務愈有挑戰性，個體就愈需要具備上述所有的特質。合作精神不論在哪一個領域，都是獲致成功的關鍵所在，包括科學研究。

寫手大衛・布魯克斯（David Brooks）曾在《紐約時報》上發表過一篇好笑歸好笑卻正中目標的文章，名為〈蔡美兒是隻軟腳蝦〉。蔡美兒當時剛出版了《虎媽的戰歌》這本時而懂得自嘲但最終其實很嚴肅的歌頌作品，而她歌頌的對象正是書名中的虎媽——對孩子的生活無役不與且嚴格要求每件事情的典型亞洲母親——還有虎媽理論上可以培育出的超級資優生。蔡美兒眾所周知地不讓兩個女兒去參加遊玩日、不讓她們去朋友家過夜、不讓她們打電動，也不讓她們畫畫或做工藝。省下來的時間，她要兩個女兒去長時間練樂器，然後在校當然要拿最好的成績。

「我相信她等於是在溺愛孩子。」布魯克斯寫道，「她其實在不知不覺中，保護了孩子不受到對智力要求最高的那些活動傷害，因為她分不清哪些事情對認知能力是一種挑戰，哪些又還好。」布魯克斯說練琴四個小時聽起來很累，但其實更累的是跟一屋子十四歲的少女在那裡察言觀色加勾心鬥角。「但想要有朝一日出人頭地，你還真不能不設法融會貫通這些人際能力。多數人都得身處在團隊裡工作，而我們這麼做是因為團隊解決問題的能力遠勝過單打獨鬥……參與團體的良好運作，是一件比想像中更難的工作。那對人的要求包括你得有能力信任跟你非親非故的隊友、得把人的語氣跟情緒讀懂，還得對每個人的個性能不能嵌入團隊這幅拼圖中有所掌握。」

年輕人平均會在大學畢業後的十年中換四次工作。所以不論你的孩子在哪裡高就，他或她的同事都會持續像跑馬燈在走秀。〈烏卡環境下的職涯建議〉的作者群寫道：「雇主明白技能與才學都一把罩的新人如果態度不對，那他們很快就會成為公司的累贅，更可怕的是他們有些人還會把這種態度傳染給其他員工。反過來說，一個人只要具備好的態度與人際技巧，資質又不算太差，那公司需要什麼新技能都能透過教育訓練達成。」這話說來老套，但做爸媽的人千萬不要低估態度好有多重要，這在家裡一定要教。具體而言，這些值得你去傳授與肯定的態度包含樂觀、同理、感激、自省、謙遜，還有不受逆境與不同意見影響的熱情。

傳授基礎技能一個很大的挑戰，在於我們常搞不清它們是什麼及怎麼教。乍看之下，基礎技能既模糊又不具體。「我沒看過有人會在徵人啟事上說要找『善於合作的同理者』或是『樂天的合作者』。」很多爸媽會說。我們也常想當然耳地認為硬技能是不可或缺的主角，基礎技能只是加分用的龍套。這點不論我們今天討論的是在非營利的公益部門打拚，或是在傳統上非常血汗的金融產業中賣命，這一點都已經不再成立。解決問題的創意跟毅力，是商人銀行ＢＤＴ公司（BDT & Company）創辦人、董事長兼執行長拜倫•楚羅特（Byron D. Trott）認為最重要的兩種技能。他會鼓勵客戶跟同事去「看看轉角後有什麼」。看得到別人看不到的東西，預期得到別人預期不到的事情，並把眼光放遠，正是他尋尋覓覓的獨特能力。看多了世上許多豪門企業，終日穿梭在由創辦人掌舵的大集團之間，這樣的他對誰都想得到的短期解決方案興趣缺缺，同時他也不迷信名校的血統純正。他的員工裡自然有名校的畢業生，但也不乏州立大學的校友。他看重求知欲、好奇心、多元性、對自身信念的堅定，還有建立長期信賴關係的能力。就因為永遠把關係放在第一位，所以他的公司才能享有不分客戶與員工，對其令人讚嘆的忠誠。

堅持要孩子多修一門大學先修課而不鼓勵他去動物救援中心當志工，我們其實是在扯孩子的後腿。我們要知道自己愈是抱殘守缺地想力行以往那種不想讓孩子輸在起跑點上的觀念，就愈是會讓自己的孩子錯過許多好的機會。

表觀遺傳學：先天結合後天

我們生來都有不同的秉性或性向：我們有人外向有人內向；有人會數學，有人擅長填字遊戲；有人擅長園藝，而有人能嚐出複雜醬汁裡含有的每一項食材。而相對於數學、語言與園藝這些科目可以教、可以學、可以熟能生巧，外向的個性或填字遊戲需要的聯想力，有時候就得慢慢體會而無法言傳了。如果再說到像創意或好奇心這些基礎技能，那事情就更加神祕了。我們傾向於認為這些特質都是與生俱來，出生的時候有就是有，沒有就是沒有。

說起這個話題，二十世紀大多數時候的相關領域研究都集中在先天與後天的二元對立：一個人天生的傾向或性向，在何種程度上受到後天環境的影響？我們能夠斬釘截鐵地說決定一個人智商的是四成遺傳六成環境嗎？後續隨著雙胞胎研究的出現，我們清楚了解到想在先天與後天中間一刀切，是不可能的事情。雙胞胎研究是將一對雙胞胎在出生後分開，在不同的家庭裡將他們分別撫養長大，然後比較他們在長大成人後的表現。而雖然這樣的研究樣本數量受到一定限制，但其研究品質已足以顯示環境會影響個體的性向與人生軌道，這一點並不受基因組成的牽制。具有爭議性的紀錄片《三個一樣的陌生人》（*Three Identical Strangers*）戲劇化地描寫了環境對於三個基因完全一樣但環境極端不同的年輕人，產生了什麼樣的影響。但你要問環境具體能影響人到什麼程度，只有天曉得。多年前我還在讀心理學研究所的時候，所上花了很多時間討論先天與後天的拉鋸，後來事情變成先天與後天的分立，再後來隨著科技的日新月異，我們現在已知是先天與後天的並立，亦即這兩者是你中有我我中有你。

表觀遺傳學作為一門學問，研究的是環境如何影響我們與生俱來的特質，英文叫做Epigenetics，後面的genetics自然是遺傳學，而字首的epi則有「在……上面」之意，所以兩部分合起來，Epigenetics想知道的就是：一個人身上除了基因遺傳以外，還發生了什麼事情？表觀遺傳學牽扯到環境如何把基因的開關打開，或者將之關閉。基因組成提供了智識發展的廣大可能性，但最終一個人會落腳在哪裡，必須是基因與環境的共同決定。人的能力並非固定，而是有彈性的。所以雖說有些寶寶確實比較愛在客廳裡到處爬，而有些寶寶則安於他們眼前的任何玩具，但其實每一個寶寶都還是有向外延伸的潛力。不同小孩之間的創意有高低之分嗎？肯定有。但我們可以人為去拓展或培育任一孩子的創意跟好奇心嗎？沒問題。

在此同時，我們眼前都有一條不論我們多努力或多渴望，都超不過去的極限。我兒子愛死了籃球，練球練到都快吐了，但他絕對沒有能打進ＮＢＡ的一日。我們都應該鼓勵孩子去超越自我，去實踐天分與熱情，但我們也不能昧於事實或一廂情願地欺騙他們說「世上沒有你們做不到的事情」。

今日的爸媽並不都很能體認或接受自己的孩子並非無所不能，這點我想大家有目共睹，而這也說明了何以家教市場會如此地供不應求。但身為家長的要務是注意孩子的天賦跟興趣在哪，由此我們一方面可以鼓勵他們朝著天賦與興趣發展，一方面可以藉此去創造出一個環境，讓孩子在這個環境裡培養出其他比較「不那麼與生俱來」的特質。關乎孩子未來成敗的關鍵技能，可以在任何環境下培育出來，但在孩子開心的環境裡培養出來，這些技能的根會扎得比較穩。

有時候孩子的興趣會短路，是因為爸媽覺得既然不可能在某個領域出人頭地，那繼續下去也只是浪費時間而沒有意義，尤其是在必須寸土必爭的中學時期。但如果我們能夠接受自己其實對未來該爭的是哪一片寸土只是一知半解，那我們就也該順便承認自己無法確認某件事究竟是不是浪費時間。與其逼著我們的孩子去心不甘情不願地從事「這對你有好沒壞」的事情，我們應該思考如何透過孩子的興趣熱情，去培養出他們日後不可或缺的一些技能與處世策略。

如果我們能跟上時代的巨輪，跨出那一大步去多關注基礎技能一點，少執著於履歷表的填充料一點，那我們就能幫助孩子發展出包含創意、受挫力、冒險精神、合作精神及勇氣在內，重要的人格特質。

我曾向知名搖滾樂團Metallica的主唱詹姆斯・海特菲爾德（James Hetfield）請益過我在一場座談會上的遭遇。在我出席的那場座談會裡，台下坐的盡是超級人生勝利組的虎爸虎媽，包括有一名父親很擔心他兒子花太多時間在練習吉他。我跟詹姆斯分享了來自觀眾席，幾則我聽不太下去的建議：把吉他收走幾個禮拜；嚴格規定他的練習時間；成績不好就不讓他碰吉他。

「怎麼不請他爸媽去叫兒子成立樂團？」詹姆斯突然有感而發。這話出自一名空閒時間都拿去研究和弦而不是微積分的世界級吉他手口中，真是太有說服力了。讓孩子去玩樂團，說不定可以玩出一整套有用的技能——創意、毅力、合作能力、冒險精神，運氣再好點還能把創業之道也融會貫通。然後這整個過程他都是在做自己真心喜歡、樂意投入的事情，所以怎麼算都是穩賺不賠。我知道很多人愛用框架內或框架外來比喻不同思考方式，但多年的臨床執業跟家裡一個小創意家讓我懂得了一點：誰說一定要有框？

在花了許多個月研究二十一世紀需要的技能，並盡可能跟各界專家請益過之後，我最終選定了一組我認為特別有助於孩子未來發展的學術與基礎技能。下一章我們會進入深水區來介紹這些技能有哪些，而要讓孩子長出這些技能又需要哪些條件。

第七章 未來一定用得上的學術技能和基礎知識

麥可向來是個兼具創意與好奇心的孩子，而這樣的個性也讓小時候的他玩得很開心，頂多是偶爾會討皮肉痛。他會把家裡的客廳重新裝潢成無人島，或是看心情將之變成一座擁擠的城市。他會在家裡翻箱倒櫃，找出一堆箱子、毛巾、皺紋紙跟海報板來拼湊他清楚呈現在腦海中的世界觀。他的在校成績不錯，但動輒會被老師點名注意，因為他時不時會看著窗外發呆，或是在筆記本上塗鴉。他最怕的一個字是infinity（無限），因為他無法想像有什麼東西能持續到永遠。

後來他去上了電影學校，為此他爸媽去好好調查了一下有多少比例的孩子真的從學校畢業後成為電影導演。但這個問題似乎是個無解的謎團。於是乎他爸媽固然為孩子的才華感到自豪，但也免不了擔心他將來工作不好找。但他找到了。在把失業演員跟導演常做的兼差——餐廳外場、舞蹈老師、家教——都做過一遍後，他發現自己對經商產生了興趣。他特別喜歡在替各製作公司打零工時所體驗到的合作過程，而且也在打工時學到了策畫、行銷、會計、時間管理的基本。雖然他在創意、好奇心、溝通能力、彈性與毅力等基礎能力上打好了底，但他明白自己仍需去鍛鍊好專業技能，才有機會走上一條令人滿意的職涯道路。透過大學，與線上課程雙管齊下，再加上去技術要求比較高的工作場所磨練，麥可成功集滿了想自立門戶的各種技能，開了家屬於自己的製作公司。你會說開公司接案子，也還是零工經濟啊，不是嗎？嗯，是啦。但現時的勞動力原本就有大約三分之一屬於零工經濟。他新學的專業技術有差嗎？當然有。像近期就有一名客戶對他說：「你真的是沒得挑耶，態度親切又技術本位。」這話說得中肯。

能穩穩把孩子帶向未來的學術與基礎技能，其實存在重疊與互補的地方。孩子往往會以稍微有些不同的方式學到這兩類技能。而雖然這當中沒辦法做一個很整齊的劃分，但兩者間確實存在足夠的差異——包括基因遺傳上、文化、家庭與社區背景上的差異——讓我們比較適合將兩者視為不同的東西。放在一起講，這些技能都有助於培養出韌性與終身學習的熱情，而這兩樣東西確定是人在二十一世紀成功的要件。

基本的學科能力與技術素養

這段標題所指涉的，是學生在高中畢業前應該要具備的基本知識池，而目前的傾向是那當中會同時包括學術與技術技能。說得更清楚些，那當中會包括學校體系與多數大專院校會要求的核心學術科目：閱讀、寫作、數學、歷史、地理、科學與外國語。技術技能則普遍更為具體，且往往是跟機械或四大理科有關的技能，像是程式設計及寫碼。至於結合了學術與技術技能的關鍵本領則包括資料分析、數位素養、思辨能力。

為我們孩子準備的課綱，並不會因為學校的不同而有什麼明顯的不一樣。但以結果論而言，我們有些人的孩子會在高中完成一切進大學的準備，而有些孩子則差得很遠。這當中有很多原因，但一大原因是迥異的教學與學習的風格。能帶給孩子助益的教育體驗往往存在互動性，而不能只是讓孩子被動接受的過程。但很可惜的是，互動性的教育往往是高級住宅區或私立學校孩子的專利。在雙向互動的情境下學習，比起在單向被動接受的課堂上，前者更能讓孩子集軟硬實力於一身。

位於加州泰拉琳達（Terra Linda）社區的馬琳蒙特梭利國中就是一間建立在互動教學模式上且以有教無類為宗旨的學校。且讓我用一個例子來說明該校的運作。瑪琳蒙特梭利國中裡有一處花園供同學種植蔬菜。菜長出來除了會成為他們的午餐以外，其過程還可以讓孩子們學會種植、施肥，他們會因此懂得如何確保蔬菜的健康、害蟲如何影響作物，還有如何事前規劃收成的多寡。收成之後，他們會把在校內吃不完的蔬菜賣給在地的農夫市集，並在過程中學會與成年人互動，說服大人購買他們的產品，並有效地完成現金交易。他們甚至會用試算表來掌握買賣的流程。

這很顯然比單純的數學或地球科學課程要複雜許多，金錢與時間成本更是高昂許多，所以一般的公立學校根本沒有財力這麼做。但總是要有人跳出來為了這樣的願景鋪路。如果這些學習法能先在像馬琳蒙特梭利這樣的學校裡獲得測試跟改良，那未來有其他學校想複製這個過程也會容易一些。即便是在條件較為優渥的學校裡，從單向被動過渡到雙向互動都不會是一個水到渠成的過程，而是都會有許多的反對意見需要撫平。比方說大學先修課目前就耗掉了學生太多的精力，而最不具有互動性的就是這些先修課程。

在具有遠見的學校裡，學生的作業大部分都是專題，而不是由學生一個人悶著頭完成的功課。我有個朋友的高二孩子選修了一門美國歷史課，而課程的內容不是要他們背誦枯燥的年月日和戰役名稱，而是由教師在課堂上輔導各個分組去思辨不同資料來源背後的偏見與真實性，乃至於這些資料來源與實際歷史事件間的關聯。不同的組別會分別深入從教科書到福斯新聞等不同的資料來源，而在這樣的過程中，歷史的弧線連同當中的人事時地物都會變得更加引人入勝。孩子們會學習到如何通力合作，如何在同學之間截長補短。同時深植於這堂美國歷史課裡的三項重要學術能力是：數位素養、資料分析與思辨能力。

*數位素養與資料分析

思辨能力普遍被認為是二十一世紀必備的終極技巧。為了像大師一樣掌握這種技巧，學生必須像蹲馬步一樣準備好一組為思辨打底的技巧，而這當中最重要的就是數位素養與資料分析。數位素養指的是跨越各種數位媒體來搜尋、評估與使用資訊的能力，而資料分析則是運用邏輯與分析的理性推導來審視資訊中的細部組成。

就資訊而言，現代人就像是用消防栓在喝水。想在這種狀況下施展思辨能力或解讀資料，前提是你能不被以下的對比嗆到：新聞／假新聞、實況影片／深度造假的畫面、網路酸民／網路駭客、錯誤訊息（誤傳）／虛假訊息（謠傳）。亦即在能施展批判性思考能力前，我們首先得有能力意識到並戳破人為的有心操弄。

隨著網路的持續發展與人造資訊的加速湧現，帶風向用的操控論述已經可以在彈指間被創造出來並如野火燎原般散播出去。在這個有心人可以以每則臉書貼文只要幾美金的代價，從巴爾幹半島的馬其頓中部某小鎮上影響二〇一六年美國總統大選的年代，我們必須確保孩子有能力辨識出數位操控的發生。我們的孩子作為這個政府、這款民主與這顆地球將來的守護者，必得在我們的幫助下去理解人性就是喜歡固執己見，就是喜歡在遭到挑戰的時候加倍剛愎。人必須要先理解到人工智慧的程式設計者與五花八門的演算法有多容易玩弄我們的情緒與偏好，才能接續去削弱這些東西左右我們思考的能力。被特定利益或看不見的手所操弄的資訊愈多，人就愈需要把能識破謊言的利器握在手中。相對於我們可能已經淺嘗過這類人為操控的苦頭，我們的孩子可能才剛等著要大快朵頤。

所以我們要確保孩子不再是小孩後，他們的學校有認真在傳授思辨技巧，同時也提供了扎實的數位素養課程。請孩子像小老師一樣，跟你分享他們在學校學到了哪些技巧可以破解偏見跟誤傳。晚餐時拿這種話題配飯，要比聊今天考幾分要好得太多。

同樣重要的，是孩子要知道如何確認與創造出有證據支持的內容。比方說，有些資訊出自有同儕審閱機制的學術期刊中，而有些資訊則出自花錢就可以發表論文或學術性並不強的所謂「期刊」，但這兩者有時候並不好區分。多年前我曾從Google Scholar上抽樣出了些文章，然後我發現《美國醫學圖書館學會期刊》（*Journal of the Medical Library Association*）上出現了下方這麼一段引文：「Google Scholar是設計為應急之用。而往往這種需要應付一下就好的急事既沒有廣度，也不具深度，更不需要專業級的超級資料庫，而只是高中生的作業、大學某一門課的學期報告，或是某樣目標是無痛完成，能交差了事就好的東西。」打了個冷顫的我二話不說，把Google Scholar的搜尋結果丟到了垃圾桶，並在經驗與專業都沒話說的圖書館員指導與監督下，把大部分的研究在史丹佛大學裡重做了一遍。

崔斯頓・哈里斯（Tristan Harris）作為Google的前設計倫理學家提醒了我們一件事情，那就是螢幕這一頭的我們只是一個人，但螢幕的另一頭卻有數以千計的工程師絞盡腦汁，就是為了把我們黏在畫面前，說是想讓我們對螢幕成癮也不為過。孩子，特別是青春期的孩子，都非常討厭被人操控。所以我們只要讓兒童與青少年知道在電子裝置的另一端，竟然有這麼多人想用計讓他們對網路上癮，那他們對手機或平板的依賴就有可能改善。反之若能學會讓網路為他們所用，讓他們透過網路去推進理想，那孩子就有可能因此蛻變成一個行動主義者，而受益者小則可以是他們自己，大則可以是我們的地球。我拿一個問題去問了卡麥隆・卡斯基（Cameron Kasky）這名帕克蘭高中槍擊的倖存者兼「為我們的生命而走」活動共同創辦人，我問的是他覺得為什麼從這場慘劇中活下來的青少年可以動員全美數百萬人來支持他們的理念，他的回答簡單明瞭：「我們是在劇場中歷練過的孩子，我們不會扭扭捏捏，我們習慣了上台，我們知道如何讓媒體為我們所用。」只是說用一場悲劇來換得孩子的數位素養與對媒體及鎂光燈的熟悉度，代價實在是太大了，我們應該要有比較平凡的做法才是。

在思考資料分析與數位素養之際，我們可以專注在其負面效應，對其未知的部分戒慎恐懼，然後與相關的不確定性保持距離。或者我們可以偕孩子一起熱情地擁抱改變、學習新科技、確保這些新事物與我們的價值觀一致，然後將之全都視為一種令人興奮且充滿潛力的學習機會。

＊思辨能力

為什麼？你怎麼知道？你有什麼證據這麼說？有沒有其他的可能性？對於好奇心爆棚的人來

說，不論你是得過諾貝爾獎的科學家或是在探索家族史的五年級小學生，思辨能力都有機會是每天眼睛睜開，生活中最有趣的一環。思辨給了我們機會去進行深刻的思考，去挑戰自身的大腦，去與科學方法混熟，去把玩各種點子。

思辨能力，本質上是一種把每天收進來的資料與刺激當成「策展」的材料，然後根據結果做出明智判斷的能力。「策展」也許太文青，但那其實就是「評估與編輯」的同義語，就是要你針對資料去進行篩檢與編排。那意味著你擁有適當的工具去分析自己的思緒，並藉由口述或行文為你的想法端出合乎邏輯且具說服力的證據。思辨能力在現行的知識經濟體系裡有不可或缺的重要性，因為它可以增強我們面對變化與不確定性時的因應能量與效率。具備了這樣的思辨能力，我們的孩子就能去分析資訊、比對多方來源來辨明消息的真偽，並言之成理地捍衛自身的見解。這會讓他們得以鑑別出客觀事實與主觀意見，得以從各個方面對同一個問題進行檢閱，得以做出理性的推論，也得以盡量壓低個人的偏見。思辨能力中包含了自省的意識與對他人的同理，由此它堪稱是我們在後真理時代最沒得挑剔的解毒劑。

題外話，我的看法是孩子需要多在不受電腦影響的狀態下進行思考。手指一滑就能得到資訊，有它的好處，但也不是沒有壞處。把資訊直接儲存在自己的腦子裡，能幫助我們建構並維持一個更經得住考驗的自我，也能讓我們的世界觀更有前後一致的脈絡。閱讀、思考、翻頁、重讀的過程比起信手「點」來或「滑」來就能像轉開水龍頭似地得到資訊，或許比較費勁，但讀進腦子的東西才是自己的。我擔心的是孩子的大腦會愈來愈麻痺，愈來愈像個裝飾品，就像肌肉或器官會因為久不用而退化。

要培育孩子的思辨能力，就要鼓勵多問問題。不要忍不住把答案丟出去，而要讓孩子自己去走一遍思考的過程，期間你可以指引，但不要過度干預或直接揭密。大約從七歲開始，孩子可以用來思索問題的認知能力就會在複雜度上突飛猛進，請留給他們一個秀一下的良機。

基礎技能

基礎技能是陪伴我們進入這個世界的基本態度與信念。這些特質對於孩子的未來成敗，重要性不下於學術跟技術技能。可列為基礎技能的人格特質包括好奇心、創意、彈性、有所本的冒險、合作、毅力、自制。

我們每個人生來都高低不等地具備這些特質，也都能在基因遺傳的基礎上把這些特質提升到潛能的上限。要讓這些特質在孩子身上開花結果，最有力的辦法就是示範給他們看。不要小看或浪費了自己的人生。你要好奇、要有創意、要像冒險家一般去身歷其境。盡可能多閱讀。多跟孩子討論時事。多給日漸獨立與幹練的孩子掌聲鼓勵。

*好奇心

好奇心是人類想要找出答案並解決問題的本能。我們生來都是好奇寶寶，而身處的環境對這好奇心能不能開花結果，存在很強的影響力。我們身為父母很重要的一項工作，就是要避免強調答案甚於強調學習過程而揠苗助長，捻熄了孩子的好奇心。畢卡索有句話深得我心：「學會像拉斐爾那樣畫畫，花了我四年；學會像小孩子那樣畫畫，花了我一輩子。」在小小孩之間，好奇心所連結的是高等的數學與識讀能力，而在成年人間，好奇心連結的是工作的滿意度、學識上的成就，還有生活整體的幸福程度。好奇心就是學習的催化劑，學習成果與好奇心成正比。

佛洛姆曾一針見血地剖析過：「創造性態度的前提是什麼？看見並有所回應的前提是什麼？有意識然後對所意識到的東西變得敏銳，前提是什麼？首先這需要的是感到困惑的能力。還保有困惑能力的，是兒童。」我們若想幫助孩子踏上發現之旅，首先就得放手讓自己也去覺得困惑。

對於有心幫助孩子發展基礎技能的家長而言，好奇心最有用的層面是哪些，已經有研究把答案告訴我們了。從腦科學的角度去看，我們只需要不多不少的資訊就可以產生興趣了。資訊太少會讓人莫名其妙，但資訊太多會讓我們暈頭轉向，進而錯過了探索之窗。在創造環境來滋養孩子的好奇心時，我們必須要根據孩子目前的興趣去適量提供資訊，而不要用人人知道的事情去淹沒他們的記憶體。

好為人師是家長面對孩子時的一個問題（尤其很多爸媽喜歡長篇大論地演講），但在此同時，我們卻又為了孩子沒完沒了的「為什麼？為什麼？為什麼？」而嫌煩。想促進好奇心，我們並不需要被孩子的每一個問題牽著鼻子走，我們只需要去傾聽那些有潛力進一步激發孩子好奇心的問題，然後指條路給他們走。重點不是問題，而是讓他們養成一個習慣：感到好奇，循著好奇心找到答案，然後答案又會帶出更多的問題、更多的好奇心、更多條路讓人想一探究竟。家長想要促進孩子的好奇心，不妨在自己不知道某個答案的時候大聲說出「我不知道！」，因為這代表不知道答案不是世界末日。而為了達到最好的效果，你可以在「我不知道」後面再補上一句：「我們來研究看看！」

面對孩子有興趣的事情，家長若能不要緊張兮兮地在那裡監視，而改採一種好奇的態度，那不僅能給孩子做一個好的示範，而且還能讓親子關係獲得長遠的健康發展。有回我一個二十五歲上下的年輕朋友跟我分享了喜訊，原來是他拿到了熱騰騰的緊急醫療技師執照，而一想到能成為急救人員就讓他興奮地手舞足蹈。但他都是醫師的雙親就不怎麼興奮得起來了。他說他爸媽的反應是：「你為什麼不去好好讀個醫學院？」但與其這麼說去破壞跟兒子的感情，他爸媽其實可以好奇地問上一句，你為什麼會想當急救人員啊？急救人員需要接受哪些訓練啊？你覺得急救工作有意義在哪裡？急救工作可能會啟發這名年輕人去醫學院深造，也可能不會，但可以確定的是他會在工作上展現出合作精神、思辨能力，還有冒險犯難的態度，而這全都是極具價值的技能。我們不能把自己的人生道路嫁接到孩子的人生上，那是不對的。我們可以做的是當個熱情的見證者，並適時提供睿智的指導，讓孩子順利去打造出屬於自己的軌道。

理論上，以及偶爾在實務上，企業都理解天生好奇的員工有何等價值。許多企業甚至會因此在招募員工時，也把好奇心評量納入錄取標準中。而這些經過眾多研究證實有效的好奇心測驗，衡量的內容包括應徵者有沒有在專業領域外進行廣泛的閱讀，會不會受到吸引而想去學習新事物，又具不具有與工作不相關的其他興趣。

「好奇心對於企業的重要性，遠比之前以為的要高。」《哈佛商業評論》的法蘭切絲卡・吉諾（Francesca Gino）寫道。「那是因為讓好奇心滲透各個階層，有助於讓企業領袖跟他們的員工一起適應不確定的市況與外在壓力：一朝我們的好奇心被點燃，我們在思考決定時會更深刻、更理性，我們提出的解決方案會更有創意……多數人有超水準表現並非因為他們是專家，而是因為他們的專業能力獲得了智識上好奇心的補強，以至於他們會去發問，會去探索，會去與人合作。」

＊創意

「創意」是個被很多人誤解的用語。在美國文化中，我們傾向於將之想成跟藝術才華有關的東西，或是近年來有人會把創意跟卓越的程式能力串聯在一起。家長常掛在嘴上的一句話是：我家的孩子「聰明但沒創意」。

創意等於運用想像力與原創的想法來生產出一樣有意義的東西——誰發明出輪子、拉鍊、髮梳、割草機、鬧鐘、iPad，誰就發揮出了創意。那個只因為不會畫畫或寫不出天馬行空的劇本，就被說成是「沒創意」的孩子，說不定是個在YouTube上分享超實用技巧的生活智慧王，也可能是那個能把家中狗狗訓練到對人百依百順的王牌狗主人。那股想要用新的方法去表達想法或解決問題的渴望，不僅在職場非常吃香，也能在日升月落的日常生活中為人帶來許多樂趣、歡愉，乃至於協助人發掘許多難題的解答。

「創意這麼好，那可以怎麼教呢？」做爸媽的人會問。基本上，創意這玩意不是用教的，而是用「種」的，用培養的。確實，坊間有教育類的遊戲據稱可建構創意，但它們的實用價值實在令人起疑。就像好奇心，創意的盛開也必須在天時地利人和的條件下自然而然發生——創意必須源自某樣孩子原本已經有興趣的東西，且孩子必須身處在興趣獲得充分支援的環境裡。試著在時機適合時加入孩子，跟孩子一起徜徉在發現新事物的興奮裡。為此，請你保持一顆能發出讚嘆的赤子之心。

去觀察「某某世家」，我們就能體認到環境對培養創意的重要性。當家裡每個成員都從事同一種行業時，家中的小孩子就很容易耳濡目染，畢竟他或她身邊會圍著一群老師，同時工具也都唾手可得。玩樂團的黑人鋼琴手強・貝提斯特（Jon Batiste）在路易斯安那州肯納（Kenner）長大，那是紐奧良的郊區。而他的大家庭中有七個叔伯與若干名親戚都是樂師，由此他從小就在家裡的樂團演出。貝提斯特回憶說：

正常小孩做的事情我也會做。我會打籃球、上網球課、我熱愛西洋棋……然後我會在紐奧良的夜裡去跟貨真價實的爵士傳奇一起演奏，隔天早上照常上學。不為過地說，那是種很瘋狂的生活。但後來到了十七歲，我搬到了紐約，成立了自己的樂團。我開始四處接案演出，開始尋找機會，當時我心裡想的是：「我真的是職業樂手了！」

貝提斯特在十七歲勇闖紐約，為的是就讀茱莉亞音樂學院。他的樂手身分是在環境中自然而然形成的，而那個環境並沒有剝奪他當個「正常小孩」的空間。在完美的世界裡，每個孩子的天分都可以在這種豐饒的創意土壤中生根，但多數家庭並沒有這樣的條件：不會每個人都那麼剛好有相同的頻率或一樣的興趣，也不會每個家庭都恰好是音樂世家。所以對我們來說比較切合實際的問題是：確認了孩子的興趣後，我們該如何提供他們適合的發展環境？

我們的第一項任務是保持客觀而不要妄下評斷。我見過孩子的興趣非常主流而合理（如電腦），也見過孩子的興趣讓我毫無頭緒，畢竟有些興趣我真的不懂有趣在哪裡，比方說蕨類（跟五花八門的羊齒類植物）、泥鰍（跟各種怪誕的魚類），還有各種我想都沒想過會有的冷門收集卡牌，如影集《家有阿福》（ALF）裡的阿福布偶、垃圾桶小孩（Garbage Pail Kids）、電影《小精靈》（Gremlins）等，相形之下同樣是Topps卡牌公司出的籃球卡與棒球卡就正常多了。我的建議是孩子的興趣只要不會傷到自己或別人，怪就讓他（她）怪吧，甚至你還要設法加入他們。「跟我說說這些魚吧。」「這些蕨類有趣在哪兒？跟我介紹一下。」記得要帶著開放的心胸、好奇心跟熱情來發表評論。鑽研一樣東西，不論那是什麼東西，其過程都能讓人養成未來學習其他東西時會派得上用場的工具：熱忱、好奇心、毅力、解決問題的能力。萬一你做不到跟孩子一起對某件事有興趣，那起碼讓出一條路來，讓他們自由發展！

*彈性

彈性是在不同視角中切換思考方式的能力，這包括你可以從短線切換到長線，或是從巨觀切換到微觀。要有彈性，代表你得有能力去吸收與你現有想法相衝突的新資訊（這是一般人都討厭做的事情），並根據新資訊來調整你的結論。這種彈性，可以發生在認知或情緒的層面上。心理具有彈性的人會同時採取多視角來觀察一件事情，他們對模稜兩可不以為意。他們兼具創意（能讓不同的視角交織起來）、自我意識（知道自己的優勢與弱點），以及效率（能盤算出達成目標最快也最有效的辦法）。

為了使孩子的心思變得敏捷，我們首先得讓他們懷有一定的自信。他們必須要品嘗過成功，也必須要承受並檢討過失敗。這把信心之鑰握在家長跟老師的手裡，而信心的培育又以童年早期為黃金期。焦慮的孩子在這一點上真的非常吃虧：他們一心只想趕緊生出正確答案來釋放壓力，學習於他們鮮少是有趣的事情。

我們必須設法讓學習變得好玩，變得讓人欲罷不能。我們必須鼓勵孩子去發想各式各樣的解決方案，且不要去嘲笑或否定他們。記得有個遊戲是「你能想到磚頭／毯子／橡皮筋有多少種用法嗎？」，大概就是這種概念。拉伸你的思考。從不同的角度去看同一個問題。我們已知有研究顯示孩子會從事危險行為的一部分原因，單純是因為他們沒有充分理解自身行為的後果。我在辦公室裡的一句口頭禪是「然後呢？」。每當我這麼說，孩子就會去思考想當然耳的答案後會有什麼結果，衝動完了的代價便會浮上心頭。有個年輕女孩偷了家鄉百貨公司裡的一件牛仔褲，並慶幸自己沒有當場被逮。但當聽到我問了聲「然後呢？」，她便立刻意識到順手牽羊被捕不是唯一的代價。她想到自己得為了新褲子哪來的而欺騙爸媽，得在夜深人靜的時候受良心譴責，得為了讓辛苦的店員替她賠錢而過意不去，還得擔心被人認出或被監視器拍下而再也不敢踏進那家百貨公司的大門。

不論是兒童或青少年，甚或是我們每一個人，都會有思考不經大腦的時候。無腦總是比較輕鬆，比較（在短時間內）無憂無慮。但從不同的角度看事情、重新思考自身的行徑，還有從犯下的錯誤中學習，絕對是我們孩子不可或缺的練習。

＊有所本的冒險

「風險」一詞，說出來常常會讓做家長的內心為之一驚。不論孩子處在什麼年紀，我們都會在他們提議要做某件我們認為有風險的事情之時，在腦子裡做出快如閃電的心算。想在監督與放任之間找到恰當的平衡，意味著家長得同時認識自己也認識孩子。在加拿大、英國與紐西蘭，都有學校讓小朋友在大人的審慎監督下操作電動工具、練習生火，還有前往森林探索。大型研究清楚證明了這種讓兒童測試自身極限並與不確定性藕斷絲連的遊戲，有助於讓孩子發展出高明的社交技巧、自信、韌性與評估風險的能力。當然，擔心孩子受傷是人之常情。但這種大家不樂見的狀況真的是少之又少，而且各位知道嗎？孩子因為玩耍而傷到需要就醫的機率，還比從事團體運動要低。

什麼險都不冒，就什麼機會都不會有。冒險就是賭，賭就一定會有賭輸的時候。投資銀行摩根史坦利的主席兼執行長詹姆斯・戈爾曼（James Gorman）在決定要不要投資一家公司時，抓的是八成的把握。他的這種想法具有很重要的啟發性。「我們不可能有百分之百把握的原因實在太多，只有認清這一點並大無畏地繼續向前，才有資格叫做領袖。」戈爾曼並不是開玩笑，他是在做有根據的猜測，是在讓耐心與毅力產生作用：你等待到資訊足夠了，就勇往直前，一舉超車那些因為擔心害怕而腳麻掉的人。我有榮幸對話過的執行長都有這種共同的特質。

擔任過美國參謀長聯席會議副主席的海軍上將山帝・溫尼菲爾德（Sandy Winnefeld）點出了也是將領出身的前美國國務卿柯林・鮑爾（Colin Powell）謹守一種「四十／七十」法則。顯然鮑爾相信資訊量不到全體的四成，我們篤定會誤判形勢而下錯決策，但如果我們堅持要掌握七成以上的資訊，那行動就會落於人後。在我們的討論中，溫尼菲爾德將軍擺明了認為「沙盤推演到讓自己裹足不前」的觀念絕不可能讓美軍教育出幹練的將領，須知過度的分析只會讓自己窒息。

我親身體驗到這項原則的真實性，是在幾年前，當我在帶著一群年輕企業幹部進行團隊建立練習的時候。他們大多是三十來歲的年紀，而我則是三十多乘以二的歲數。作為練習的一部分，我們有一組拼圖要拼，而當壯丁們（沒錯，他們全都是男的）的進度達到七成五的時候，他們便大喊：「我們搞定了！」

「不，我們還沒有！」我趕緊喊住了他們，「我們還缺一大堆資訊！」但似乎被我逗笑了的他們說：「我們已經雖不中亦不遠矣了。萬一真的錯了，我們頂多回頭重弄。」這話五雷轟頂的給我上了一課。這些年輕人的觀念是「失敗」了也無妨，失敗了就重新蒐集資料、重新檢討各種推定，重新換一條路走。

LinkedIn的創辦人瑞德・霍夫曼（Reid Hoffman）有句名言是：「如果你推出的天字第一號產品沒有讓你覺得丟臉到想挖個洞鑽進去，那就代表你拖太久了。」當然，要駁斥說這種觀念只是用於特定而非全數的產業，難度並不高。「真的很抱歉你用了早期的人工膝蓋，廠商後來推出了大升級版本。」這種話要是從你的外科醫師口中說出來，你一定抓狂。但事實是，即便在人命關天的醫學領域，許多走在尖端的嘗試也不可能都等到產品絕對萬無一失。不過就是說由於變化的速率愈來愈快，產品世代更替的間隔也愈來愈短，耐心等待道德風險較低的成熟產品出現，確實有可能在長期的療效上勝過第一時間湊合著用的最新產品。至於哪一種產品較受市場歡迎，我們還得等更多的觀察結果來判定。

環境愈是不確定，讓人感覺有風險的選項就愈多。能在這種環境中也活得好好的人，是那些能夠在風險中享受興奮與機會，而不是光覺得受到威脅的人。所以，孩子需要大量的機會在我們的指導下去嘗試有風險的事物，也去計算得失的比例。去參加學校話劇的主角試鏡，是有風險的，酒駕也是。對於風險的計算有更多經驗的家長，必須要協助孩子去區分什麼是有所本的風險，什麼又是單純愚不可及的風險。如我們在本書第一部所見，溺愛的親職風格會讓孩子成為焦慮與排斥風險的高危險群。但進入到以冒險為發展主軸的青少年期，孩子將會獲得第二次機會來養壯這些情緒肌肉，而此時爸媽要做的就是教育他們、適時設下安全規範與界限（如就開車與喝酒等行為約法三章），並用掌聲去回應他們有益於身心的勇敢決定（參選班聯會主席、揪好友去泛舟）。我們要知道青少年預設的就是一顆想冒險的大腦，所以鼓勵他們去從事健康的冒險行為，不僅會讓他們將來在職場上享有優勢，而且也能保護他們在當下不受種種不健康冒險行為的侵害，比如說偷竊、過早的性行為，還有物質濫用。

*合作

在多數領域裡，合作都一向是成功的關鍵，而且在不久的未來還會更加如此，因為工作的流動性與工作本身的質變與量變都會讓我們更加難以單機作業。由此，我們的孩子會需要學著在短時間內與新同事建立關係，並掌握他們的想法；他們得學著向人學習，也要學習當個老師。合作需要的是仔細傾聽跟問對問題的能力、能體會他人觀點的同理心、對其他人想法與意見的真誠好奇心、能坦然接受別人有更好點子的堅強自信、耐性，還有能融合各路資訊並將結論準確表達出來的本領。研究顯示在很多狀況下，組成較為多元的團體都能讓成員做出較佳的決策，並在較短時間內完成創新、揪出錯誤，提出較佳的解決方案。在問題一個比一個「難搞」的複雜世界中，我們鮮少有人能僅憑一已之力看見事情的全貌；我們每個人都如瞎子摸象那樣只看到一部分，但只要把眾人看到的部分拼湊起來，三個臭皮匠就肯定可以勝過諸葛亮。這說明了何以近十年來，協作的工作型態在職場上有超過五成的驚人成長。

在合作所需要的各種微妙技巧中，傾聽應該算是重中之重。有句話說人生來有兩隻耳朵卻只有一張嘴巴，不是沒有緣由。平均而言我們會花一天當中七成五的時間在從事某種形式的溝通，而這當中又有大約一半的時間是用來聽 。只不過所謂的聽，其實很多時候我們都是左耳進右耳出：我們正忙著在腦中組裝犀利的回應。想鼓勵孩子好好聽人說話，我們可以專心聽他們說話來作為最好的身教。幾點建議：不要偷瞄手機。試著問問題。曾經為了幫助三個兒子發展出傾聽技能，我跟他們玩過一個遊戲，玩法是我們會一起來一句句編故事——我先起個頭，接下來就是他們一人一句然後我一句地把故事講下去。這代表他們得聽清楚其他人都講了什麼，才能接得下去。只要你的故事說得好聽，他們就會注意。

比起以往，學校已經愈來愈意識到要培養學生的合作精神，一個很好的辦法是透過團體作業。小組合作有助於讓孩子「認養」自己的責任，還能讓他們學會：何時別人要聽我的、何時我要聽別人的，何時該調整自己的想法，還有身為團隊一員跟單槍匹馬有何差別。由於我們多數人的孩子最終都會在團隊裡工作，所以愈早開始學習與人合作，他們就愈有時間練習當一個好的隊員。

很多人事物都可以扮演孩子的老師，但孩子學習效果最好的對象莫過於他們的同儕。老師跟家長可以溫柔地對搶著說出正確答案的八歲學生建議說：你應該收斂一點，但其生效速度恐怕遠不及同儕的一句「閉嘴啦——你煩不煩」。如果這個例子讓人覺得太殘酷，太讓人對合作學習產生疑慮（我家孩子會白忙一場得不到功勞，其他孩子會把他當傭人使喚，我的寶貝兒子／女兒幹嘛辛辛苦苦地替人作嫁），那請你記住，同儕往往會在團體情境中扮演字字珠璣的成功導師。

在我們這個紛紛擾擾的時代中，發展合作的才能意味著你也得同時去容忍跟自己相左的意見。我們必須親身示範給孩子看該如何去表達意見但又不趾高氣揚地去貶低別人或對人大小聲。放眼政壇、演藝圈與商界那些幼稚的大人，完全就是標準的反面教材。在小老百姓的日常生活裡，用那些名人的方式去待人處事將是災難一場，那只會讓你一個朋友都不剩，變成徹底的邊緣人。

遇到有人跟我們意見不合，我們的大腦會將之解讀為威脅。即便是像晚餐要去哪兒吃這種芝麻綠豆大的爭端，都可以讓我們心跳加速且超乎常理地焦慮。壞消息是我們的文化已經步入到一種部落心態，以至於我們的恐懼反應如今會因為小到不能再小的爭議而熊熊燃起。原本應該和樂融融的感恩節家宴，已經變成殺戮戰場，逼得不少家庭三令五申不准在那天晚上討論政治。但合作需要的不是擱置爭議或掩耳盜鈴地直接關閉話題，合作需要的是妥協與同理，是一種宏觀：「等等，這東西真的值得吵嗎？」合作需要的是在回應前多想兩秒，然後捫心自問：「我真的把話聽完全了嗎？不清楚的地方我是不是該提問一下？」不過分地說，晚餐餐桌是孩子唯一能練習這門技巧的地方。

＊毅力

你可以在孩子身上培養出各式各樣的正面特質，但只要這當中少了毅力，那最終你恐怕都只能看到表面的成績。毅力（或咬牙苦撐的能力、或責任心、或單純的工作起來很拚）是讓人能堅持在目標上的黏著劑。少了毅力，孩子很容易一遇到挫折或難關就放棄。不論你的孩子在群體中表現多優異、想法多有創意、多願意有所本地去冒險，他或她都還是需要那股想要不斷嘗試，不怕困難的欲望與能力，否則他或她的成就將很容易就封頂。尤其在一個世間需求很可能會不斷快速變遷的環境裡，毅力絕對不可或缺。

人生很難。我們大人活得辛苦，孩子也不輕鬆。總有些時候我們會失去些什麼、會遇到些什麼、會為了什麼失落，或在某件事上得不到想要的成果。對大人來說，那可能是與升遷機會擦身而過；對孩子而言，那可能是沒有在音樂會上獲選為獨奏。活在世上我們不可能選擇平靜無波，但我們可以選擇面對波瀾的態度。我的辦公室曾走進過不在少數的成年人，而他們都覺得自己在某些方面不夠完美或有缺陷：「我知道自己沒有真正優秀到能做這份工作。」這樣的自我評價或許並不完全與事實相左，但如果我們一直陷在裡頭（而不利用這個機會去思考如何自我提升），那我們就有可能失去鬥志而一蹶不振。卡蘿・杜維克提出的成長心態概念，在此處舉足輕重：養成習慣把人生看成成功與障礙的組合，其中障礙的意義在於讓我們學習。對於那些我們努力過了但沒辦法盡如人意的瞬間，杜維克提供了一種很溫暖的心境轉換之道，那是個她經常，而且用力使用著的字眼：還沒。

「我就是搞不懂這問題！」

「是還沒搞懂而已。」

「我學不會鋼琴。我音樂天分是零。」

「是還沒學會而已。」

「教練從來不在關鍵時刻派我上場。我還是放棄好了。足球我根本就不擅長。」

「是還沒派你而已。」

這種「還沒」的哲學就等於是在說你還年輕，你在起飛前還有一大段跑道要滑行，你技術不好但還有很多時間可以練習。這能讓孩子建立起熱情，並鼓舞他們去繼續為了同一件事努力——而那也正符合毅力的定義。

家長想培養孩子毅力的另外一招，是讓他們把注意力放在過程上，而不要放在結果上。當然，我們都希望看到他們報告都拿A，考試都很高分，但這並不等於我們就該忽視孩子的努力，不代表我們就不該對孩子學習的過程表達出興趣。「今天考試發揮得如何？」「你這次學到了什麼？」「有你覺得該出而沒出的題目嗎？」

最終，家長可以為了把自身經驗當成毅力的教材，分享給孩子。幾個兒子還沒搬出去的那些年，常在巡迴路上的我總會在演講完後打電話回家，跟他們說說話。我會拿在兩小時演講中難免的凸槌說笑：麥克風沒聲音、PowerPoint簡報放不出來、現場家長很愛引戰。這慢慢變成了一種儀式，而其重點不在於跟孩子說我多常搞砸，而在於讓他們認知到挑戰是常態，調整是應該。身為成年人，我們大都已經習慣了因應每天的起伏做出相應的大小調整，習慣到我們不曾想到要去跟孩子分享。但其實我們大可以在這些輕鬆的話題中隱含想傳達的意義。

*自制

人的生活健康與否在很大程度上取決於一件事情，那就是自我節制。我幾十年來都投身於治療有心理課題需要處理的青少年，而他們一個個都有自我節制的問題。因為節制不了情緒，所以導致了他們的焦慮、憂鬱、暴飲暴食、物質濫用、性濫交，還有順手牽羊，而這還只是一部分的狀況而已。節制不了一己的情緒，你就不太可能成為一名合格的學生、同事或伴侶。而由於人不會一生出來就內建有自制力，所以我們要問的是：這東西怎麼教？

一個洋溢愛與關注的環境是自制力的培養皿。最好的親職風格要兼具愛／支持和要求／限制，是個我們大都不陌生的觀念，而給予孩子支持對我們多數人而言，可以說是發自內心，自然而然的事情。我們愛孩子，想看到他們幸福開心。我們也知道他們會就能力與自尊向我們尋求肯定。「你敢一個人溜那麼高的滑梯喔，長大了喔！」但慢慢地，我們也愈來愈意識到自己不該在這方面著墨過多。整體而言，我們希望孩子能出於內在的動機去學習，而不是因為能從我們這裡得到外在的獎勵而學習。但即便有這層顧慮，我還是得說孩子能從我們導引跟指示他們的過程中，充分學習到如何節制自身的情緒。

能讓親職變得事半功倍的因素很多，能使其事倍功半的因素也不少。像有些孩子不費吹灰之力，就能把自我節制的能力揣在懷裡。個性隨和的孩子容易專心，不容易鬧脾氣，而就算鬧了脾氣，他們也有辦法讓自己確實冷靜下來。相對於此，也有些孩子天生不容易專心，時而無法調節自身的情緒，且一發脾氣就找不著辦法讓自己冷靜下來。

自我節制，就是刻意而有意識地去抑制情緒與行為，以免衝動之下做出讓自己後悔之事的能力。即便不在烏卡的世界裡，自制對我們幾乎永遠都是利大於弊。但既然如此，我們何必特別將之在這提起呢？少了自制力，其他的技能都會變成裝飾品。試想，你如果無法專心、一衝動就拉不住自己、而且動不動就生氣，那你很會寫程式、很會設計網站、很會看病又能如何？別人一開始就不會器重你。「好的態度」一直是從科技業到製造業、醫療界與金融業，再到徵收銀員的巷口雜貨店，每一名人資都點名要的搶手貨。而自制力差的人，態度是能有多好？

家長想要培養孩子的自制力，就要設下規定然後咬牙看著孩子遵守這些規定。說了「結帳處不給買糖果」，就要說到做到；做完功課才能打電動，沒有任何可轉圜的模糊空間；說好門禁是十一點就是十一點，不會無緣無故變成十一點半。我覺得有個不錯的辦法是你可以先把規定訂好，然後再稍微說明一下規定可以如何放寬。「如果你可以連著半年都準時在十一點前到家，那延長到十一點半的事情我們就可以來討論一下。」但也有時候一句簡單的「不」就很好了。約法三章是給孩子一個機會去練習讓自己進步，因為很多事情都是習慣的問題，做久了就會愈來愈容易。如果女兒真能連續半年遵守門禁，那就代表她已經在這過程中學會了很多事情，包括說話算話。而這會造就一個良性循環，亦即她將更習慣於遵守規定，遵守規定會讓她從你這裡獲得更多禮遇，而禮遇又會讓她更守規矩。

最重要的生活技能：希望與樂觀

在所有家長可以培養於孩子身上的特質當中，希望與樂觀是最可貴的兩樣。少了對當下與對未來的熱切展望，生命將顯得黯淡無光（是，沒有人能天天過年，但生命整體還是很棒，而我們尤其需要在前方看似一片混沌的時候，去跟孩子溝通這一點）。想在孩子身上培育出希望與樂觀的想法，我們可以展現自己不論在何種狀況下，都不會徹底失去對環境與自身的控制力。未來不會像大潮一樣將我們壓垮，未來是由我們共同組成的一道波浪。只要我們能想清楚自己如何加入那幅拼圖，也相信自己有能力扮演合乎倫理且積極參與的社會成員，那將來的我們就會好好的。

我們希望看著孩子迫不及待奔向成年期，而不希望看到他們畏畏縮縮不敢前進，或是年復一年像地鼠一樣躲在家中的空房。我們要讓他們知道即便在這個充滿不確定性的時代裡，都總會有一條路通往充實豐富的生命。而由於真人真事比什麼大道理都有說服力，我會在下一章舉出一些真實的案例，以此證明人真的可以走過不確定，並活下來禮讚生命的欣喜。

第三部

在新時代發光發熱

第八章
歪七扭八的人生路線

我們以為成功的人生等於死守一份不容絲毫偏離的劇本情節，但其實很多時候，成功也源自於在機會意外出現時加以靈活地應對。

——《紐約時報》記者法蘭克・布呂尼（Frank Bruni）

一名十歲男孩安靜地坐在我辦公室的沙發上，還沒「轉大人」的他腿還不夠長，只能擱在沙發邊緣前晃後晃。這是他被憂心忡忡的媽媽叫來，我們第一次見面，而他媽媽這麼做，是因為她覺得兒子好像「專注力愈來愈渙散」。她注意到兒子會一陣一陣地「很容易分心」，所以希望帶他給專家評估一下。這種在我居住的社區裡很常見的擔心，背後是做家長沒說出口的那一句：「我是不是生了一個過動兒？」但他的好成績跟在我辦公室的專心程度，顯示他應該不屬於過動兒的案例。我能做出這樣的判斷，是因為我那天跟他在辦公室裡進行了一段超級尷尬的對談：負責回答的是個老大不情願的前青春期男孩，負責問各種私密問題的則是一個名字後面拖著一堆字母的陌生大人。

身為三個兒子的母親，我不意外地發現眼前的男孩只要談到他有興趣的東西像是體育、朋友，就會相當專心，但如果話題換成他姊姊或作業，那他就會意興闌珊得多。我不會用「不專心」去形容他，事實上我覺得他最大的問題不是專不專心，而是不夠熱情。正常的十歲男生理應要先扭來扭去、靜不下來，然後經過幾分鐘的暖身之後開始輕則認真，重則熱血地聊起他們有興趣、甚至滿懷熱情的事情。但我觀察到的是即便我們家鄉的金州勇士隊剛拿下隊史第六座的NBA冠軍，整座城市都浸淫在歡慶的氣氛裡，這位年輕人的情緒卻激不起一絲漣漪。他給我的感覺是專心歸專心，但很沒勁，甚至有點放空，由此我甚至默默在腦子裡提醒自己要考慮憂鬱症的可能性。

為了釣出他可能感興趣的東西，我問他有沒有想過長大想做什麼。突然間他醒了過來，毫不猶豫地宣告：「我想要開一家新創公司。」他突然展現的生氣盎然、那蓄勢待發的姿態，還有眼睛裡閃耀的光芒，都讓我意會到我挖到寶了。於是突然間我想知道一切跟新創公司有關的東西，並連珠炮似地丟出了一堆問題，那些遇到跟他一樣大的小孩說他們想當獸醫或消防隊員的時候，我會問的同一組問題。「多跟我說說。」「你對新創公司知道多少？」「你覺得新創公司有趣在哪裡？」

「你要做些什麼才能真的開一家新創公司？」

然後我就往椅背上一靠，等著我平常問小朋友為什麼想當職業球員或其他什麼時，他們會告訴我的爆多資訊：落落長的統計數據；他們偶像球員的英雄事蹟；他們打算去參加的專門營隊；他們會如何先成為高中校隊，然後替頂級大學球隊效力的如意算盤（但其實那必須要是萬中選一）。只是很意外地，我眼前的年輕人對如何經營一家科技新創公司一無所知。事實上，他根本不明白新創一詞是什麼意思。他所鉅細靡遺知道的，是自己得走上什麼樣的人生軌道，才能成為一家成功得不得了的新創公司負責人。連中學都還沒讀完的他已經精細規劃好了自己之後十五年的未來。他打算申請進入在地最有競爭力的高中，希望藉此提高他進入史丹佛的機率，因為他聽說許多新創公司都是誕生於校園中。他知道他必須要花時間去實習，而且最好能進Google實習，殊不知Google早就不符合任何人心目中的新創概念了。他打定主意要成為「人生勝利組」，然後他出乎我意料地說出了一句：「就像你說，勇士隊六次拿下NBA冠軍。」但他馬上就把話題從這段「插曲」拉回了自己想經營新創公司的「人生志向」上。我心想我剛剛不小心看到的「插曲」，該不會就是他媽媽所擔心的「分心」吧。那一瞬間，這個孩子「分心」跑去當那個十歲的小孩了。說分心，是因為他早已不是那個十歲的男孩，而是一個已經站在生涯起點的準社會新鮮人。他早已用逆向工程拆解了自己理想中的人生，並堅信朝著這條路走下去可以確保自己得到想像中的成功。

很遺憾的是，他錯了。雖然我年輕病人的父母、老師與社區灌輸並鼓勵這樣的想法，但他們其實是在揠苗助長。我這麼說，跟他想進Google或「為美國而教」（Teach for America）這樣的非營利組織無關，也和他想自行創業或受雇於大公司無關。真正的謬誤，在於他還以為在未來的幾十年，從點A（身為一個小孩）移動到點B（成為一個成功的大人）最可靠的辦法是走一條直線。

人生就是一連串的「誤入歧途」

我們太多人把成功視為一種「靜止」的狀態，一種有著單一地址而且「搞定了就可以丟一邊」的東西。但事實上成功是一種動態，一種如月圓月缺亦如潮起潮落會起起伏伏的東西，由此所謂的成功其實是發生在一段漫長的時間裡。我們搞錯了的另外一點，是以為過往幾百年大家可以怎麼成功，二十一世紀的我們也可以依樣畫葫蘆。我可以稍嫌大言不慚地這麼說，是因為我花了不下十五年走遍美國，甚至去到海外不少地方，跟不在少數的聽眾談論到兒童身心發展、心理學與教育的交會點。而原本只是針對成年人如何成功的好奇心練習，慢慢變成了我每一場演講的開場白。為此我準備了兩張PowerPoint，一張上頭只是一條四十五度角的直線，另一張上頭則有條歪七扭八，一會上一會下，但整體還是往上在走的折線。

秀出這兩幅畫面後，我會請聽眾用舉手的方式回答我一個問題：「在場的各位，應該都覺得自己算得上是個成功的大人吧。這樣的話，大家覺得自己一路走來是條直線嗎？是的請舉手。又或者大家覺得自己一路走來的那條線，有點歪七扭八呢？」被我問過這個問題的不下十萬人，而令人驚異的是不論當天的聽眾組成為何——矽谷的科技新貴、中產階級社區的警員或教師、美國頂尖大企業的層峰管理層、投資銀行高盛在香港的雇員——認為自己人生像「一枝飛箭」直得不得了，或是像「好夯的漫遊者」在那邊四處繞的比例，始終都是大同小異。飛箭占自認成功者的百分之一到十，其餘九成到九成九則都覺得自己是冒了險、跌了跤、換了跑道、爬了起來、再跌第二跤，才終於找到自己的一片天。

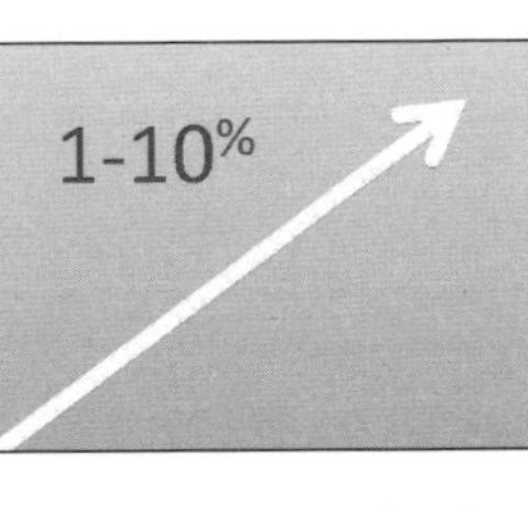

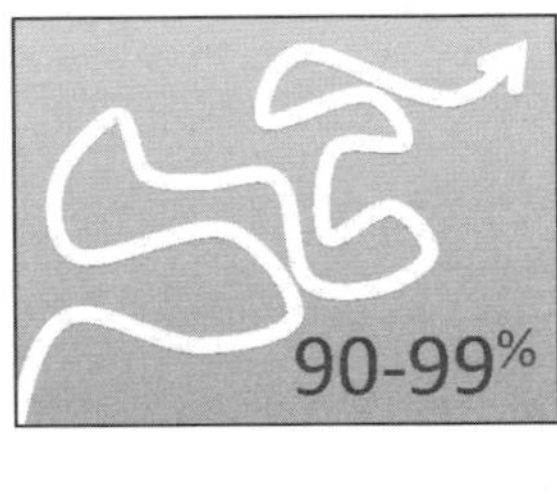

我們都熱切地相信只要有得選，直線一定比繞路安全，都認為「待在軌道上」完勝四處晃蕩。我們在一個結果無法預測的時代中對結果成癮。我們以為自己對孩子的教育是在帶著他們前往成功的終點，但其實我們無意間在為他們鋪陳失望的情節，只因為我們堅持擁抱的人生軌道早就超過了時代發展的賞味期限。

認定直線的人生是成功的保證，是一種既過時又危險的想法。世界經濟論壇（World Economic Forum）估計有六成五今天的孩子未來會做的工作，你讀到這段文字的此時還沒出現。而就算他們將來做到了現在大家感覺並不陌生的工作，比方說教育、護理、軟體開發，其工作的內涵也會跟現在的同名工作相去甚遠。

我的生活與工作都距離矽谷不遠。而這一帶社區的幾個常見特色包括富裕、教育程度高，且熱衷於各種科技。這裡的生活步調在看似悠哉的加州風情表面下，其實非常緊湊而高壓。事實上這裡的人心心念念，就是想要名利雙收。「連續」一詞在美國其他地方，接得最順的可能都是殺人犯，但只有在這裡，連續後面會讓人想到的是創業家。就跟其他任何一地一樣，這裡也是一款米養百種人，這裡有好孩子，也有沒那麼好的孩子，但不變的是他們都給人一種好日子是應該的討厭氣質，正所謂有其父（母）必有其子。聰明肯冒險的創新者在銅臭過重的這裡是我們的模範市民，沒有人在意人品。坐在我面前的十歲男孩，就是出自這種在地文化一個非常合邏輯的產品。他只看到大家一片叫好的價值觀就想加入成為其中的一員，但他所不知的是那背後得付出什麼樣的代價。

這種不只是在矽谷，而是在全美各地的天龍國度裡都算是正字標記的文化，正愈來愈用力地聚焦在一種狹隘的觀念，由此他們對成功的模樣有極其明確的想像，對如何成功則有不容質疑的想法。我們一邊擔心孩子要怎麼跟來自全球各地的人才競爭，一邊看著各種搶手工作的全新中二頭銜而一頭霧水：數位大王、見解總監、成長駭客與創意雪巴。我們一邊高估了特定教育機制的潛在「附加價值」，一邊對於多數人是如何成功的判斷上產生了嚴重的誤差。

即便由在校成績高低、學校良窳、SAT分數、頂大的入學許可，還有名門企業的傲人實習經歷所一點一點連起來的線性發展，真的是多數成功人士的必經之路，那也不等於我們就不需要將之與孩子的身心健康發展放在一起，比較一下兩者之間的利弊得失。雖然我們拚了命地讓孩子準備考試、接受指導，還幫他們聘請家教，確實有朝一日可以讓孩子收穫某些利益，但事實——真人所遵循的真實人生路徑——顯示這種特定的典範，頂多只射中了標靶的邊緣。真正在成功學上命中紅心的觀念，應該是「多數成功人士都經歷過一條蜿蜒曲折而意想不到的人生道路」。

成功究竟如何定義，自然是一個舉世自由發揮的命題。財務獨立是一種說得過去的衡量標準；能從自覺有意義的工作中獲得心靈上的滿足，也稱得上一種成功；在能養家活口的同時也對社區有所貢獻，當然也不能說是失敗。這些不同的成功定義時而相互重疊，時而有著分明的壁壘。而不論根據何種定義，我固定會在自認成功者身上觀察到的一種模式，是發自內心對工作的熱情。在這種熱情的驅使下，他們會工作得比一般人更努力，會把錯誤或失敗當成學習的機會而表示歡迎，還會感覺自己的所作所為能夠影響世界。金錢可以繼承，真正的成功只能靠一己之力去努力獲得。

在各種真人真事的新聞報導中，最有感染力的故事莫過於講述名人如何一路走來克服萬難。我們知道歐普拉一路過關斬將打敗了貧窮、父母親的忽視，還有性虐待，才史無前例地成為了全球第一個十億美元級的非裔美籍鉅富。我們知道籃球之神麥可・喬丹在高二那年被校隊刷掉，知道哈利波特爆紅前的J・K・羅琳曾是領救濟金度日的單親媽媽。英國二戰名相邱吉爾在成為首相之前，曾被自家政黨列為不受歡迎人物十年。曼德拉成為南非首任民選總統並獲頒諾貝爾和平獎之前，曾經以政治犯的身分被關押了二十七年。要說這些名人或偉人走過的道路是歪七扭八，已經是客氣的說法了。只不過他們太過戲劇化的人生在十分勵志之餘，也較無法讓需要思考孩子未來的我們產生共鳴。

所幸，人生之路歪七扭八的不是只有名人。我結識馬修是在一場募款活動上。他屬於典型矽谷出身的「那群人」，帥氣、熱情、見多識廣，並以三十三歲的年紀就可以「先喘口氣」，假性退休一下。他是臉書的元老級員工，而這可是很少人擁有的資歷。我問他何以能這麼年輕就這麼富裕，又是為什麼會在臉書經營還沒跨出馬克・祖克伯（Mark Zuckerberg）家中的時候就選擇為臉書效力。聽我這麼說，他笑著問我想知道他「被捕之前還是之後」的故事。就跟矽谷早期的許多成功故事一樣，他一言難盡的故事證明了想在快速變動且創新本位的環境中脫穎而出，高度的彈性、創意與接受歧義的能力絕對是致勝的關鍵。他熱愛自己在臉書的歲月，並在嘴上老掛著一句我幾乎聽每個成功人士都說過的話語：「我一開始並沒有想著要發財。我只是做我所愛。」這種不約而同的偶然，我們應該視其為某種必然。

成功不是一個固定的處所。每個成功之前（肯定很多）的失敗都是歪七扭八線上的一個點。想想賈伯斯被自己創立的公司開除，然後又回鍋將蘋果打造成舉世最具創新能力的其中一家公司。在他二〇〇五年應邀前往史丹佛大學，在其畢業典禮上發表的演講中，賈伯斯就蜿蜒的道路如何通往預期之外的成就，舉出了一個甚具新意的實例：從理德學院（Reed College）輟學後的他仍在流連忘返於校園中旁聽那些令他著迷的課程，包括西洋書法。

> 我懂得了襯線體（serif）與無襯線體（san serif）這兩種字體的差別，懂得了不同字母組合間該保持不同的間距，也懂得了字型設計要怎麼樣才美……這些東西在當時橫看豎看，都對我的生活沒有任何實用價值。但十年後當我們需要設計第一款麥金塔電腦的時候，這些東西一下子通通跳了出來。於是我們就把相關的字體知識融入了產品的設計中，讓麥金塔成為了人類史上第一台對字體如此講究的電腦。要是我沒去旁聽那門課，麥金塔就不會搭載各種字體，也不會有間距恰到好處的各種字型。而由於後起的Windows都是抄蘋果的，要是蘋果沒有這些東

西，那說不定後續全部的個人電腦都不會把字體跟字型當一回事……當然大學時代的我不可能預想到後來的事情，但相隔十年回頭去看，這當中的因果很顯然就是這麼回事。

如鋸齒狀起起伏伏的履歷，並不是科技巨擘與有錢人的專利。我從各行各業的人聽來的故事，足以證明在今天的世界裡，從點A拉一條直線到點B而當中沒有任何的轉彎，已經是種例外而不是常態。接下來幾個我格外鍾愛的故事都取材自尋常百姓——他們既非家喻戶曉更無家財萬貫，他們就跟你我還有或許我們的小孩一樣，都是普通人而已。

史蒂芬：最重要的一球，永遠是接下來的那球

史蒂芬・克里格（Steven Kryger）是他們家裡第一個大學生。他父親是紐約市的消防員，母親則在孩子上高中之前是家庭主婦，之後則變身為工廠女工。「我爸為了養家拚命加班，我媽則像基石一樣撐起了這個家。我媽得像馬戲團一樣同時看顧四個孩子的生活，包括讓每個孩子在成長過程中不論是情緒上還是精神上的需求，都可以獲得滿足。她以身教示範了什麼叫做堅忍不拔。」史蒂芬身為一個天生的運動員，同時活躍於公立高中裡的美式足球、足球與袋棍球校隊，其中他袋棍球的表現還同時獲得好幾所大學以獎學金招徠。他說：「我只是在參觀其校園的時候愛上了賓州大

學。我根本沒意會到自己身在一所常春藤盟校！」史蒂芬對其校園的好感，加上校方提出的豐厚獎助學金發揮了臨門一腳的效果，終於讓賓大爭取到史蒂芬成為他們的新生。

史蒂芬一開始是主修資訊工程，「但在電腦實驗室看過太多次太陽升起之後，我認清了自己不適合程式設計，並轉系到了華頓商學院。當時我對於商學院的概念是零，主要是我生命中沒有任何人在經商。」他稱不上是個多用功的學生。「我一時間看不出念書的價值在哪，所以只要成績有個C，我就覺得滿意。」

畢業之後，史蒂芬移居到舊金山的灣區，那兒他一個朋友的爸爸給這兩名年輕人安排了在梅西百貨的儲備幹部職位。「一開始工作，我就像被打開了開關，認真了起來。我開始不計工時地努力工作，但經過一年左右，我覺得努力好像沒得到什麼報酬，甚至挫折感相當重，主要是這工作對好幾名同事而言，好像只是混口飯吃，有點像是大學時代那個得過且過的我。於是我開始思考，『什麼工作才會是我的真愛？』我思忖著加入消防隊或警隊應該會相當有趣，但消防隊好像真正在打火的時候並不多，反倒是一天到晚開救護車去救人，而那我就比較沒興趣了。」就這樣在一九八八年，他成為了奧克蘭警局的一員。

「那是一段很難得的經驗。我得以跟一群盡忠職守的夥伴共事，每天我們真的是兢兢業業，就為了把壞蛋關進牢裡，把街上弄乾淨，好讓守法的公民有一個安全的生活環境，許多貨真價實的罪犯都栽在我們手裡。在煙毒科任職期間，我跟同事們每天經手的都是動輒數萬美元起跳的現金，還有一大堆要價不菲的毒品與槍枝，但我身邊的每一位同仁都清白廉潔到沒有話說。那是個充滿兄弟情誼與凝聚力的團隊。當然跟每個行業一樣，我們當中也會有人勤奮、有人懶散，但整體而言我還是自認很幸運能加入這群很棒的同事。我每天出勤都充滿了動力。」

一九九三年一月二十日，身為轄區煙毒犯罪小組一員的史蒂芬接到線人通報。「他告訴我說有個剛從聖昆丁監獄假釋的毒蟲跑到他（線人）奶奶家去恐嚇老人家——不但把她跟她的孫子鎖進房間，還利用她的住處販毒。」

在向上司報備獲得許可後，史蒂芬與煙毒科的團隊驅車前往奶奶家搜查。「我們進屋時，也就是在拆掉其鐵門並用鐵棍撞門的當下，嫌犯開了一槍，子彈穿牆打中我的大腿，切斷了我的股動脈與神經。我的警佐拿刀劃開了我的牛仔褲，血馬上像湧泉一樣噴出。要不是有他跟隊上大夥救我，我早就沒命了。」

手術與術後長達數月的復健，救回了史蒂芬的腿，但他從此得在活動時穿戴支架。「在這種狀況下，警局不讓我到街上巡邏執勤。他們提供了我一大堆其他的職位選項，但我知道坐辦公桌不會帶給我太多的成就感。」於是以三十二歲的年紀，他只能再度轉換跑道。

「我想起了自己高中時代那些很棒的教練，也想起了我非常尊敬的微積分老師。其中一名出身義大利的教練曾發起過一個青年足球俱樂部，而我當時曾幫他指導過六至八歲的一群小朋友。我高中的袋棍球教練是讓我得以進入大學的貴人。由此我內心始終有一股想要回饋的衝動。」

史蒂芬跟他在地校區的助理督學見了一面，聽取了對方給予他關於要修完哪些課程才能在公立學校系統中擔任教練與數學教師的意見。之後他又多念了三年大學，外加一年的半工半讀（白天在中學授課，晚上念該念的書），然後已經成家的他還得撫養老婆小孩。但他堅持了下來。

快轉二十年，現在的史蒂芬除了是曼羅—阿瑟頓高中（Menlo-Atherton High School）的運動事務主任，也身兼四個班的數學老師及男生的袋棍球教練。回首前程，他有感而發地說：「我一直很受幸運之神眷顧。雖然小時候家裡並不富裕，但我的童年很精采、很快樂。不論我做什麼，爸媽都在旁支持我。每次來到人生的轉角處，機會就會自動來跟我打招呼：我在大學認識了一個加州人，結果他爸幫我安插了在梅西百貨上班；等我不想待在梅西了，我有興趣的警察工作又剛好開缺。然後等我警察當不下去了，教職的機會又銜接了上來。」

聽到我說不是每個人都能被子彈打到或被迫放棄熱愛的生涯還這麼樂觀時，史蒂芬說道：「我不在意改變，我喜歡改變。還有我父親也一直很堅強。他因為受傷而被消防隊強迫退休，於是他索性重返校園，再回來時他已經是消防學院的教官。等他連消防教官也不能做了之後，他又變身為地方報的記者，主跑高中體育賽事。所以什麼叫做上帝關了一扇門，也會同時打開另一扇窗，一直都有人在幫我示範。重點是上帝只能開門，進門還是得靠你自己。

「一開始你會滿心挫折感，你會希望這一切都沒有發生。但你沒有時間哀傷逗留，你的人生列車必須準點開動。就像我們在聊體育時會說，也像我在教孩子的時候所說：最重要的一球，永遠是接下來的那球。」

雪倫：九彎十八拐的職涯

雪倫・瑞賓德（Sharon Rehbinder）在跟人介紹完她的工作後，大家很典型的反應是：「好好喔！我也要。」她平日在自宅的辦公室裡辦公，但也得頻繁地出差於美國各角落與法國。身為法國城市格勒諾布爾（Grenoble）的招商大使，她得為了工作出席在洛杉磯法國領事館內的聚會、各式各樣的法國文化活動，還有科技與商業的大會。被問到若二十五年前有人跟她說她會領薪水飛來飛去，然後在以奈米科技為題的國際會議上致詞，她說：「我會覺得你在鬼扯淡，但那真的就是我現在熱愛的工作。而這一切的開端都只是我喜歡講法文而已。」

一九八〇年代，當雪倫註冊成為加州大學北嶺分校的新鮮人時，她還完全不知道自己以後想幹嘛。她身為職業婦女的（單親）媽媽表示不插手但支持她的任何選擇，而雪倫選擇了文科，也選了文科裡的法文課。而這不選還好，一選她立馬愛上了法文。「我不是那種不念書就能拿A的學生。

我每一科都要用力讀才拿得到好分數。但只要我肯用功，最終我都能在班上拔得頭籌，法文就是個好例子。」雪倫很幸運地懷抱著一種成長心態：一分耕耘，就有一分收穫！

從高中到大學階段，雪倫曾從事過她當下並沒想到，但將來會為她打好成功基礎的工作。她在電話行銷公司打過工，在內科診所負責接受病患預約，然後也從事過零售業。「從還很年輕時，我就克服了跟陌生人說話的恐懼，哪怕他們會問我一些我不見得知道答案的問題。」大三那年當交換生，她去了法國的普羅旺斯艾克斯（Aix-en-Provence）。「那兒的人講話速度比巴黎等大城市的法國人要慢，通英文的也比較少。在那裡待了一年之後，我整個對法文的信心大增，因為我真的徹底融入了當地的法國生活。」

回到南加州後的雪倫先是念完了學士學位，然後開始求職，而她鎖定的是能讓法文口說派上用場的職務，結果她在比佛利山一家高檔法國精品店裡找到了份工作。在她任職精品店期間，一名女客人側耳聽到她跟法籍店主的對話過程，因而深深驚異於她的法語能力。「她建議我去法國領事館應徵。」雪倫說。結果照做的雪倫還真的進了法國領事館的新聞部門。「我的工作是掃瞄各報頭條並將新聞分類：這則是國際貿易嗎？是文化動態嗎？還是政治發展？」在這樣的過程中，她培養出了對同時與法國跟美國西南部有關之商業與政治議題，一種獨特的敏感度。

離開領事館後，她的新東家是「投資法國」（Invest in France）這個旨在向美國企業推廣法國各地投資機會機構。雖然技術上她還是個公關，但實質上雪倫的生涯發展已經開始轉向業務這個她原本並無太多經驗的領域。但由於前來跟美國企業合作的法籍副總鮮少英文流利，因此會議桌上開始有了她的一席之地。

「我開始負責對相關公司進行初步的調研，並找到正確的聯繫窗口。在這過程中，我也慢慢熟悉起法國的地理——哪些地區分別是哪些科技部門的重鎮。」後來格勒諾布爾也正式派人來徵詢她擔任該地區北美業務大使（代表）的意願，她二話不說就朝這機緣撲了上去。

格勒諾布爾的優勢在於奈米科技、醫療與新能源之相關科技。雪倫在這些方面的正式教育背景？嗯，是零。但此時的她至少對業界有一定概念——她很清楚這地區有哪些公司專精於哪些產業。更重要的是，她有能力自學，她懂得如何把相關的資料吸收成自己的東西，也知道如何與人合作。「我在法國的團隊是我能對工作有信心最大的後盾。」

被問到對自身職涯發展的感想，雪倫的回答是：「那當中沒有真正的邏輯可言。我跟法國原本並沒有什麼淵源，現在的一切都是我一手慢慢累積出來的。但重點是，當我意識到自己喜歡講法文後，方向就清楚了，熱情與語言能力帶我到哪裡，我就去哪裡，雖然那條路會通往哪裡我真的也不確定。我並不是真正走在一條職涯上，更不是在追求什麼響亮的頭銜。」

海瑞森：有彈性的夢想

從小在喬治亞州亞特蘭大城長大的海瑞森・席格（Harrison Siegal）愛打棒球。很幸運的是，他也確實很有打棒球的天分。「我開始巡迴參加棒球盃賽是才八、九歲的年紀，當時一年打大約五十場。等上了高中開始認真起來，我會在從秋天到學年結束這段時間打一百到一百二十場比賽。我的守備位置有二壘手跟游擊手。棒球就是我的人生。」隨著高中生涯往前推展，海瑞森的運勢開始起來。他跟父親會連袂前往內布拉斯加、佛羅里達、維吉尼亞與阿拉巴馬各州的大學，讓那裡在尋找潛力新秀的教練評選。「我的夢想是能在大聯盟打球，雖然能進大學校隊也已經非常不錯。」

二年級是高中生球員與美國大學棒球第一級（Division 1）的校隊代表見面的時節，期間大學球隊會要求雀屏中選的天之驕子在高三那年秋天簽署意向書。「高二的球季一開打，我表現火燙到不行，地方報紙的頭版常常都有我的身影。那是我最閃耀的時候！包括西維吉尼亞大學、喬治亞州大、喬治梅森大學等第一級的大學棒球強豪都對我產生了興趣。」但這樣的好運戛然而止，因為海瑞森因傷導致指節與拇指骨裂，右手腕也斷了。「我打上石膏，動彈不得了十個星期。高中球季也因此報銷。」

慢慢康復後，海瑞森盤算著要如何繼續棒球人生。「我知道一級球隊已經不會考慮我了，因為他們習慣的是搶第一波的人才。於是我打了一整個夏天的棒球，用身手換得了八選一的機會。最後我挑中了在維吉尼亞海灘（Virginia Beach）的克里斯多福紐堡大學（Christopher Newport University）。我帶著無比興奮的心情前往該校打球，感覺就像夢想成真。」

大一的秋天，他以大學球員上場的夙願終於實現：海瑞森登上了球隊的先發陣容，但就在此時……「一群前第一級大學的球員從另外一所學校轉學過來。其中一人的守備位置正好與我衝突，而且還只比我大一歲，我在大一登場的希望就此泡湯。我的上場時間加一加不過就是一場的量。」但他還是咬牙撐完了整個賽季。

海瑞森的大一球季還發生了另外一件事情。在家庭日週末（Family Weekend）的一場雞尾酒會上，他的爸媽巧遇了一名並不認識海瑞森但很驚豔於他在球場上韌性的化學教授，而教授很希望海瑞森的爸媽能在兒子面前提一下他實驗室在做的研究方向。海瑞森的母親轉交了教授的名片。「我收了名片就扔進了書桌抽屜，我心想：『這誰啊？最好是我會想聯絡化學教授啦。我可是打棒球的耶。』」

但大二那年一開始，他的想法開始有所改變。「棒球開始讓我有點『賭爛』，我心想：『要是我將來也不會靠棒球過活，那我真的應該認真起來去找別的發展。』於是我約了化學教授見面，而他給出的條件是：『你可以加入我的實驗室，在職涯上大放異采，還可以到處旅行出差，但這代表你得先放棄棒球，你必須先想清楚自己要什麼。』於是我就思考了一番，然後做成了決定。我在大二秋天結束後退出了棒球隊，並趁寒假開始閱讀文獻，準備起自己要進行的研究。」

快轉到四年後，二十三歲的海瑞森已經搖身一變成為博士生，在維吉尼亞理工大學攻讀分析化學的博士學位。他對於是哪些因素促成了如此戲劇性的跑道轉換，可以說直言不諱。被問到教授的研究是哪一點讓他下定決心，他回答說：「我當時只是非常不爽於棒球路如此坎坷，教授在研究什麼我根本沒在管。我只是喜歡那種有人賞識我，想要爭取我的感覺。當時在球隊教練的心中我根本是可有可無的雞肋，根本是無名小卒，而教授相對之下卻很把我當回事，很想要栽培我，還把機會提供給我。當時的我就站在十字路口，很幸運我沒有轉錯彎。」

「我一直自認是個運動員。」海瑞森有感而發。「我從來不是個笨孩子——我中學可是優等生畢業。我只是從來沒想過自己要走學術這條路，而棒球又一直讓我有機會被誇獎，而贏球得獎的感覺是真的很爽，幾乎就像吸毒會成癮一樣。進了大學，棒球給我的光環不見了。於是我開始做研究，而做研究其實很酷，所以我就欲罷不能地一直往下做，然後我開始得到了夏季實習的機會，也開始有化學相關的協會頒獎給我。大四那年我把前三年的研究成果集結起來，發表在了美國化學學會的全美大會上，結果免費換得了紐奧良之旅一趟。所有我在棒球上失去的成功與榮耀，化學這邊全部補給了我。我喜歡知道為什麼而活，人生有個目標可以去努力追尋的感覺。」

在描述眼下博士班的研究方向時，海瑞森的深刻熱忱顯然無法只用膚淺的外在動機（如得獎）

解釋過去。「維吉尼亞理工大學是極具規模的研究機構，有著得天獨厚的研究條件。我博士指導教授所擁有的硬體設備，稱得上只此一家，別無分號……」然後他又滔滔不絕地介紹起自己的專業分支，也就是分子定量設備的設計。「這個分支真的是集合了各種學問最好玩的東西，一點點工程、一點點數學，還有一點點物理學。」

「要是我棒球真的打出名堂來，」海瑞森打趣說，「我現在要嘛是個理工學界的小小咖，或是淪落到去當打擊教練，大概就是這樣了吧。我真的很感激有機會來敲門，也很開心聰明的自己知道要開門。」

海瑞森還提到了他父母親或許沒注意到的，但身為高中運動員的另一個面向：「當時我要是投入太多時間在理科上，恐怕會被當成宅宅，不然就是會淪為同學的笑柄。」他的爸媽怎麼也想不到家裡的明星游擊手有朝一日會變身為分析化學的博士，但這也就是人生之路歪七扭八的妙處。

迪伊：飄洋過海求翻身

一九七二年次的迪伊（Thuy）生於南越一個名為堅江（KienGian；音譯）的小鎮。她算是寬裕而勤勉的家庭經營著一家小店，而那也是全家生計的來源。她父親平日種植鳳梨，收成之後由貨船送至胡志明市販售。身為家中七個孩子的一個，迪伊記得小時候過的是富裕的鄉村生活，「村裡第一台電視就是我們家的」。即便身處於戰爭中，兒時的迪伊仍稱得上無憂無慮。眼看著哥哥姊姊一個個為了幫忙家務而放棄學業，咸認家中「最聰明能幹」的迪伊仍獲雙親鼓勵要繼續上學。她最後不得已輟學，是因為越南的局面已經惡化到難以挽回。當時平民傷亡高達兩百萬人，淪為「船民」的越南人開始在一九七〇年代晚期走海路成為離鄉背井的難民。

隨著越南的經濟與政務落入共產黨手裡，迪伊的家業再也無法好好經營下去。迪伊的母親安排讓她年僅十五歲的寶貝女兒加入「船民」的行列，在單單一名阿姨的陪伴下偷渡到另有七十五名乘客的船上，其中女性偷渡者被集中在簡陋船隻底層原本用來放置漁獲的艙中，三天三夜她們就這樣擠在又熱又臭又缺氧的惡劣環境裡，食物跟飲水都少得可憐。迪伊記得自己在船上從頭哭到尾。

船最終駛抵了目的地馬來西亞外海，但不能靠港，所有人都得自行游上岸，五個不諳水性的偷渡客就此淪為波臣。接下來的兩年，迪伊就在馬來西亞以難民營為家。怕被強暴的迪伊與許多妙齡少女都刻意把皮膚塗黑，因為最愛硬上的泰國海盜鍾愛白皙的女性。在官僚誤事與文件不齊，導致申請合法遙遙無期的狀況下，迪伊仍試著「善用每一天」來度過難民營的兩年。她志願到醫院跟寺廟中服務，藉此學會了抽血，習得了幫人整理頭髮的技術，還順便念了些英文。在難以想像的惡劣環境下，毫無資源的迪伊只憑著適應力、彈性及創意就不單單活了下來，而且還活得挺令人讚嘆。等終於能合法走出難民營時，她已經是一名通曉英語且有志於醫療領域的女性。

此後在菲律賓待了六個月，經過了「教育營」的洗禮後，滿十七歲的迪伊終於搭機抵達美國，並在那兒投靠了本身也不富裕，但還是接納了她並協助她重返校園的遠親。她來者不拒地打起了工，希望盡可能自立並貼補遠親的家計，由此麥當勞、保險電訪、縫紉、實驗室的工作都一一登上了她的履歷。

學業上她首先前往社區型的蘭尼學院（Laney College）補修高中畢業需要的學分，接著轉至梅利特學院（Merritt College），最後一站則是提供她全額獎學金的加州大學柏克萊分校，而她也沒有辜負這個機會，順利在畢業時拿到了理工科的學位。期間她曾找過一名改變了她一生的家教，因為對方不僅知道並同情她的遭遇，而且還在情緒及財務上都給她很多幫忙，包括提供書籍和電腦給負擔不起這些的她。

按照迪伊所說，她的故事並沒有一路順風下去。後來她的家人一個個來到美國與她同住。她原本立志成為醫師，但迫於必須養家活口的現實，她成為了一名醫技技師。現在的她是兩個孩子的媽媽，也是個對老闆死心塌地的員工，畢竟是對方給了她第一份貨真價實的工作。我們會本能地覺得所謂人生之路歪七扭八，指的一定是勇於在跑道的轉換上縱身一躍，但其實歪七扭八的道路還有另外一種解釋，那就是為了適應環境去克服恐懼、危險、挑戰與障礙，最終做到「善用每一天」，把一手爛牌打到最好。在這條彎彎曲曲的路上走得比迪伊更勇敢的人，我還沒見識過。

奈特：甜蜜的通勤時光

奈特・麥肯利（Nate McKinley）成長於一個「因材施教」的家庭，亦即在這個家裡，家長關於教育的決定會隨孩子而異，其中奈特被送進了一間私立的天主教高中，而他的哥哥則就讀在地的高職。雖然最後他們都上了大學，但奈特的哥哥早早在程式設計領域闖出了一片天，而奈特則繼續走在從事國貿的父親為他鋪設好的道路上。父親除了影響他主修以商業為核心的全球研究外，也讓他圍繞著主修研習了許多選修課程。

畢業之後，奈特進了一家金融機構並開始往上爬。此後他結識了妻子泰莎（Tessa），並轉職到一家與國際級銀行往來並從事借券業務的小型新創公司。一開始他對這份工作充滿了興趣，但一年後他的熱忱逐漸消退，來回三小時的通勤讓他苦不堪言。奈特回憶說：「我飢渴地想找到自己的興趣，而我最後找到了園藝。」

奈特與泰莎開始一頭栽進園藝的世界，並於幾年後帶著兩名幼子從蘭卡斯特遷居至波士頓郊外的鄉間小鎮。奈特並沒有脫離金融業，每天他還是得花兩個半小時在通勤上，但下班之後，這對夫妻會安安靜靜地用那寶貴的幾個小時去製作果醬、莎莎醬與其他食品，重點是他們用的蔬果食材都出自自家的花園。

最終，奈特決定想要挑戰自己看看。「有朋友帶了台蘋果榨汁機給我，而我也做出了我第一批硬西打（hard cider：發酵的蘋果酒），味道超嗆的！此後我便開始在通勤火車上研讀關於酵母、發酵，還有數百個蘋果品種的資料。果然，第二批蘋果西打就沒有那麼噁心了，甚至還大致算是能喝。」奈特再接再厲，沒多久他們就在地下室累積了一批批五加侖桶裝的西打半成品，靜靜地在那兒發酵。約莫一年後，奈特終於準備好了把這佳釀拿出來供人品嚐。「我們在一年一度的萬聖節派對上辦了試酒會，歡迎左鄰右舍帶蘋果來給我們榨汁，也請他們嚐嚐看我們的作品。結果他們很喜歡！」

派對上一名來賓打趣說奈特是在他家後面一間破舊的小馬房釀的這些西打——登愣，知名的小馬房西打（Pony Shack）誕生了。

那年聖誕，泰莎替老公泰特這個好滋味的新消遣買來了標籤。奈特持續在白天努力上班，但業餘買來榨汁的蘋果數量也愈來愈可觀。他整修了家中的車庫，把他此時已經成立公司的副業移出了地下室，然後作息變成朝七晚七在波士頓當上班族，下班後則為了釀西打酒而動輒熬到三更半夜。他很累，但也很開心。終於他跟地方上的農作攤位與酒廠做成了第一筆買賣，小馬房西打也在酒類市場中正式出道。

零售開始一年後，奈特租下了一處更大的空間來供業務成長。又過了兩個月，他遭到公司的資遣。「失業的當下有點恐怖，但那也是塞翁失馬焉知非福。因為我終於可以朝著自己的熱情專心投入，而且我的通勤時間也一口氣降到五分鐘！」又一年後，奈特的西打已經出現在地方上七家餐館的菜單上，而他的零售觸角也從附近的酒店跟專賣店延伸到鱈魚角（Cape Cod）。奈特此時的西打年產量是五千加侖，隔年計畫翻倍。對此太座泰莎表示：「他比從前任何時候都要快樂，而看著我們的孩子一步步完成學業，我想不到還有誰比他們的父親是更好的示範。」

歪七扭八的人生路：作者版

我自己那條曲折離奇的人生道路，起頭於一個工薪階級的家中。我父親是紐約市的警員，母親則在四十七歲的父親突然辭世之前都是全職的主婦。在領著補助而沒有積蓄的狀況下，突然變成單親的母親在紐約的西奈山醫院找了份社工的差事。我的爸媽是一對恩愛夫妻，對一對兒女也疼愛有加，所以說在這方面我自認相當幸運而幸福。但與此同時，我爸媽的保護心態也讓他們非常在意我熊熊燃燒著的好奇心與大志向。我記得自己十幾歲的時候，我媽很愛講的一句話是：「瑪德琳，眼睛不要睜那麼大。」言下之意是：認清你的出身，少在那裡得意忘形。那種心態就是工薪階級的子弟不應該奢望鯉魚躍龍門。他們應該要低調一點，腳踏實地一點。按照這個邏輯，我爸媽的理想是我能成為一名教師，但我很確定他們想的不是我念完博士後變成大學教師，他們的世界觀裡沒有這種玩意。

我在家中有一個專屬的分工，那就是當生活中出現超乎我爸媽理解與經驗的複雜課題時，我要跳出來擔任他們的「翻譯」。別誤會，我爸媽精明得很，只是我父親沒能念上大學，而我母親則刻意隱藏她的聰明才智，主要是她擔心我會看到她聰明就有樣學樣，終至嫁不出去，由此她給我的建議是：「男生在場時不要一臉太聰明。」餐桌上倒是沒有這個問題，我爸媽都很愛在晚餐時看到弟弟跟我分享好奇心與好成績。我想這應該是很多工薪階級移民家庭中的即景——孩子扮演著移民爸媽與廣大美國文化之間的橋梁。在家裡，我有很多機會練習把咬文嚼字的英文翻譯成通俗易懂的英文。我學會了如何合成觀念跟資訊，然後在表達上力求清晰，而且還要加些趣味好讓我爸媽聽得下去。相隔十年後我開始寫作跟演講生涯時，這些技巧依舊讓我獲益良多。

每條歪七扭八的人生故事線，包括賈伯斯心血來潮去修了字型學，或是海瑞森・席格的爸媽轉交了陌生化學教授的名片，背後都有難以解釋的機緣。我與緣分的第一類接觸，發生在大學時代。說起大學我就只申請了那一百零一所：紐約州立大學水牛城分校。雖然爸媽希望我能離家更近一點，但水牛城起碼還在紐約州內，而且學校還給了我獎學金，其他所老實說我們也讀不起。但在任誰也料想不到的一系列事件後，學校正巧在我以英文主修入學的同一時間吸收了一批未來會成為美國文壇大咖的教授。許多年前，北卡羅萊納州艾許維爾的黑山學院關門大吉，但黑山學院的師生堪稱當代極具創意的思想家與藝術家，當中不乏左派詩人艾倫・金斯堡（Allen Ginsberg）、荀白克的古典音樂門生約翰・凱吉（John Cage）、編舞大家梅爾斯・坎寧安（Merce Cunningham）、多才多藝的建築師巴克敏斯特・富勒（Buckminster Fuller）與畫家羅伯特・勞森伯格（Robert Rauschenberg）等不勝枚舉的傑出人才。在黑山關門之後，這些人才在美國各地遊蕩了一陣子，然後當中的一群人呼朋引伴，帶槍投靠了紐約州立大學水牛城分校。而這也就是為什麼我可以在校內的四合院裡與艾倫・金斯堡或民謠歌手李歐納・柯恩（Leonard Cohen）閒聊，還可以選修由文學評論家萊斯利・費德勒（Leslie Fiedler）與詩人羅伯特・克里利（Robert Creeley）跟羅伯特・哈斯（Robert Hass）教授的課程，其中羅伯特・哈斯會在日後贏得普立茲獎，並成為美國的桂冠詩人。

在機緣的眷顧下，原本只是就讀一所平凡州立大學的我，接受到了不凡的高等教育。大學畢業後我決定繼續讀一個社工碩士。我先是為此去了哥倫比亞大學，但最後無疾而終，主要是歷經了父親辭世加上一段坎坷的戀情，我需要把自己重新整理好。於是我回到了水牛城，拿到了教師資格，然後開始了我成人教育的生涯。我的學生裡有很多人是拿基本薪資而迫不及待要取得同等學力的老鄉，由此他們的學習動機很強，讓我很有信心。「好吧，」我想，「這樣也行。那我就去紐約市教高中吧。」結果很客氣地說，我在南布朗克斯的高中教學經驗並不算太愉悅，主要是那裡的學生出身紐約市環境最差、暴力犯罪也最嚴重的社區，而他們並不熱衷於學業。少數有心向學的學生也不敢認真得太過明顯，否則就會被逐出同儕圈。我花了很多時間家訪這些想讀書的孩子，在廚房餐桌前與他們還有他們望子女成龍成鳳的媽媽商量，希望能設法把課本偷渡給他們而不被他們不愛讀書的同學察覺。那些廚房懇談帶給我很大的成就感，我發現自己好像挺有天分設計這些創新的解決方案，像是從學校儲藏室裡把課本「借」出來，好讓有心的學生可以有第二套課本擺在家中。

但鬼點子多並不能改變我拙於第一線教學的事實。能替個別學生解決問題，固然讓我感到開心，但只要一踏進教室，我就完全不知道該怎麼面對三十五個大多只想搞破壞的青少年，更別說想激起他們的學習興趣。有我在的課堂總是一片混亂，我對文學的熱情也完全感染不了這些被教育體系跟在地社區虧待了的小孩。旁觀者會說我搞砸了，而且砸得很徹底。但我並沒有被「搞砸」的部分太嚴重地影響心情，我只當那是老天在告訴我教書不適合我，去忙別的事吧。於是學年結束後，我便辭去了教職，另外在紐約西奈山醫院的精神科謀了一份差事，正式的職稱是「休閒治療師」，所屬的單位是「住院青少年精神科部門」。

我對屬於工作內容的團體活動還算應付得過，因為那與其說是治療，更像是用美工紙、黏膠或通心粉讓院內的青少年病人打發時間。相對於此，我發現自己對跟青少年一對一懇談十分得心應手，這包括他們當中有人苦於抑鬱或焦慮症，甚至有人患有比較嚴重的精神疾病如思覺失調或躁鬱症。這些患者的脫序行為時不時會相當極端，因此不是誰都想跟他們打交道，但也不知怎麼回事，我就是頗受他們強烈的情緒吸引。這些孩子讓我充滿了想投入的熱忱與幹勁。我從來沒有被這些孩子的激動表現惹毛過，但當時我並沒有意會到這是一條生涯之路。

在醫院任職了兩年半之後，上司把我叫進了她辦公室，為的是炒我魷魚。她說：「我不想再留你在這工作上了，你得回學校去拿個心理學的學位。你是這塊料。」我一方面被突然沒了工作震撼到，一方面也為這女人對我的肯定感覺到飄飄然。帶著她這名貴人給我的動力，我拿到了心理學的博士學位，然後開始累積起替家庭和青少年進行心理治療的資歷。

回首前程，我不難把讓我成為心理學家的一個個點連成條線。我在家是爸媽的小翻譯，在市區教師時期是廚房餐桌前的輔導醫師，在西奈山醫院是有嚴重心病年輕人的有力陪伴者。但萬一事前就知道了這些點，路線還能不能這樣連起來就很難講了。如果我出身的家庭資源不虞匱乏，那或許他們七早八早就會送我去跟生涯諮商師面談，然後諮商師就會在測試並面談過我後得到一個我適合當心理學者的結論。但我自行摸索出這一點的每一站旅程，其實都是必要的。我並沒有「繞遠路」，也沒有像很多爸媽所擔心的輸在起跑點上，我靠自己得到了富裕家庭與諮商師所給不了我的智慧、經驗與把握。

在我執業了大約二十年後，有人提議讓我寫本書談一種在我看來影響年輕病人的文化現象，《觀看暴力：媒體暴力如何影響您孩子與青少年的身心發展》（*Viewing Violence*）。我當時已經先行寫了幾篇文章，並得到了頗為正面的回饋；我在大學文學課堂上琢磨出的文筆，在相隔三十年後派上了用場。我設法找到了一名版權經紀人，由其將書的權利賣給了某家甚具規模的出版社。但書寫到一半我的編輯離職，於是我的書就成了失怙的孤兒——與其榮辱與共的編輯消失了。於是雖然書本身的評價不差，但銷售的成績卻不甚理想。這又是一次「失敗」。

等我重返寫作之路，已經又過了六年，而這次提筆的契機又是因為我居住並在富裕社區裡執業，自然而然在年輕病人身上觀察到的症狀。《給孩子，金錢買不到的富足》（*The Price of Privilege*）與全美為人父母者產生了共鳴，成為了暢銷書。我開始受到邀請在大型的場合演講。連我自己也沒想到的是，我演講時一點也不緊張，甚至還很享受站在台上——我一輩子都在與焦慮奮鬥跟我除了二十出頭曾短暫教過書以外全無演講經驗的這兩項事實，似乎沒有對我上台的表現產生什麼影響。賈伯斯花了十年，把字型學的知識跟電腦字型連結起來，而我則用了四十年從幫我爸媽疏通文化差異出發，一路走到了在滿場觀眾面前談笑風生並言之有物。

我的人生軌道完全不在我的計畫中，更完全超乎我的預料。我在這條歪七扭八路線中唯一的幾個常數，只有我的好奇心、自信與勇於失敗的決心。這本書一直想要勾勒出的，是各種我們可以用來培養出特定人格特質的辦法，雖然說人腦中確實有先天內建的部分，但我們在後天對孩子的培育上確實有可以提升的空間。以我自身而言，我一直都是個能把批評當養分的人。直到今天，我都還是對觀眾的批評指教更有興趣，至於他們的溢美之詞我都是聽聽就過。我想要繼續學習，繼續進步，而想找到進步的方向只能透過批評。

思考起是什麼在推動著我去為了家長也為了孩子，寫出這本書，並藉這本書去討論加速中的改變與我們需要進行的調整，我意會到自己對於未知的好奇心，一點也不輸給我對於自身專業領域的好奇心。寫這本書，給了我機會去一探未經劃定的水域（人工智慧就讓我從頭做了不少功課！），給了我機會張大眼睛檢視某些想改變親職風格的嘗試為何一敗塗地，也給了我機會去更深入研究心理學、教育學，乃至於神經學跟社會科學，而這都是為了讓我能更了解是哪些東西在讓我們前進，又是哪些東西使我們停滯。再者，還有什麼能比在轉角等候的未知與未來更讓人興味盎然呢？我希望本章的眾多案例，可以讓本書迄今所強調的種種抽象概念——好奇心、彈性、創意、韌性，還有人生不會是一條直線的準普世價值——有了具體的樣貌。

第九章

重新改寫劇本

——二十一世紀的父母該是什麼樣子？

有孩子跟零工經濟是兩種相互衝突的概念，除非你也是以零工經濟的心態在養孩子。

——喬許・兩個孩子的爸爸

你要同時讓好幾個球在空中不落地，並同時判斷出哪些是玻璃球，哪些是橡膠球。

——亞曼達，三個孩子的媽媽給新手媽媽的建議

在前文中，我們一起看到了不確定性會如何衝擊我們為孩子做出的決定。我們看到了孩子的高度焦慮會如何讓他們無法發展出韌性與冒險的精神：兩種他們正好想優游在世事多變中的必備特

質。我們共同探索過了有哪些學術、技術與基礎技能可以讓他們在成年之後出類拔萃，也一起見證了許多大人是如何繞過了一條條意想不到的彎路而柳暗花明地收穫了成就感與成功的人生。以上種種，代表著我想以全場緊迫盯人的方式去培養出家長內心的果敢，去說服想協助孩子迎向未來的的他們去重新思考並擴大自己的格局，也代表著我希望爸媽們可以主動用同理心去照顧好自己，以便讓自己能保持當個溫暖與高效父母親所需要的堅忍與溝通頻寬。

在要求新時代的爸媽以全新方式思考親職之前，我們很難不先去承認自己已經面對著哪些難題。不確定性日復一日地在微觀的層次上左右著我們的行為。巨觀層次上的不確定性——關於像是工作穩定性與社會文化對於男女的不同期待——也逼著我們不斷重新審視自己身為家長的角色扮演。這是好事一樁：每個人成為父母後，都會以不同的方式去體驗親職，也會把各自不同的優點帶進親職。想在親職工作的改變上不斷求得進步，我們就必須要花時間去過濾並反思這些個別差異。

然而，若不想在高唱親職改革的時候顯得言不由衷，那我們就得承認親職上的許多難題具有其體制性的源頭：聯邦與州政府往往滿足不了實際需求的育兒支持政策、欠缺彈性或老闆說改就改的工作時間、員工要隨叫隨到的一種期待、公司或廠區內付之闕如的托兒設施、慘澹的特休天數，明顯不足的女性產假或育嬰假、形同虛設或根本不存在的男性育嬰假。有些企業會以其傲人的員工福利為豪——健身房、乾洗服務、瑜伽課、凍卵補貼、跨國飲食自助餐。但只有寥寥百分之七的美國雇主提供職場現地或附近的育兒服務，即便那是遠遠甩開第二名，對員工而言第一要緊的福利。想為員工創造出更充滿歡笑而能正常運作的家庭生活，我們需要的不是那些搔不到癢處的雞肋福利，我們需要的是針對組織進行結構性的改革。集眾人之力去推動這樣的改革，符合我們全體的利益。但在這些全面性的改革能成真之前，我們還是只能各自盡力顧好自己的家庭。

現代父親的速寫

我剛開始書寫親職與兒童發展主題的時候，大概是二十年前，當時我的受眾幾乎都是媽媽。但這一點尤其是在近十年，早就是過去式了。媽媽們雖然仍舊比較關心這些課題，但男性在我受眾中的比例已經大幅提高到四成以上，而這反映的不只是來聽我演講的爸爸變多了，而是家庭的組成有了結構性的變遷。雖說過半（百分之六十五）的孩子仍出生在一夫一妻的傳統家庭中，但那也就表示對百分之三十五的孩子來講，「家」裡並不見得是一個爸爸跟一個媽媽。單親家庭、由多元性別家長組建的家庭、由祖父母進行隔代教養的家庭，或是由養父母組成的家庭，都在近幾十年間普遍了起來。我家裡那三個千禧世代的兒子就提供了我很多實例，讓我明白家庭的定義如今變化多端。他們三兄弟各自認識有男主內而女主外的家庭，也認識由兩個爸爸或兩個媽媽撫養長大的孩子。但在大多數的家庭中，教養工作暨其鋪天蓋地的壓力、期望與焦慮，仍得由做母親的人一肩扛起。

在執業的過程中，我相對比較少看到父親的身影，但為了撰寫本書，我積極搜尋出了積極參與親職的新世代父親，並潛入了以他們為題的有限研究文獻。許多這些擔任家庭主夫或主要照顧者的父親都從事顧問、創意或科技等行業，由此待在家中並不妨礙他們工作。他們在發言中反映了對自身新角色的若干疑慮，但也精神抖擻地充滿了想一躍而入的幹勁。「寶寶回到家的第一個星期，你就會學到八百萬件事情。」身為音樂家的阿里如是說，他的妻子則是羅格斯大學（Rutgers University）的社會學教授。

他提到自己努力想保持理智，並在常常帶寶寶出門拜訪大多數沒有孩子的朋友之餘，「證明我還是可以當個正常人」。雖然他深愛自己的小男孩，「但我其實不太確定一個爸爸應該幹些什麼事。沒有男人會說『我從小就想當個爸爸』，我們不像女性會從小就想著『我以後要當世界上最棒的媽媽』。」

我對談過的許多年輕爸爸都很懷念男性的友誼與牽絆：「跟三五好友在一起打屁，約出去喝啤酒。」由於每二十個負責主內的主要照顧者，才有一個是男性，因此社交上的孤立就成了他們一個很大的難題。找到一群處境類似的「爸爸友」，不是在美國每個地區都能輕鬆做到的事情。許多跟我談過的爸爸都在沒有選擇的狀況下，只能加入主婦的團體，但他們在其中不僅格格不入，甚至還得承擔一些汙名。華府的一位爸爸對我說：「我幾乎永遠都是那個落單的主夫。多數媽媽都完全不介意我待在現場，但很多時候她們好像也不想理我，甚至會主動避著我，所以認真說是有點孤零零的。」

另一個這些爸爸回報的常見狀況，是他們會只因為在大庭廣眾下胸前綁了個媽媽不在附近的嬰兒，就莫名其妙被捧成英雄。但當然看不慣他們的媽媽也所在多有。阿里說：「我被陌生女人念過『寶寶哭就是他餓了』。」太太是廣告商專案經理且自介是主要照顧者的喬許說：「帶著大女兒出去，別人簡直把我當成是手無縛雞之力的弱女子一樣。不曉得有多少女性忍不住母性大發地教我該如何抱嬰兒，還有人在超市稱讚我買菜與持家的功力進步很多。」十年前他第一次出席親師會議，主席脫口而出的那句話是：「喔，不錯喔，會上有個爸爸應該會挺管用的。」喬許說：「親師會的縮寫是PTA，但其實現場更像是MTA。」[1]

喬許很快就了解到為了成為一名有效率的主要照顧者，他唯一的選擇就是「不管別人的任何眼光」。他大女兒誕生於二〇〇二年，現在兩個女兒分別上國中與高中。他與妻子是在親職角色定位上展現彈性的先驅，但時代不斷在變，喬許說他現在會在街上、市場裡看到一票爸爸，甚至在親師會議上也能看到一堆爸爸的身影！家庭主夫的群組或團體開始一個個冒出頭來，解除了男性照顧者的孤立危機，也用同溫層的溫暖鼓舞了爸爸們的士氣。雖然相關的資料少很多，但我認為我們可以

1 親師會是parent-teacher association，簡稱PTA，但現場的家長都是母親，所以被戲稱為MTA，也就是mother-teacher association。

合理推測就像媽媽們一樣，父親的心理衛生也極其有助於孩子完成各種成長所需的調整。

或許年輕父親在態度上最令人耳目一新的地方，是他們普遍不像媽媽們那樣易於焦慮。在想要協助孩子冷靜下來的時候，多一點跟爸爸的交流或許正好能對症下藥。在爸爸的圈子中，鮮少會有兩名父親為了孩子吃了多少或「大」了多少而聊得不可開交。傑克身為四個月大葛妲的爸爸，是典型跟我對談過的那種新生代父親。「我不太擔心會犯錯，其他我認識的爸爸也不會。不論你多麼想要把孩子保護得無微不至，最後都免不了搞得一團亂。每個人都有自己的問題。我認識的多數主夫爸爸都被捧得像年度風雲人物一樣。我們需要達到的標準真的比媽媽們低很多。」

男人往往會把他們解決問題的理性帶進父親的角色裡，由此他們往往會帶給人一種放鬆而好玩的氣氛。播客「宅爸秀」（The At Home Dad Show）鎖定的聽眾群，就是這些父親，而這節目也是我所找到最接近全美範圍內的柔性主夫社群。在某集節目上，他們找來了爸爸們交流洗衣服的訣竅。一個恨透了疊衣服的爸爸解釋說他準備了兩個洗衣簍，一個放髒衣服，一個放乾淨的衣服，然後他也不疊了，就讓孩子每天為了穿什麼衣服去尋寶，反正髒的跟乾淨的不要搞錯就行。孩子們給這種制度滿分。其他的爸爸們聽了也都豎起大拇指，大家全數通過這是個偉大的發明。

另一名父親在節目上發言說曾經有段時期，男人們根本不相信女人是真心想外出工作。他打趣說：「現在或許換成女性不相信男人真的想在家裡陪孩子了。」很顯然我們活在一個角色大風吹愈來愈快的時代——親職上的角色、職場上的角色，還有性別角色等各式各樣的角色定位，都處在解構與顛覆的過程。我希望大家能帶著熱情與開放的心胸去看待這些改變。

職場上的爸爸們

當然，今日大部分的父親仍不是孩子的主要照顧者。比例固然有些下降，但大部分的父親仍在家庭分工中負責賺錢。近十年來一項讓人膽戰心驚的心態改變是愈來愈多的父親不認為讓太太當個全職主婦是最符合孩子利益的選擇。二〇〇九年，認為太太不工作對孩子比較好的父親比例是百分之五十四，二〇一九年僅剩百分之三十七。百分之四十五的媽媽與百分之四十一的爸爸認為理想的安排是媽媽也去兼職。

經濟上的現實，持續重塑著爸媽們認為誰該留在家中陪孩子的觀念與選擇。隨著房價高漲加上各種財務壓力壓得一個個家庭喘不過氣，包括愈來愈誇張的高學貸，夫妻全職雙薪已經愈來愈是一種必須。雖然男性每賺一美元，女性現在只能賺到四十九分錢到八十分錢不等的薪水，但美國每一年大學的畢業生都在預示著趨勢的改變。二〇一六年，美國連續第八年由女性取得多數的博士學位，且女—男研究生的人數比例也是壓倒性的一三五：一〇〇。隨著同工同酬再次成為輿論關注的焦點，我們可以合理期待女性薪資將在不久的未來追上男性。而隨著男女薪資落差縮小，誰主內或主外的算盤對於有這種餘裕可以選擇的家庭來講，又得重新撥過。

一整個過勞世代的男性會很樂見這種改變。跟我談過話的千禧世代爸爸們一聽到他們所稱的「過勞A片」（hustle porn），就不禁打起了冷顫。作為一種像是處罰遊戲的資本主義變形，所謂「過勞A片」指的是一種像A片般在鼓勵勞工「死後有得你睡」跟「一分咖啡因一分創意」的扭曲文化。家庭主夫傑克說：「沒日沒夜的新創模式是一種有毒的企業文化。跟我同屆或更小的男性想從生活與工作中尋求的是更大的意義，而不是想把自己燃燒殆盡。」

一旦主夫型爸爸大批回到全職的工作崗位上，很難說結果會是怎樣。假以時日，或許就業環境的變化會使得人父與人母都能在親職投入與高薪全職（而非零工）間左右逢源。一個世代前，太常跳槽或履歷上有空檔的人都會被投以懷疑的眼光。如今則已不太會有這種現象。現今履歷上的空檔往往反映的是個人生涯中包括旅行、進修，或擔任志工在內的充電行程——而這反而可以為雇主指出那些他們歡迎的具有彈性及好奇心的人才。暫時退出職場來擔任全職的家庭主夫，會被投以相同的欽佩目光嗎？抑或就跟一九七〇年代起，女性為了當全職媽媽而面臨的職涯斷層困境一樣，男性也會因為暫時退出職場而在名望、機遇與薪酬上吃虧嗎？若是男性可以暫時跑去當爸爸而不在回歸職場時受到懲罰，那女性就也有機會能比照辦理，獲得比較公平的待遇。但這個問題至今懸而未決，所以男性主動為了參與孩子的教養而暫時脫離職場會是一條通往何處的選項，是非常值得學界進一步挖掘的研究方向。

媽媽更難苦中作樂

多數我在執業過程中見過的母親，都得像表演雜耍一樣，兼顧有難度的工作跟少不了媽媽的小朋友。這種鋼索不是每個人都能輕鬆走在上面，因為正常人都會累、都會覺得忙不過來、覺得有罪惡感。「我可以的。」一名認真負責但看得出憂鬱的小兒科醫師（兼三名七歲不到孩子的母親）如是說。但我們都知道該崩的還是會崩。一個把自己逼到憂鬱的母親對孩子跟對自己而言，都是顆未爆彈。

雙薪家庭的研究指出了一些導致她憂鬱的可能原因。研究顯示以家長們要上的「第二個班」，也就是顧小孩跟做家事而言，母親仍是在家中值勤的主力，這一點並未因為今日的爸爸比前幾代人多分攤了不少工作，而有所改變。父親每週陪伴小孩的時間從一九六五年的二點五小時，進步到了二〇一六年的八小時，這是個令人振奮的消息，但在同一時期，母親陪伴孩子的時間則從十小時增加到十八小時，亦即今日母親育兒的負擔就時間長度而言，仍是父親的兩倍多，更是一九六〇年代母親的將近兩倍。在家務上，爸爸們平均每週做十個小時的家事，媽媽是十八小時。

身為一名母親累在哪裡？大包小包往身上揹，買菜補貨、下廚開伙，還有一堆莫名其妙被歸給她的家務，都只是表面而已，重點是這些事情背後要操的那顆心。社會學者給這種要把家庭維繫住的責任起了一個名字，叫做「操煩」（worry work），而這種操煩主要是女性的「守備範圍」。此外，研究也指出女性在人際互動上有一種獨特的面向，名叫「情緒勞動」（emotional labor）。某團體研究了女性經理人與同事相處的模式，結果發現女性「會違背內心實際感受地表達出樂觀、冷靜與同理等情緒」——而這正好是一種很多媽媽都不會陌生的自我壓抑。這就是所謂的情緒勞動，而這裡的勞動可不是叫假的：這會導致女性在職場上精疲力盡，會導致她們回到家還一直在反芻工作上的事情而無法好好休息，還會導致家中的衝突。情緒勞動會導致兩性之間出現壓力值的落差，如克莉絲丁・王（Kristin Wong）就曾在《紐約時報》上為文分析說：「環境的壓力，譬如失業，也可能會導致同樣的問題，但情緒勞動並非真正是環境的壓力，那是女性角色被社會化之後，一種永遠擺脫不掉的責任。」

母親面對的文化期待

母親，尤其是身兼職業婦女的母親，在近幾十年來都是研究與心理分析的對象。如英文裡常說的「密集母職」（intensive mothering），就是社會學者雪倫・海伊斯（Sharon Hayes）二十年前在《母職的文化衝突》（*The Cultural Contradictions of Motherhood*）一書中所創造出的詞語，而她同時也在書中檢視了工作會如何影響女性與孩子的關係。按她所說，兼為職業婦女的母親面對的一種困境是：她們受到的期待是要在職場上與人爭強鬥狠，寸土必爭，回到家卻又得母性爆發地在孩子面前慈愛而無私。事實證明這兩種模式非常難以融合，由此很多精神分裂的媽媽都會忍不住覺得：「我好像怎麼做都不對。」

海伊斯把「密集母職」定義為：使用由親職專家所設計出的各種方法，不惜耗費大量金錢、時間與精力，一心只想滿足孩子需求的行為。這種版本的母職，正好在海伊斯出書的一九九八年大行其道，而她分析認為這種趨勢將隨著愈來愈多母親進入職場而慢慢消退，屆時取而代之的會是一種新的母職模式：當母親的不會再那麼愛管孩子的大小事，而會開始要求夫妻分工上的平均。但後來的狀況並沒有按海伊斯的料想發展。事實是，文化對女性的期待持續上升，母親既要開始幫忙賺錢養家，原來的育兒之責也未能稍稍放下。

但倒也不是每一名母親都被纏在蜘蛛網上。我們習以為常那種根本達不到的女性標準——在家當個好媽媽、在學校要不遺餘力為孩子爭取權益、工作上要積極進取、薪水不能太差、身體要保持健康、外表要青春、對丈夫不能沒有情趣、心裡還得懂得感激——這些全是特定母親所屬社會階級的正字標記。有份研究發現，大學程度以上且有六至十三歲孩子的美國母親比起教育程度較低的同儕，會花多出一點三倍的時間在親職「管理」責任上。另一份研究則發現，「教育程度與職業地位較低的」家長在與孩子互動時，會顯現出與中上階層家長們不一樣的風格——包括設下更多「沒得商量的限制」，還有對孩子理論上沒有上限的情感與智力培育投入較少的資源。會有這種差異，不光是因為工薪階級的爸媽有不同的需求壓縮著他們的時間與資源，那也是因為他們對於什麼叫做好媽媽有不同的想法。這種想法，或許能供正在中高階層受苦的母親借鏡，當作抵禦完美主義的一種武器。

在現世的記憶裡，我們好像不曾見過不分階層的母親如此糾結於孩子的生命，亦即現在的局面是前所未見，另外就是母親們的自我懷疑程度之高也可謂空前。二十世紀的中期有很多值得檢討的地方：當時的性別角色極其僵固，精神醫療界誤認從過動症到思覺失調，各種兒時的精神疾病都是母職某方面出了問題。但在此同時，二十世紀的優點在於母親不會太過嚴厲地自責或相互指責。當時的孩子被分成「乖孩子」跟「有狀況的孩子」，而家裡的孩子有狀況，其家長最常獲得的反應不是譴責，而是同情。除非那個家庭真的功能太不濟，否則一般人都會認為學齡兒童（也）該為自己的行為負責。相對之下，今天我們一聽說哪個小孩的態度很差或行為不良，很多人反射性的思考就是：「這對爸媽是怎麼當的？」

二十世紀親職另一個吸引人的地方，在於好孩子的家長不會第一時間跑到人前沾沾自喜。就算想他們也辦不到——當時沒有社群媒體。不過重點是，當時的社會風向也不一樣。要是有人每週更新孩子的動態，或是在車牌上張貼「我家孩子是模範生！」，被當成神經病也是剛好而已。不論你生養了一個資優生或狀況比較多的孩子，孩子的社會評價都不會被無限上綱為你獲得的社會評價。

在二十世紀中期家庭裡長大的女兒們，如今也當了媽媽、阿嬤。她們的世代經歷了一切——她們為了更大的就業自由、政治權力、財務自由與生育自由而興奮不已，也因為這些自由的背後大多存在附帶條件而感受到現實的殘酷。半世紀過去，女性的發展空間終於開花結果，但連帶著我們的親職責任與自我懷疑也同步增多。對廣大的女性而言，母職內建的文化衝突至今仍無法撼動。

千刀萬剮的自責

最近有個病人告訴我說她三歲的兒子可能患有「學習異常」。這個小朋友在幼稚園的故事時間顯得沒興趣而靜不下來，同時對認識英文字母也意興闌珊。母親如潮水般湧出的感嘆是：「專家說小孩應該要在三到四歲之間認得二十六個字母！但我不能不上班，所以也許是我太少在家陪他了，也許是我不該讓他看週六早上的卡通。我知道我不應該，但我真的累了。我會念書給他聽，但他很少看到我讀閒書，所以也許是我的身教不夠。」

有些我的病人會很擔心孩子罹患嚴重的精神疾病或學習障礙，但實際上把他們很多人搞瘋掉的，幾乎都是時間到了就會自動消失的正常過渡行為。由此我已經很習慣看到的，是做母親的會反應過度，然後為了孩子的輕微發展遲緩或一點點躁動失控的行為就按下自責的開關。父親作為一個族群就鮮少有這種自我鞭笞的行為。至於父母親在這一點上的差別，我們沒辦法斬釘截鐵地說就是因為什麼什麼。這可能單純是因為數千年來，人類育兒一直都是母親的責任，也可能牽涉到所謂的「自利偏誤」。自利偏誤作為一種認知現象，指的是男性會比較傾向於把負面的處境歸咎於外部的力量，為的是維繫自尊，而女性則比較傾向於自責並導致自尊受損。但不論問題的癥結是什麼，我的經驗是，爸爸真的很少反應過度或認為孩子（在外界眼中）的行為不檢或表現不佳是自己做錯了什麼，而媽媽則經常把自己折磨得不成人形。

此處除了母親想要在幹練的職業婦女與無私的母親之間取得平衡，進而產生的張力以外，還有很多元素在產生著各自的作用，但確實有一個問題的根源可以追溯到勞動者／照顧者的角色衝突。這關係到我們大部分人評價自己跟孩子的模式。親職是一種有機的追尋，而當中牽涉到的不僅僅是知識的傳承，更是價值、禮儀、傳統與信念的交接，而這些都是沒辦法量化的東西。相對於此，工作上的成就則可以一筆一筆算清楚：你為組織增加了多少價值？你領的薪水又是多少？就如同女性在辦公室從事「情緒勞動」，我們也把市場上的量化標準帶回了家中，帶進了我們的親職當中。競爭與對升遷的追求，在職場上是能加分的活動，而這觀念也滲透進了我們對於孩子的評價——乃至於對於自身親職表現的評價中。這是一種影響到整個社會文化，全職主婦與職業婦女都無法置身事外的變遷。

母職對於大部分中高階層的人口而言，已經真的是一種專業了。我常聽母親形容她們每天從事的是一種「奧運比賽項目」，她們也跟備戰奧運一樣需要最好的裝備、最頂級的訓練，並小心翼翼地讓孩子的天分獲得栽培。母親之間是競爭對手的觀念——誰更苗條、更能幹、養出的小孩更厲害、誰的年薪更高，誰就贏了——不會讓我們贏得任何獎品，反而會讓我們輸掉自己最需要的一樣東西：其他女性的支持。在職場與市場上競爭或許天經地義，但母職真的不需要做到這樣。

很多時候正因為欠缺其他女性的真心奧援，加上往往距離娘家太遠，我們會把情緒需求寄託於孩子身上，將他們視為我們證明自己能力的道具。你可能會以為孩子的成就就是你的成就——那些車牌上貼著「我家孩子是模範生」的家長，其實沒說出口的心聲是「我是個模範家長」——但我們大都知道話不能這麼說，都知道這是在自欺欺人。家裡不止一個小孩的家長都很清楚爸媽對孩子固然不會全無影響，但孩子的發展起碼有一半是看他們自身的造化。「這兩個孩子差別也太大了吧」這種感嘆，應該要能讓我們意識到兒童的發展不是一個均速的過程，而且也只在一個（沒有人知道是百分之幾的）程度內操之於家長。

競爭會導致孤立，而在當前的世界裡，你僅有能尋求陪伴的對象都離不太開孩子的生活圈與你工作的地方。在過去半世紀中，美國的社區結構已經崩毀、宗教組織與人的連結也在縮水——現在每五個美國人或每三個千禧世代裡，就有一個人毫無宗教傾向。曾經支持過我們移民祖父母的族裔社群，往往會在我們力爭上游成為中產或中上階級時被拋棄。我們應該能同意「養孩子是一整個村子的事情」，問題是我們現在的「村子」長得什麼模樣？幾個麻吉的朋友；運氣好的話有幾個住得近也談得來的親戚；孩子的家教和保姆——他們算是用錢買來的村民；學校——但學校只能算是暫時的社區，而不是那種孩子生大病或我們失業時能倚賴的東西，畢竟孩子會畢業，會一階階爬上去，而他們每次畢業都是在跟那暫時的社區告別。

最終剩下的只有我們跟孩子，頂多再加上我們的伴侶（三成五的孩子與未婚的家長同住）。我們會像松鼠一樣帶著核心家庭躲進一個小窩，並會覺得只要保護好這個孤島般的家庭，就有機會讓孩子用好成績、好學校、好收入換得「一輩子無憂」。會想跟至親一起低調求平安，無疑是真實經濟力量促成的結果。對我們多數人而言，擔心孩子無法複製跟我們同一個水準的財務安全，都不是在瞎操心，而是一種其來有自的恐懼。但如果我們只對孩子強調分數的競爭與如何卡位名校，那他們就永遠接觸不到把人際關係置於物質收益之前的一組健全價值觀。我們都會說自己想要「好」孩子，那麼雖然說「好」孩子不見得就不能同時是個「聰明」、「會運動」或是「傑出」的孩子，但這當中的教養方式肯定得要有所取捨。我們每天都會與孩子產生數十次語言或非語言的溝通或交流，每週累計更可達數百次，而從這當中的身教裡，我們表現出自己關注的是什麼？千方百計想知道的又是什麼？如果你想要個「好」孩子，那你就要積極地讓他們看到一個或許沒多清高，或許也想功成名就，但絕不會為了這些東西犧牲掉良善、溫暖、同理等價值的媽媽。這樣的你在孩子放學回家時，你劈頭該問的不是「今天考得怎樣？」或「球隊今天比賽贏還是輸？」，而是「你們班上那個新轉來的小女生，適應得如何？」

會讓母親在情緒困境中陷得更深的，還有另一樣東西，或者該說是一種觀念：一種我們為了積極投入親職而犧牲掉的東西（工作升遷、私人友誼、獨處時間、上健身房的餘裕）可以在親生骨肉的成功上獲得補償的想法。在臨床上與過度參與孩子生活的媽媽們進行多年的對談後，我感覺到她們有一種往往自己也不諱言的期望，那就是「這一切都是值得的」，只因為自己的孩子是明星運動員、是畢業生致詞代表，或是頂大的新鮮人。

家長的參與，確實有助於讓有天分的孩子實現潛能，但那當中也有一種風險是會招致孩子的怨恨。知名的網球選手安德烈・阿格西（Andre Agassi）是這麼說的：「我恨網球，對網球我有一股不足為外人道的暗黑熱情，這一點從沒變過。」父親對阿格西網球生涯有如暴君般的執著與掌控，雖然換得了他外在的成功，但也導致他內心的折磨（阿格西是安非他命及冰毒的成癮者）。我們不能拿自己許許多多的需求當祭品，然後希望有朝一日能在孩子的耀眼光芒中沐浴。合約要兩造合意才成立，而我們的孩子從未簽約同意這筆交易。

為了在M型化的社會中不淪於下流，也為了多賺點錢，好在萬家燈火中力爭上游，我們會堅信自己必須不斷努力，不斷前進。而在忙著趕路的過程中，我們會喪失自省的能力。我們會覺得忙是有價值的，懶惰是會有報應的。想像我們當中許多人一樣把日子過得昏天暗地，但又不內建一些時間來回復電力，這種生活是不可能長久的。由此我們會在有人（伴侶或親友）把休息時間遞過來的時候欣然接受，但很少人有勇氣去想像一下（沒錯，就是想像！）或真的舉手說我們想暫停休息。

在體制給的支援少得可憐，伴侶的幫忙也往往不夠的同時，母親們只能一邊拚命在經濟上挹注家計，一邊還得照顧好孩子的現在跟預備好他們的未來。我們會告訴自己說老娘冰雪聰明——我們一定可以有辦法面面俱到。但憂鬱與焦慮比率在母親這個族群中的升高，已經證明了我們負荷過大，保險絲早就燒斷。

從拚命三娘到空巢期

孩子一離家，我們才終於有時間把頭從他們的行事曆裡抬起，重新做回我們自己。問題是：我們要做回去的是哪個自己？屆時不論有沒有做好準備，我們都得重新把自己的身分從母親調校成「空巢者」。父親對於孩子的獨立不會有這麼強烈的反應。不是說做爸爸的不會想孩子，只是多數男性的自我價值與身分確立與他們身為人父這一點沒太大關係。

當年我小兒子準備要大學畢業時，我發現自己慢慢有點魂不附體，我原本綁好在岸邊那最基本的自我身分認同，一名母親，開始因為繩索鬆脫而慢慢漂了出去。三十年來，人母身分都是我自我認同的核心。經年累月，我演講的內容裡已滿滿地都是家人的點點滴滴。看著三個兒子長大、離家、上大學、成年，我發現自己愈來愈不曉得該在何時用什麼樣的口吻說出「我有三個兒子」。這件事似乎愈來愈不是我最值得一提的地方了，尤其是對著台下一臉稚嫩而憂心忡忡的年輕爸媽，我更是找不到理由說這句話。我的心理學家與作者生涯，建立在我的一種信念上——我相信親職的意義不在於拿條繩子把「快樂」的孩子永遠綁在我們身邊，而在於協助他們做好當個獨立良善成年人的準備。但這樣的我卻在孩子徹底有了自己的生活後，對突如其來的失落感措手不及。我怎麼沒有兩腳一蹺誇獎自己幹得好，然後準備去享清福呢？其實有的時候我還真的會這麼做啦，但我也有一點驚訝自己在對打造出這樣一個家庭感到驕傲之餘，隱約在心的邊緣透著一絲憂鬱。

我當時看到的是三個兒子終將各自組成一個我不得其門而入的「男人幫」，一個由工作、友情與更重要的，其他牽絆所組成的世界，一個獨立存在，而我只能造訪卻不能常駐的空間。我最感到害怕的是，他們內心的那個小男孩會開始與我疏遠，而我當了三十多年的那個女人會慢慢消失不見。距今不久前我跟甫訂婚的小兒子傑瑞米坐在自家廚房裡，我們母子慶祝到一半，突然我心頭湧起一陣意外的抑鬱。「我家裡沒有孩子了。」我這麼對他說。而他馬上回答我：「你家裡沒有小朋友了，但你的孩子永遠是你的孩子。」我感動到哭。那句話被我寫在便利貼上，黏在我的浴室鏡子上。我想每天早上第一眼就看見這句令人安心的話，讓這句話讚美我是一個成功的媽媽。

在人從嬰孩變成大人的幾十年間，母親的角色會有深刻的變化。我們在這當中感覺到的撕扯與身分斷裂，不光是因為我們失去了與孩子的某種關聯，也是因為這種失去會在時間上與生命週期中的其他失去重疊。我們的青春在更年期的雲霧中消解，我們隨著年老而必須與某些夢想揮別。我們做過的那些抉擇已經無法挽回：為了孩子而放棄一個工作機會，或是投入了工作而永遠對孩子感覺虧欠。那些錯誤的決定如今在孩子長大成人的同時，也開始報應在我們身上。那段苟延殘喘的婚姻，那段終究沒有做出成績的職涯，那生疏掉而再也回不來的友誼，還有最令人無法直視的，我們的死期。之前那些養育孩子的混戰可能讓我們無法分心去思考這些人生的難關，但如今時間說空就空下來，我們突然發現問題一個個冒了出來：一路以來我們哪些事做對？哪些事失敗？下半輩子怎麼安排？誰會來幫助我們跨過這個坎？

在這個一切以孩子為重的時代成為家長，我們要付出的一項代價就是不會有時間去搭起讓我們能過渡到下一個人生階段的鷹架。而也正因為人生階段無法順利過場，孩子離席的痛苦才會被放大，我們也才會在身分的變換中面臨更多傾軋摩擦。這種狀況並不受我們有或沒有職涯的影響，同時我們扮演的母親戲分愈是鋪天蓋地，這個轉換的過程就會愈發艱辛。而這，也正解釋了何以最新的趨勢是索性不要放手。

不放手，得付出什麼代價？

青年人與父母間的關係，在近十五年間出現了非常戲劇化的變遷。這種改變首先出現在大學的新生訓練中。家長在孩子的高中生涯中無役不與，為的是把孩子送進大學，但在為了孩子好的目標大功告成後，他們卻發現自己不太想就此功成身退。

一九九〇年代，沒聽說有哪所大學會幫大一新生的爸媽辦家長版的新生訓練，一般的狀況是：爸媽把新鮮人丟包在宿舍門口，跟他擁抱個兩下，然後拍拍屁股開車走人。但到了二〇〇〇年代，大學開始開設團體討論會供有意願的家長參加，內容會介紹家長與校方在第一年要負的責任。再到二〇一〇年，開給家長的新生座談已經是爸媽有義務參加的行程。藉由這個活動，校方會堅定地把家長從孩子身邊帶開，然後搬出長篇大論，三令五申地要求家長務必放手，這樣新出爐的大學生才能學會自立自強。看到校方是這種態度，不少家長會很擔心學校不會無微不至地照顧並監督他們的骨肉，而他們會覺得這些照顧監督有其必要且愈多愈好。爸媽這種擔心不是沒有道理。多數大學都會想當然耳地認為十八歲的孩子已經具備基本的生活常識，但從很多新鮮人的案例看起來，校方顯然是太樂觀了。

時至今日，大專院校仍持續在進行政策的修正，為的是安撫家長的焦慮。在堂堂進入後金融危機的不確定時代後，讓我們暈頭轉向的變化除了突破天際的學費與房價，除了畢業即失業的危機感，還有社群媒體上關於大學生在忙什麼的漫天資訊讓人應接不暇。

隨著某些私立大學的學費上探一年五萬五千美金（約一百六十萬台幣），砸了大錢的爸媽可不打算被唬弄過去。「你放一百二十個心，我電話一定會打過去……要是孩子沒有得到學校答應要讓他們得到的東西，我絕對讓學校的電話線不得安寧。」《大西洋》（*The Atlantic*）雜誌的一篇文章裡有媽媽是這種口氣。

而為了接招，學校的策略是讓家長有更多管道觸及校內的活動與資源，甚至在部分案例中，校方會成立家長會，好讓爸媽們可以熱線直通學校的行政單位。這些做法造成的結果，是家長繼續糾結在已成年孩子的各層面生活中，這包括爸媽會上學校官網查孩子的成績，會干預（指導）教授的決定，會大量與孩子傳簡訊跟視訊。關於這種家長插手大學生生活的狀況，社會學者蘿拉・漢默頓（Laura Hamilton）的觀察是：「密集親職所代表的情緒需求，會對孩子的婚姻與職涯產生壓力，女兒受到的衝擊尤其大……會有人說被『直升機家長』帶大的孩子長大比較慢，不是沒有幾分道理。」

關於一天之中跟爸媽多次聯繫會對大學生產生什麼樣的影響，不同研究並沒有成定論。但無人聞問的另一個問題是：頻繁與孩子傳簡訊及干預他們的生活，會如何妨礙母親自己過渡到她人生的下一個階段。這一面倒是個好發於母親而非父親的問題：你很難得會看到父親每天關注孩子在大學裡忙些什麼。女兒尤其喜歡大小事要媽媽給建議，而會主動在與孩子的交流上有所節制的母親，少之又少。

大學畢業並不自動等於爸媽過度干預的退場。密西根州大的研究顯示，將近三分之一的家長會替他們剛畢業的孩子投履歷，近一成想替孩子談薪水，甚至有百分之四的面試有家長在場。你能想像那對應徵工作的年輕人有多麼尷尬嗎？你能理解跟屁蟲當到這種程度的爸媽在想些什麼嗎？

當我們的情緒需求已深深與孩子綁在一起了至少十八年，他們的學校或球隊就像是我們的學校與球隊之際，你覺得一個不以孩子為中心的未來會對爸媽的自尊心、能動性與積極性產生多大的打擊？密集的親職在有可能導致孩子產生累積性的無能之餘，會不會也造成媽媽對孩子的累積性依賴呢？亦即溺愛孩子在阻礙他們發展的同時，會不會也阻礙了媽媽的成長呢？死命巴著那個孩子愈大愈不需要的角色不放，究竟讓我們錯過了沿途哪些風景呢？我們一直渴望成年的孩子不僅愛我們，還得需要我們，是否代表我們下意識想抗拒衰老，想繼續當那個能讓青少年依靠的年輕媽媽呢？

還在幫二十五歲的兒子編輯研究所論文的母親，還在拿錢讓二十六歲兒子出國「尋找自己」的母親，或是還在幫「律師工作太忙」的二十八歲兒子洗衣服的母親，乍看之下只是普通的直升機家長，但其實她是在生死交關中試圖維繫住自己在孩子生命中的重要性。一個母親要是欠缺獨立於母親身分之外，自我意識的穩固基底，那她們就很可能會在母職生涯的尾巴遭受到孤立與憂鬱的侵襲。

在一個大學生動輒會回家長住（為了各種理由，經濟因素為大宗）的時代，上述問題更加不容等閒視之。無法與大學生孩子徹底斷開的母親，會在年輕人真正發射出去之前被考驗很多遍。就算我們心裡也覺得讓都二十幾歲了的兒女搬回家，吃家裡的用家裡的，不是什麼好事情，但那種膝下有人陪伴的溫暖也會讓我們理智線綳斷。不過話說到底，只要不是太誇張的孩子，他們終究還是會頭也不回地離巢而去。到時要是我們沒有預先像幫孩子規劃人生那樣盡責地規劃好自己的新航道，那可就糟了，因為我們會突然不曉得該去哪才好。孩子們活在一個不確定的世界裡，我們也是。孩子們需要做好準備迎向未來，我們也是。那些能讓我們自信地邁向人生下個階段的技能，我們學會了嗎？

不論你覺得公不公平，這就是身為一個母親必須面對的挑戰。現實是，直到今天，父職與母職間的分工都還是不平均到爆炸；現實是，養育小小孩一方面讓人興高采烈，一方面過程也十分慘烈；現實是，我們活在一個家長間會激烈競爭的文化裡面；現實是，你會覺得這一切完全超乎你的負荷。這些都是事實。而家長們的當務之急，就是團結起來向體制爭取更多的育兒支援。只是此時此刻，我們應該無法期待有救兵來援，自立自強是我們唯一的選項。只要孩子一上小學，我們身為母親就要開始為自己打算。我們必須採取行動去照料自己內在的成長，並發展在孩子與同事以外的成年人際關係。

母職不是只有一種版本

很多人會因為當了媽媽就放棄自己的理想，把孩子的大小事都攬在身上，然後把自己對友誼、對個人時間，還有對外在興趣的追求等需求，通通拋在一邊。當然有的時候，尤其是孩子真的還很小的時候，這樣的犧牲在所難免。但我們不只是職業婦女和母親的複合體，我們還有第三個身分是女人。我們身為女人的發展並不會因為生了孩子就從此喊停。我們必須得在養大孩子的二、三十年間，持續讓自己有所成長。忽視自己的成長，我們除了當下會覺得不快樂，覺得自己在原地踏步，未來更可能嘗到更大的苦果。這麼說，並不是要讓原本已經很忙碌的媽媽再增加更多的負擔。相反地，這要凸顯的是一直對自身的需求視而不見，我們將會錯失自我發展的關鍵時期，進而讓我們能運用的（內外在）資源因為無法積累而日漸匱乏，最後我們將只能看著孩子長大，看著自己愈來愈幫不上他們什麼忙，最終眼睜睜看著他們離家。

如果你實在無法想像除了把自己搞成老媽子（什麼都要管）跟聖母瑪利亞（自我犧牲）的綜合

體外要怎麼當個好媽媽，那我推薦你去讀讀二〇一五年一份研究〈誰是媽咪的媽咪？促成母親幸福的各種因素〉，也許你腦筋就能轉過來了。這份由心理學者蘇妮雅・S・魯瑟（Suniya S. Luthar）與露西亞・西西歐拉（Lucia Ciciolla）合作的研究發現，關於一名女性是否在母親的角色上適應良好，有四類人際支持狀況是強有力的指標，它們分別是：感到無條件被愛、低潮時有人安慰、真切的人際關係、令人滿意的友誼。「已婚二字不見得能保護你什麼。」兩名研究作者說，「真正能讓女性感到受用的是被愛與需要時有人安慰——至於這些愛與安慰的來源，並沒有規定一定要是誰……在現代母親把孩子照顧得如此無微不至的同時，她們也相對地必須要有意識地為自身培養出並經營好親近而真實的人際關係，包括與朋友跟家人。大家必須體認有這些關係充當不可或缺的緩衝，在二、三十年間當個『及格』母親的艱難挑戰才有可能完成。」

親密的友誼不能單向而必須有來有往。要經營出一個麻吉，你與對方必須騰出時間來對話，而且不能每一次都有小朋友在一旁跑來跑去，讓你沒辦法專心聆聽。當然，新手爸媽想交朋友，最快的辦法就是去認識其他的新手爸媽，而這當中就有可能誕生出一輩子的友情。但在此同時，我們跟沒有小孩或是小孩已經大了的朋友，互動就會比較零零落落。我會建議媽媽們即便在百忙之中，也要適時去翻動而重燃這些冷門人際關係的餘燼，而為了這個目的，科技是我們的好幫手——短而有力的簡訊，社群媒體上一句飛吻似的「很想你」，或是IG上的一張照片——這些都可以是日後孩子大了，我們可以把人際關係接著往上蓋的鷹架，而這些人際關係又可以幫助我們一步步完成對孩子的「戒斷」。研究顯示比起不是媽媽的人，媽媽們跟其他成年人社交的頻率要低得多，理由多半是她們忙翻了。還一面得上班的媽媽對這一點的感觸肯定更深刻，由此她們只能帶小朋友去遊樂場或參加孩子的足球賽，然後藉這些場合交一些零成本的「自來友」。

如今三個兒子都「發射出去」了，我會常常思考起在這過去三十年的母職生涯中，有沒有哪些地方是我可以換個做法的地方。雖然我一路走來都是職業婦女，但我沒有一天覺得自己有資格把孩子扔著不管，或是全心投入跟家庭無關的事情上。回首前程要是能重新來過，我應該抽出一些時間來進行個人的追求，或與朋友有更多的交流。我覺得那樣我會更快樂，而孩子們也不會因為媽媽一星期失蹤幾個小時而受到什麼影響。尤其是隨著孩子慢慢長大，他們自己的生活就會因為朋友、課外活動與興趣而忙不過來了，媽媽在足球賽、舞台劇表演或袋棍球賽中的身影不僅可有可無，甚至沒有還讓他們比較輕鬆。每次回想起這些場合，我腦海中就會浮現兒子各種比賽場地邊的觀眾席。有多少次我在上頭坐得百無聊賴，只能滑手機解悶，我想加起來搞不好有幾百個小時？早知道這幾百個小時我就應該拿去做些跟孩子或工作都沒有關係，但對我個人來說有意義的事情。有次在練習賽之前，我兒子小跑步過來到我跟其他球員家長身邊，然後他對我們脫口而出了一句名言：「嘿，那邊有一塊空場地沒人用，你們要不要去那邊自己比一場？」

另一件讓我後悔的事情是，沒有多花些時間在我的猶太會堂裡。我三個受過多年宗教教育的兒子，並不太常在會堂中見到我的身影，起碼沒有像他們在學校的各個角落或場合中——學餐、當校外教學的司機、當愛心媽媽的時候——那麼常看到我。行筆至此，我猛然因為恍然大悟而「啊哈」了一下。我總以為我應該多上會堂，因為那樣可以給孩子們做個好榜樣，但其實我應該多參與會堂事務，理由應該是那對我自己會有好處。多在會堂出現，代表我能與一個距離我不遠的社群建立關係。有了這個社區，我將能在從事親職與無止境閱讀心理學專書與期刊之餘，還有另一個轉換心情的地方可去；我將可以跟教區民眾一起參與他們投身的社會正義運動；我將有機會去跟不同背景的男男女女產生聯繫，而他們會關心不見得牽涉到教育或甚至宗教的議題。現在的我也愈來愈關心這些議題，我懊悔的是自己等了這麼久才開始。

時間花在刀口上

關於親職，爸爸跟媽媽在一件事情上有著完全的共識：認為自己花在孩子上的時間「剛剛好」的家長，對比認為自己花在孩子時間上太少的家長，前者覺得自己是個好爸爸或媽媽的比率是後者的三倍。表面上這有點像是廢話。但產生這個結論的皮尤調查機構（Pew Research）研究留下了很多尚未解答的疑問，比方說多長的陪伴時間叫做「剛剛好」？哪些是爸媽覺得他們應該要與孩子共享的活動？很顯然爸媽的罪惡感創造出了一種某作家筆下所謂的「優質親子時間產業園區」——這個園區裡有專攻全家福套裝旅遊行程的旅行社、有主題公園，還有電影院、電子遊樂場等種種業者。而這些要價不菲的商業行為會有機可乘，都是因為心虛的爸媽不惜砸錢補償他們認為自己為了工作而冷落了的孩子。

很多家長都會擔心我們的年輕孩子（三到十一歲）會因為爸媽不夠關心而感覺委屈，但這種恐懼並沒有任何可靠的研究為根據。有研究支持的一種關聯性是家長陪伴青少年的時間可以在某個程度上降低孩子出現行為問題的機率——在這項研究裡，「適當的」陪伴時間是每週六小時，而且這也包括一起吃飯等活動。若干較新的研究顯示，關於爸媽對孩子的陪伴，質比量要更加關鍵，但陪伴的「品質」無關乎場合特不特別或行程昂不昂貴。真正決定陪伴品質的，是尋常生活裡，吃飯、開車出門、打理庭院、耍廢、投籃等親子活動呈現出的調性與親密感，還有家長在這過程中所展現的態度。家長愈享受這些親子共處的過程，就代表不論對爸媽或孩子而言，這都是一種高品質的天倫之樂。由此事情可能沒有我們想的那麼複雜。面對行程滿檔的忙碌生活，我們的救贖可能就存在於零碎的空檔與不經意的對話中，這些片刻交流積少成多，一樣能讓親子關係深刻而長久。就跟在這個前所未見的時代裡，許許多多的人事物一樣，這一點也有些反直覺，而我們也確實必須要在關係的維繫上跟孩子一起成長，一起不斷地重新學習。

更重要的是我們必須要牢記住一點：我們自身的持續發展，也會在很大程度上決定孩子能不能為未知的將來做好萬全的準備。本書一路以來所強調的各種技能——創意、好奇心、開放的心靈、冒險的心態——全都有賴於我們的孩子具有足夠的韌性。藉著韌性鼓起勇氣，他們才能用興奮與熱情取代焦慮與恐懼去迎向未來的變局。面對不確定的未來，你能為他們提供最好的保障莫過於一種名為穩定與篤定的身教。只要讓他們以爸媽為參考，在內心建立起屬於他自己的穩定與篤定，他們才能胸有成竹地朝未來走去。而這就意味著我們即便當了爸媽，也要繼續面對鋪天蓋地的壓力保護好自己，並持續累積自身的資源與興趣。如果為了孩子好是我們唯一想得到「偶爾自私一點」的理由，那就這樣吧。在這個大家只知道把資源砸在孩子身上的時代，我們也是時候該清醒過來，意識到爸媽好孩子才會好了。

第十章
組成不會被未來淘汰的家庭
——打造更理想的道德羅盤，建立更穩固的在地社群

想走快，一個人走；想走遠，一群人走。

——非洲諺語

要討論如何讓孩子準備好面對不可知的將來，我們就必須揭穿顯而易見的事實：很多讓人感覺毛骨悚然的失控發展，其背後的根源既不是大自然，也不是什麼尖端科技，而是人類自己。不論是不穩定的醫療體系、不公平的司法體系，或者短視近利的能源政策，做決定的都是那些我們選出來的人。民主制度固然不完美，但我們身為公民確實能選出民意代表，而選擇民意代表就是選擇他們主張的政策。透過對投票權的履行，以及在家中強調人性中的悲憫與正義，我們跟孩子便能發出強

大的聲音來決定誰能得到在未來等著的獎賞，誰又會在未知的衝擊中淪為最弱勢的一群。在我們能教給孩子的事情中，最能為其光明未來打底的東西莫過於良好的道德觀，而這些道德觀的根基必須要是他們對自己、對旁人，與對地球的尊重與關懷。如果真有什麼東西可以保證孩子將來的平安，那只能是一個講道德的社會，跟奠基在這個社會裡的價值觀。父母再怎麼愛孩子、再怎麼有堅定的意志、再怎麼家財萬貫，也不可能一手遮天地提供道德社會才能提供給孩子的保護傘。

建立道德羅盤

灌輸價值觀給兒童和年輕人的，是他們周遭的成年人。兒童本身無論如何，都不具備認知能力去掌握一整組抽象的倫理標準，他們的理解必須經由身教的示範，而身教的責任自然屬於家長。價值觀必須由家長示範，讓孩子在日常生活中耳濡目染。另外如可以滋養這些價值的對談，還有各種測試與示範的過程，也都是價值教育的重要一環。但孩子們接觸的除了家庭教育，還有來自於外在社會，禍福難料的文化教育。基本上，人的價值觀建立都是一種「捕捉」而非「習得」的過程，由此我們必須把掛在嘴上的價值觀化成具體的行為，讓孩子有機會透過觀察去捕捉到這些抽象的理念。假若你覺得「尊重」是值得灌輸給孩子的價值觀，那你在巷口餐車跟幫你煎三明治的中年媽媽講話，就不能跟你對在地的牧師或醫師講話有什麼不一樣。你不用管孩子在不在你身旁，因為唯有他們看不到的你會尊重人，他們看得到的你也才會尊重人。

假以時日，孩子所吸收到的整組價值觀會創造出一枚道德羅盤，為他們指引一生的方向。我相信打造一只扎實的道德羅盤，需要五種核心的價值觀：誠實、惻隱之心、公民參與、責任感，乃至於「做人的基本道理」。其中做人的基本道理可能聽起來有點老派，但我喜歡，就像我也喜歡「良好的態度」，因為這都代表我們不論遇到誰，不論我們看法跟他們一不一樣，不論我們跟他們同或不同種族，也不論他們是販夫走卒還是德高望重，我們都會像個文明人對他們以禮相待。同理心作為惻隱之心的組成元素，也是十分關鍵的一種價值。兩者差別在於光有同理心不見得能讓我們出手助人，但惻隱之心可以。

過去約半世紀，我們看到人類與上述基本價值漸行漸遠的文化遷徙，取而代之的是我們愈來愈強調個別與個人的成就。這傳遞的訊息似乎是，如果我們專注在自己小家庭的自身成就上，那我們就能對得起自己所愛的人，也就算是盡到了自己的責任。如果這一路上我們因此跳過了幾次選舉沒去投票、無視於鄰里間發生了什麼大事，做了些錯事但逃掉了責任，或是不去遵守各種文明的規範，那也就算了。我們現今社會的四分五裂，反映的正是這種自私心態的腐蝕力量。

健全的價值觀會要求我們偶爾放下一己之私，去思索眾人、社區或國家的公益。減稅當然好，但哪些政府服務會被砍掉呢？減稅的贏家跟輸家分別是誰？這筆帳不能打迷糊仗，因為我們在道德兩難的路口如何抉擇，決定了我們的孩子將來會如何抉擇。大部分人的價值觀，就是他們小時候爸媽示範的價值觀。他們也許留不一樣的髮型、過不一樣的生活，也許穿耳洞、有刺青，但研究擺明了下一代的價值觀就是跟上一代相去不遠。

我自己的爸媽在美國土生土長，但我的祖父母是世紀之交逃離迫害的白俄羅斯移民。他們這一走，就再也沒見過老家的親人，但來到紐約布朗區的新天地，他們對街坊的大小事選擇積極參與。我祖父作為一名砌磚師傅，還身兼一在地慈善協會的主持人，而協會的宗旨除了幫助那些留在老家的人，也沒忘了扶持跟他們一樣冒死勇闖新大陸的老鄉。我最早跟價值觀有關的記憶，是祖父山姆為了協會工作在籌錢，為此他要求家族中所有的孩子都要有貢獻。我猶記還是小朋友的自己遞給他我存下來僅有的幾分幾角，內心是多麼感覺自己長大了，多麼為自己感到驕傲。我確定從來沒人問過我對捐錢有什麼感受。捐獻就是這樣自然而然地織就在我所屬移民家庭的底蘊裡。你如果希望孩子能表現出優良的價值觀，就讓他們感受到你的期待，因為沒有孩子不想達到爸媽的期望。而且很重要的是你要記得：道德發展會在孩子長大的過程中持續演化。對多數孩子而言，光是想當個大人心中的「乖」孩子，就足以給他們動力去做對的事情。你的家庭是孩子參與的第一個社區，務必要讓他們了解你期待他們的貢獻，也很珍視他們的付出。

我一方面知道自己付出了很大的努力，才在工作上有傲人的成績，但我也很清楚自己能有今天，是站在為我犧牲了很多的家人肩膀上。我家中的牆上還掛著我祖父母在紐約埃利斯島上岸的照片。我掛這些照片不是為了自己，祖父母我都認識。這些照片是為了我的孩子而掛，他們不認識曾祖父母，而我要他們永遠別誤以為自己的成就都是自己「白手起家」。我同時也希望他們意識到自己的付出與貢獻，乃至於他們身體力行的價值觀，也可以跟祖輩一樣迴響於世世代代。

一場倫理的演化

現在比起任何時候，都更有賴於為人父母者站出來擔綱行為的典範。曾經我們可以仰賴學校和宗教處所提供穩定而可信的倫理教育，但時至今日，這些機構的可信度已經在不同程度上受到質疑。我們在史丹佛大學「挑戰成功」計畫中所進行的研究，顯示絕大多數的明星高中學生都免不了作弊，這一點愈接近畢業愈明顯。眾多學術機構當著社會大眾的面，也不惜在學生的學習表現上模糊其詞或睜眼說瞎話，只為了吸引更多學子的青睞；社區也往往未能提供堅定不一的指引，好讓個體在要做出明智而符合良心的抉擇時有所依循；至於整個大社會的沉淪，則更是不堪聞問。

好消息是輿論終於開始重新檢視何謂符合倫理的行為。在萬夫所指的「二〇一九年美國大學錄取賄賂醜聞」中，家長、教練與校方的違法行為引發了眾怒，也讓這個議題被狠狠地凸顯了出來。有的是錢的父母付出龐大的賄款，請人竄改孩子的成績，並用修圖的方式讓照片上的孩子看起來像是一流的學生運動員，為的是讓下一代能擠進南加大、喬治城、史丹佛與耶魯等名校的窄門。這件事迄今仍是現在進行式，因為仍不斷有家長被起訴、被罰以鉅款，甚至還有刑期在一旁虎視眈眈。有錢人家的小孩在入學上有一定優勢，固然是不爭的事實，但明目張膽地犯法可就跨進社會大眾不願意坐視的領域了。事實是，一如本書中觸及的各種艱難議題，這種偷雞摸狗或便宜行事的行徑也具有傳染性、複雜性，且反映了當前高度自利社會最不堪的一面，不可能浮面地關注一下就煙消雲散。這類倫理問題需要我們進行深刻的檢視，需要我們去與自身的價值觀扭打，也需要我們下定決心去思量在很長一段歷史當中，我們是如何濫用了姑息，如何睜一隻眼閉一隻眼，如何忽視了讓人產生這些劣行的那一點點歹念而任其星火燎原。

反省的聲浪也同樣出現在科技界。長年以來，科技發展篤信的是動作快、搞破壞，不用管身後的爛攤。我多年前親身體驗過這種信念，是在與Google研究總監彼得・諾維格對話的時候。「Google我天天用，」我對他說，「做研究很方便。但我也有病人用Google搜尋到了割腕的教學。你們覺得自己該負責嗎？」

「負什麼責？」他回說。「要負責去找學校、找那些學生、找學生的家長負責。」這種態度在我與人工智慧領域的從業者對話的過程中，幾乎是一種共識。在哈佛大學一場圍繞著CRISPR這種基因工程工具，討論如何改變DNA序列的座談活動上，我一個朋友拿這類研究的道德衝擊就教於某位與談者，結果對方說：「這你應該去問倫理學者。我是科學家。」這種把道德責任獨立出來束之高閣的做法，科學界已經習以為常。倫理就像個角落一個無人搭理的小媳婦，得不到科學家與工程師哪怕一點點關愛的眼神。

這一點在二〇一六年美國總統選舉後倏地為之一變，主要是美國人赫然發現俄羅斯在臉書上使用了假帳號與假報告去試圖影選舉結果。一些位居翹楚的學術機構，包括史丹佛、哈佛、康乃爾、麻省理工，如今都在選修或必修的基礎上開設了從資訊科技角度切入的倫理學課程。大學生學到要去思考的問題包括：某項科技能對人一視同仁嗎？你如何確認資訊沒有被偏見影響？機器有資格評斷人類嗎？「（唯一）一樣我們可以拿來有效抗衡科技企業的槓桿，是來自員工的壓力。」說這話的是伊里娜・拉庫（Irina Raicu），她的身分是聖塔克拉拉大學馬庫拉應用倫理中心的網際網路倫理計畫（Internet Ethics program）主任。「我們應該規定科技人員接受一定的倫理訓練，讓他們成為捍衛民主的尖兵。」二〇一八年上演過的，就是這樣的一種過程，當時全球有成千上萬的Google員工罷工，為的是抗議公司對主管涉及性騷擾指控的處理不當。

家長想要培養出值得信任且具有社會責任感的孩子，不是今天才開始的事情，但這件事在今天顯得更為急迫，是因為社會上包含企業CEO在內的各種角色，都可能因為倫理上的一念之差，而做出傷害整個社會的抉擇，這包括但不限於：開發出作物基因工程的科學家、研發並測試無人駕駛車輛的工程師，還有仰賴大數據在擬定公共政策的政府官員。早在我們的孩子進入職場成為這些決策者之前，我們就必須灌輸他們一整組價值觀與思考模式，讓他們成為值得我們託付文明與地球的忠實守護者。而在這些價值觀與思考模式中，一樣很值得我們發揚光大的東西叫做「設計思維」（design thinking）。基本上，設計思維可以理解為在開發產品或解決問題時置入一個同理且人本的核心。從設計思維出發的思考重心在於受到問題影響的人有什麼需求。「動作快，搞破壞」的觀念能盛極一時，是因為高速的破壞曾代表著直線上升的創新與獲利。但如今人人都厭倦了個資外洩、隱私遭到破壞，還有各種討厭鬼的不請自來，只盼望帶領我們走向未來的新世代可以把同理心、遠見跟透明視為比破壞性創新更重要的價值。

此外，我們若期待孩子能為人類打造出一個更好的未來，那首先就一定要把他們教養成一個能獨立思考且具行動力的公民。勞勃・龐迪休（Robert Pondiscio）作為一個公民老師出身的傑出教育議題作者，曾一針見血地如此評論：「不把公民教育的品質拉起，就等著忍受政壇的烏煙瘴氣。」在我看來，美國給孩子的公民教育應該要提前十年。從中學或更早一點開始的學校課程，就應該有一部分的重點放在倫理、科技、政府、民主等「大哉問」上。孩子必須從小開始思考這些議題、討論這些議題、研究這些議題，並從多元的角度去理解這些議題會產生的影響。忽視倫理與公民教育，不把這兩者納入國高中的核心課程，是一種開倒車的行為，因為這些都是孩子將來在深思複雜且困難的問題之時，一定會需要用上的關鍵技能。與思辨能力有關的技能，包括一顆開放的心靈，包括好奇心、思想上的彈性，還有對自身偏見的覺醒，都能保護孩子不受我們此刻還想像不到的困局侵襲。

近未來的科技與生物學發展，絕對會讓我們看得目瞪口呆，但人類料想不到的嚴重負面衝擊也可能隨之而來。愛因斯坦與歐本海默都曾在事後質疑並後悔過自己在原子彈研發中扮演的角色。亞瑟・蓋爾斯頓（Arthur Galston）發明了橘劑（Agent Orange）這種廣泛用於越戰的化學武器，而看到橘劑造成的生態浩劫與越南民眾與其下一代各種無法言說的疾病與畸形，蓋爾斯頓說：「沒有人能保證科技一定能造福人類。任何新發明在道德的面前，都是中性的存在，其使用可以達成建設性的目的，也可以造成毀滅性的結果，但那並不是科學的過錯。」新生兒基因改造技術、人工智慧、無人機，都同時具有「水能載舟亦能覆舟」的特性。若我們教出來的孩子能兼具思辨能力與倫理關懷去評斷這些科技發展，那人類社會就有更好的機會可以收穫科技的益處而避開科技的災禍。用哈佛大學哲學系的山謬爾・H・沃爾考特（Samuel H. Wolcott）講座教授艾莉森・西蒙斯（Alison Simmons）的話講：「我們希望看到未來的科技是學生的形狀，而不是未來的學生是科技的形狀。」

家中的倫理教育

誠實、惻隱之心、公民參與、責任感與做人的基本道理，共同構成了一只道德羅盤，而這只羅盤將可以指引我們的孩子在深思熟慮後做出周詳而無愧於倫理的抉擇。想把這些人格特質教給孩子，我們可以透過反覆的身教、對話，並隨著孩子的認知能力提升而進行訊息內容的調整。對小朋友，我們會說「不可以說謊喔」；等他們大一點，我們可以解釋社交慣例上的微妙之處——有時候為了顧慮別人的心情，說點善意的小謊是可以的。同樣重要的是我們要以誠實的態度自持，因為孩子一眼就能看出大人的偽善。晚餐時間跟另一半討論怎麼不要去盡當陪審團的義務，怎麼少繳點稅，還有怎麼避免跟討厭的親戚見面，都絕對會讓「旁聽」的孩子質疑我們的表裡不一。想要讓孩子發自內心地具備正確的價值觀，我們首先就不能說一套做一套。

小孩天生就有一定程度的同理心，他們與生俱來就有能力對旁人感同身受。我們身為家長的責任是在這樣的基礎上予以延伸，讓孩子天生的同理心擴大為惻隱之心——如果同理心讓孩子能感受到旁人的心情，那惻隱之心就會讓孩子去幫助旁人，讓他人的痛苦得以減輕。「要是……你會有什麼感覺？」的句型看似簡單，卻是威力十足的教學工具。家長可以手把手地引導孩子巡過一遍他或她的內心感受與解決方案。「歐文很緊張，因為他撞壞了我的電動滑板。我也要把他的東西撞壞，看他覺得怎麼樣。」協助孩子體認自己的感受——也許是對朋友的憤怒與失望，然後讓他意識到他自創的解決方案只會讓朋友受傷。而他自己能得到什麼呢？用問題刺激他，但不要急著代他回答或告訴他該怎麼做，先等孩子有機會冷靜下來，讓他有時間去覺得心痛，也幫著他換位思考去感受朋友的沮喪。基本上沒有小朋友會希望朋友難過。幫助他走一輪全套的同理心，讓他感覺到朋友在受苦，最終的目標是讓他能夠克制想報復的衝動，並讓惻隱之心站得上風，「我找歐文陪我去店裡把板子修一修好了，修好了我們都會心情比較好。」

日常生活中，我們有很多機會可以示範公民參與給孩子看：在他們的學校裡、在街坊的活動中，在鄰里的男女老幼之間、在信仰的場域內，或是在可以支持我們各種理念的場合上。孩子看著我們行動，他們就會學起來該怎麼行動。責任感與做人的基本道理也是一樣。大部分能讓孩子牢牢記住的事情，都是那些微不足道，但是爸媽天天在做的事情：我們面對雜貨店收銀員的態度、我們跟其他爸媽和小孩互動的風格、我們在犯錯之後的態度、我們說起不在場的親戚時的口氣。在孩子面前用戲謔的口吻嘲笑別人蠢，不但會讓他們有樣學樣形成一種不良的態度，更會在他們心田種下一種貽害無窮的價值觀：這些店員、鄰居跟親戚不值得我們尊重。

在與孩子共同生活的年月裡，我們能教給他們最重要的一課，或許就是如何透過倫理的透鏡去反省自身的行為。我們藉此示範的，是道德羅盤的用法。至於具體而言應該如何教？我們可以多問問題，特別是用「為什麼」開頭的問題。假設你讀幼稚園的孩子在雜貨店偷了一條巧克力棒，你可以飆罵他，要他立刻把東西還回去。但比較好的做法是（在開始訓斥他，並要他把東西還回去之前）問他為什麼要這麼做，並花個兩三分鐘跟他聊聊要是大家買東西都不付錢，店家會怎樣。讓他明白自己的行為會造成什麼後果：告訴他站收銀台的客氣阿姨得自掏腰包吸收他造成的損失，或是告訴他雜貨店老闆不會讓阿姨承擔損失，但會很生阿姨的氣。然後問他覺得如果跟阿姨對調，他會有什麼感受？

也許你家的高中生在煩惱要選數學或平面設計當大學的主修。聽著她衡量兩者分別的利弊，你先試著不要偏向哪一邊，然後問她一些問題，陪她釐清她重視的是什麼，理由是什麼：對你來說最重要的是什麼？你為什麼鍾情數學跟設計？這兩條路為什麼適合你？以這些問題為起點，更大的問題像是你如何定義理想的人生也會慢慢浮現。

並不是說只有選擇大學主修這種重大決定才能動用牽涉到倫理與價值的對話。事實上大多數這些關於倫理與價值的對話根本不是刻意為之，而是會自然而然地冒出來。而這也說明了何以你得準備一些隨時可以從口袋裡掏出來的價值問題。根據孩子不同的年紀，你可以預期他們會給出不同的答案，而你也可以鼓勵他們進行深刻的思考。年輕的孩子認為會被罰的就是錯事，不會被罰就是對的事。大一點的孩子跟多數成年人會努力成為「好」人並設法符合社會的期待，而另有一小群成年人對於道德問題的思考不是以規定怎麼寫的角度切入，而是以人權與公義的角度切入。我們的口袋問題應該要能發人深省，要能引導孩子去思考複雜一點的東西：怎麼樣叫做「好人」？我們什麼時候應該對人道歉？成為「英雄」的條件是什麼？規則一定要守嗎？什麼狀況下可以不守規則？助人是我們的責任嗎？還是人應該要自己幫助自己？你長大了希望像誰？為什麼？很多事情都可以熟能生巧，倫理的反思也是一樣。讓孩子養成反思的習慣，這種習慣就會慢慢變成他們的第二天性。

我們都知道擇善固執有時並不容易，甚至並不舒服。在一個大家習慣「各忙各的」，高度個人主義的文化裡，家長可能無法毫不猶豫地勉強孩子去盡他們並不想盡的義務。「他就是不喜歡上教堂嘛。」「她功課寫得那麼認真，我實在狠不下心叫她去洗碗。」這些家長常（因為怕孩子跟他們鬧脾氣）而搬出的推託之詞，傷害的是「每個成員都對這個家有份責任該盡」的基本原則，而在社會上沒有盡到該盡的責任，外面的世界可不會輕易原諒你的孩子。我經常想到這個問題，是因為我母親很不幸地罹患了中晚期的阿茲海默症，時間已經超過十年。出於種種原因，我每個星期都會去探望她，但最重要的原因是我覺得這是我為人子女應盡的義務，換句話說這是對的事情。我三個兒子的老二麥可住在紐約，但他很常回舊金山，而他只要回來，就會跟我借車去祖母受到良好照顧的安養機構。我問過他為什麼堅持要這麼做，他回答：「這是我該做的事情，媽。」當然，跑這一趟並不輕鬆，也不是特別好玩。但就是出於一份責任感，他想要這麼做，願意這麼做，而我們為人父母就是應該多對孩子有這樣的一份期待。我們如果希望孩子變成一個有用的人——對他們自己、對他們將來的小家庭，對這個傷痕累累的世界都是——那他們就必須要從在原生家庭裡做起。給他們機會，讓他們只要想，就可以做個好人。

價值必須要以社區為載體

價值不能存在於真空之中。價值具體而言也就是行為：我們與人面對面互動的方式，還有我們預期自身的行為會如何影響我們。價值會在現實世界，在我們的社區裡產生質量與意義。社區也是我們面對各種之前討論過的弊病，包括焦慮或疏離、人面對未來的無助感、孩子的頹廢漠然與欠缺能動性，能找尋到慰藉的場域。從歷史上來講，社區更是我們歡祝里程碑、成就，還有得到某種歸屬感的地方。

近二十年來，家長們幾近完全以孩子為中心的生活型態導致了我們社區生活的荒廢。我們的生活圈不增反減。這不僅扭曲了我們的價值體系，也讓我們日漸孤立，而感覺無依無靠並不是美國家長的專利。社交孤立是一種全球性的現象，影響所及涵蓋所有的年齡與階級。英國政府甚至為此成立了內閣專責機構：由孤獨大臣主掌的孤獨部。在日本，傳統的多代同堂家庭已經被西方式核心家庭所取代，而這也衍生出了一種病態現象叫孤獨死——（包含但不限於老年人的）個體會孤獨地離世，且孑然一身的他們死亡多時都沒有人發現。專門研究這種現象的日本心理學者岡本純子說：

「社會對於處理寂寞問題，還不夠努力，而許多人並不願意承認他們活得不開心。」

不想承認寂寞不快樂的，也包括美國人。但深入數位生活表面的裡層，我們可以確認這個趨勢的真實性。美國人不分年齡，都顯然比以往四十年變得更寂寞了。沒有意外的，年輕的數位世代在孤獨的浪潮中首當其衝。再多的自拍、ＩＧ美照或臉書貼文，都無法取代面對面接觸能振奮人情緒的效果。寂寞感覺很差，實質上也對我們有害：孤獨寂寞對壽命的壓縮，其效果約等於抽菸，甚至被認為是比肥胖更嚴重的健康殺手。寂寞跟社區的脫節，會讓不確定帶給我們更大的壓力。我們不能只顧著養家活口帶小孩，我們還必須隸屬於一個格局更大的行動中。近年來很多人談到所謂的部落主義，但加入「部落」不等於加入「社區」。很不幸的是，按目前的建構方式來看，美國的現代「部落」是建構在民眾相互的不信任之上。相反地，社區是建立在民眾相互的信任與善意上。我們不能與不同的群體或意識形態為敵，我們必須對所有人與各種想法表示歡迎，因為時間久了，這將關係到社區成員的生存與社區精神的覺醒。

關於一視同仁承認每個人都有需求的社區，存在著什麼樣的力量，我最喜歡用來激勵自己的故事來自於曾經在柯林頓總統手下擔任過白宮幕僚長，並且當過北卡羅萊納大學五年校長的厄斯金・鮑爾斯（Erskine Bowles）。他很愛說一個祖父傳給父親再傳給他的故事，而那故事講的是在為自家砍完柴之後，你得在返家途中路過社區的公共柴堆，從今天砍得的木柴中貢獻一些。這是為了確保在這「甜美」的南方州，北卡羅萊納的境內，家家戶戶都能有足夠的柴火過冬。社區的每個成員「不論立場比戈爾‧維達爾還左，或是比傑西‧赫爾姆斯還右」，大家都會這麼做。那是一個比起標榜自家是怎樣的一個模範家庭，或是宣稱你的道德與政治主張如何高人一等，更重要的是與鄰居之間守望相助的時代。你可以思考一下你家附近要是有這樣一個社區柴堆，裡頭會有多少木頭。想完之後，你可以去貢獻一點。

從一個人的保齡球，到一群怒氣沖沖的球員老爸

將近二十年前，勞勃‧普特南（Robert Putnam）出版了《一個人的保齡球：美國社區的瓦解與復興》，這是第一本討論到社區參與在美國的衰落正如何影響我們的暢銷書。從那之後，一整群作者與思想家也紛紛加入了這個問題的探討。而在這當中，較近期有一則意見來自於尤瓦爾‧萊文（Yuval Levin）。他在《斷裂的共和國》（*The Fractured Republic*）書中主張被美國捧在手心的個人主義與自我表達，其實是一把雙面刃：「在把許多個體從社會侷限的壓迫中解放出來的過程中，我們也讓很多人疏離了家庭，讓他們漂流在社區、工作與信仰的港灣之外……我們也同時讓早年的社會組織分崩離析，進而讓共和國子民對境內各式各樣的組織全面失去信心。」我們對社會建制的信心崩解，已然波及了公眾的心理，防人之心不可無與人性本惡的想法成為了我們預設的處世態度，

結果就是我們的信任圈收縮到自身周邊極小的同溫層。

在進入二十一世紀前，支撐著我們的社區是以地理位置來定義的存在（主要是城市與鄰里）、組織性的宗教團體，還有由族群定義的人口匯集區（中國城、小義大利）。我們的祖父母往往都隸屬於好幾個這類的社群。我們跟我們的孩子則往往完全斷絕了這些聯繫，又或者只會參加濃度很稀的替代品：逢年過節的宗教性活動，而那也往往是我們享用由祖母傳承的美食或聆聽家族故事的歡樂場合。這些都是美好而值得參與的傳統，但它們老實說並不是原廠的正品，而只是社區原型的回音。如果真正的社區是正餐，那這些節慶活動就只是甜點——較好入口但也沒那麼健康營養。

真正能作為「正餐」的社區，最起碼要能頻繁地提供與一群人的常態性互動，而我們跟這群人必須要擁有共同的羈絆。但這種社區要能成立，其前提是我們許多人都避之唯恐不及的投入與參與，包括把群體的需求置於個人的需求之前，包括跟我們不喜歡的人社交，包括遵守我們覺得沒意義或不公平的規定或儀典，也包括勉強自己又沒有（短線）好處地貢獻自己的時間與精力。時至今日，似乎只剩孩子所屬的球隊，才能在為人父母者間激發出這種犧牲與忠誠。

某些家長對孩子所屬球隊之全心投入，可以從數百部由失控球員爸爸主演的YouTube影片中看出。這些爸爸為什麼會為了裁判的一個誤判或球員一個失誤而暴跳如雷呢？一開始你會以為他們是望子成龍，希望孩子能出人頭地並實現夢想，但主持東卡羅萊納大學運動裁判執法實驗室的史黛西・華納博士（Dr. Stacy Warner）提供了另一種看法：「人類天生有一種需求是要屬於某個社群，但人類能夠聚集的場合正日益減少中，於是我們剩下的，就只有運動賽事了。」家長想成為孩子所屬的球隊社群一員，靠的是孩子的比賽表現與球隊的優異戰績。「家長希望孩子能持續出賽，持續留在一軍，因為只有這樣，身為家長的他們才能繼續跟著球隊四處征戰，並在球隊中有一份參與感。萬一孩子被球隊除名，爸爸的社交風景也會突然變得很不一樣。」

這個現象並不限於學生運動員的爸爸。同樣的狀況也會發生在孩子從事表演藝術、辯論、西洋棋，乃至於任何一種競技活動的星爸星媽身上。這些表演或競技活動的圈子，都是爸媽可以順勢參與的現成社區，同時對於某些母親而言，這麼做也符合她們認為每分每秒都要用在孩子身上的信念。只要孩子是個學生運動員、劇場演員，或是辯論社辯士，爸媽的需求就可以一次通通滿足。但華納博士呼應了我兒子早期認為爸媽只是想跟著「去玩」的觀察：「如果大人的運動聯盟給爸媽去參與，那也許他們就不會坐在那邊看兒子女兒練球了。」

在像又名「媽媽與我」的（Mommy and Me）親子蒙特梭利課程中或壘球觀眾席上可以享有的革命情誼，有時候會被稱為「免費的友誼」（free friendship），主要是爸媽想打入相關的群體不用做出任何努力，人去就行。想加入在一旁當孩子啦啦隊的家長社群，並不需要爸媽具備任何特殊技藝，反倒是殘酷地給了在場上奮戰的孩子壓力。爸媽有時會對孩子的球隊投入大量的時間與金錢，而這些投資也會造成額外的壓力。不意外地，期刊《家庭關係》（*Family Relations*）在一項研究中發現，孩子認知到爸媽對某項運動的投資金額愈高，他們就愈無法開心地享受這項運動。

最終，不論是在無意識中這麼做，還是睜大雙眼這麼做，完全取決於孩子的課外活動或學校來加入家長的社群，都是存在著陷阱的做法。不僅有研究顯示家長過多的參與是一種對孩子而言不甚健康的做法，而且除非你打算等孩子畢業後仍繼續參與組織運作，否則這些社群的存在都是有保存期限的。在在地球場上擔任一名少棒聯盟教練，是一個可行的選擇。依依不捨地在孩子奔馳過的球場邊懷念著「往日時光」，則只是單純的可悲罷了。

社群的選擇

若決定了要以更節制的方式來支持孩子——像是不再每個週末都無役不與，而是只去看關鍵的大比賽或是球季的開幕戰——我們就能騰出時間去參與其他我們也一樣有感的社團。爸爸們之間比較會有一種單純泡在一起的傳統，比方說找三五好友去看場比賽、喝點小酒、跑跑步、騎騎腳踏車、投投籃什麼的。很多時候我建議媽媽們也這麼試試看，得到的反應是：「有什麼事情能比陪孩子更重要？」對許多人而言，他（她）們根本無從想像與外界的群體接觸能在（對孩子的）重要性上與陪他們參加一個又一個的活動相提並論。媽媽們特別容易認同一個很主流的觀念，那就是只要是為了下一代，花再多的錢跟時間都是值得的，但這其實是個前提很有問題的命題。實際上我們愈是與天寬地闊的外界有所接觸，我們就愈能讓孩子見識到出了自己的小家庭，外面還有一個多麼美好，多們值得珍惜的大千世界。我們將能讓孩子理解到興趣廣泛、交遊廣闊，還有對世界充滿好奇具有何等的價值。多花點時間去擔任志工，爸媽便能讓孩子接受到一個訊息是，這個供我們安身立命的社區值得我們付出時間與精力。我們立下的成人典範將會更深刻、更有趣、更踏實，而不是讓孩子覺得「人生就只是為了五子登科跟看得起自己」。

作為想把親職做好但時間又很窘迫的家長，我們要如何能去參與社區活動？一個辦法是參與以下兩種不同的社區活動。其中第一種可以讓我們在道德與精神的層次上感到充實，讓我們有一個出口可以去行善並貢獻社區。組織性的宗教活動是很理所當然的選擇，宗教團體能提供的養分包括組織力、領導力、使命感、對人生進入新階段時的支持、擔任志工的機會、給年輕人的精神教育，而這還只是一部分而已。成年人只要想投入，宗教便能為人性想要隸屬於某個團體的需求提供具有深度且可長可久的答案。但這種形式的社區參與不是每個人都適合，大約半數美國人一年只參與至多幾場零星的宗教活動，甚至這當中很多人是鮮少或從來不碰宗教活動。

但無感於組織性宗教的人也不用擔心，值得參加的組織類型還所在多有。我們可以每個月一次帶食物去送給女性的庇護單位，或是去老人之家陪陪長輩。我們可以為了看重的理念募款，也可以參與社區的菜園運作。只要我們有這個心，機會都在等著我們挖掘。大部分非營利組織都需要外界有錢出錢有力出力，包括他們在行銷、社群媒體經營、藏書管理上都需要幫忙。要踏出志工生涯的第一步，總是會讓人感覺怯生生的，所以我們最好是能先從自己能做得開心、覺得有意義，或是經驗並不是零的領域做起。

第二種的社區活動可以讓我們在個人的層次上有所收穫，讓我們結交到新朋友或讓我們在情緒上、創意上、智識上跳脫家長的角色，進而有所成長。我們要設定的目標，是養成習慣把每天的時間分配給上述兩種社區，以便我們既可以對廣大的世界有所貢獻，也能讓我們個人有所成長，並與家人以外的生命產生有意義的聯繫。

我們參與上述兩種社區的時間，必須要根據孩子的年齡及我們其他該做的事情有哪些來進行調整，但在理想的狀況下，我們應該每個月至少要投入幾小時在兩邊的活動上，而孩子的角色就只是單純先當個觀眾，看著我們參與這些活動，等適當的時候再加入爸媽。我的一個朋友回憶說她小時候，媽媽先去報名學會了視障點字，然後成為了一名把書籍轉譯為點字版本的志工。這名母親本身是重度的閱讀者，而她跟幾個孩子說她無法想像有人因為視力問題而完全無法進入文學的世界（有聲書當時還不存在）。我三個兒子還小時，我曾經送餐去給因為生病而被迫足不出戶的弱勢群體。我有時候會帶上幾個兒子一起，但我這麼做主要還是因為這是我認為有意義的付出。猶太教的一個基本教誨是我們要去「修復世界」（tikkun olam）——用悲天憫人的善行去癒合這個遍體鱗傷的世界——而我對孩子解釋說能力所及的日行一善，就是送餐。今天我的三個兒子都為了支持的理念而擔任志工。要是小時候沒看過我去送餐，他們今天還會對當志工有興趣嗎？很難講。但為一個家定調的不是我們怎麼說，而是我們怎麼做。而這麼做是會有收穫的。我大兒子羅仁在一個家庭營當志工，幫助那些家裡有其中一名家長是末期病人的家庭。他最近把我也拉進去幫忙。這超出了我習慣的領域，對我而言頗具挑戰性，但這也給了我一個很好的機會去學習、去服務、去跟成年的孩子共享一段有意義的時間。我並不太敢在書裡跟人保證什麼，但我可以跟大家保證一點：不論此刻的你為了孩子的智育成績或運動表現感到多麼得意，那些都比不過看著孩子長成一個樂於付出而暖心的成熟大人。後者，才會讓你有朝一日，成為一名真正驕傲而滿足的家長。

動起來

在我完成本書初稿後不久，一位鄰居媽媽跑來跟我提出了一個我從沒遇過的要求：「您願不願意來我家跟一群家長聊聊要怎麼教導孩子，才能讓孩子動起來？」對這請求我先答應了下來，然後便開始思考究竟要跟這群家長分享些什麼建議。幾經思考，我的結論是建立社群、擔任志工與訴求政治是三個互有重疊的領域，就像數學裡所謂文氏圖（Venn diagram）裡那三個有著共同交集的圈圈一樣。你可以把自己放在文氏圖上任何一處你覺得舒服的地方，從讓你覺得有共鳴的地方起步。比方說環保，就是一個很吸引孩子們的主題，你可以找一天安排淨灘的活動，那社群就動起來了。而你若想將之再提高到政治訴求的層次，那你可以協助孩子撰稿並投書在地的民意代表，當中除了描述一下你們進行的淨灘活動，還可以詢問該民意代表目前有無推動任何與近岸環保相關的立法。你可以與孩子一起進行調查，讓孩子學會如何釐清民意代表的表決紀錄，如何探索民意代表的官網，乃至於如何使用「與我們聯絡」的網頁。網際網路與社群媒體的蓬勃，讓每個人都可以針對自己的政治訴求採取行動。二〇一九年有一百六十萬名美國學生串聯了全球各地的其他年輕人，大家共同走出來抗議其福祉受到的最大威脅：看不到政府採取行動去因應的氣候變遷。

親職工作很重要的一環，是跨出國界，為全人類的孩子都留下一個更好的世界。我們的孩子早已不是一座孤島，由此我們也應該以身作則的伸出觸角。我們要讓孩子覺得公民參與是很正常的事情，而且不該僅限於在感恩節時捐助食物銀行或去參加大遊行，那些只不過是個能點燃人熱情的開始而已。與日常生活融為一體的行動主義可以讓人不分大人或小孩都充滿了力量，也都對未來懷抱著希望。與其詛咒黑暗，不如點亮蠟燭，為此我們大可以踏上競選公職之路，小可以把寄到家中的選民教育手冊認真讀讀。我們可以在孩子面前做一名模範公民，包括在餐桌上跟他們討論社會議題，或是投票時帶著孩子一起去接受民主的洗禮，甚至於我們可以跟校方合作讓公民教育重啟。

在重看本書手稿的尾聲，我發現自己好像動不動就會提到一個家庭的晚餐時分。這引發了我的好奇心。我知道晚餐餐桌上不是唯一一個爸媽可以跟孩子對話的場合，但我也從幾十年養大三個兒子的經驗中知道晚餐才是親子間真正聚在一起的時候。這樣的一家團圓，於我已經是超過十年前的事了，但那或許也是我生命中最美好的親職回憶。正是在晚餐桌上，我跟孩子們討論、辯論、爭論了一件件時事，以及我在本書中強調過的各種價值問題，包括偶爾我們會帶著共識下桌。良知與行動力，就是在晚餐這個「育成中心」培養出來的，而我說的不光是孩子的良知與行動力，也包括我和先生的。我知道自我成為母親到現在，美國人的生活步調加快了很多，種種負擔也加重了很多。所以我猜在閱讀本書的諸位裡，很少有人能奢侈地每晚與家人共進晚餐，由此很多對話與討論確實會發生在行駛中的車子裡或早餐的餐桌上。但不論在行車中或是在早餐時，都比不上晚餐時那種安心感與相對的悠哉。照說一名作家只能要求讀者去讀她已經寫出來的東西，而我願意更進一步請各位考慮，在生活中建立一個起碼在大多數時刻裡可以讓家人聚在一起分享探索與成長的角落。我真心希望大家可以在我們目前這個匆忙、瘋狂且往往每天都很驚險的日子中，稍微在這個方面進行一點調整。果真如此，這將是你送給自己與孩子的一份禮物，一份會讓你們在長久的歲月中獲益良多的大禮。

如果你正水深火熱地奮戰於一個難搞的寶寶、一個超不配合的小小孩、一份沒日沒夜的工作、一個有許多責任要盡的家庭，還有每星期好不容易擠出一個小時的瑜伽課，那我在書裡講的各種東西可能會讓你覺得無感，甚至覺得莫名其妙。但問題是，我們盡可以奢侈地把大量的注意力和補償灌注到孩子身上，並加速孩子的學習進度，但如果他們沒有機會在一個尚稱明理且穩定的世界中去使用他們的優勢，那你對他們的栽培也只是大量時間與精力的浪費。無論怎麼說，我們也不能將孩子與他們即將承繼的世界一刀切開。比起用各種營隊活動、各種家教或各種大學先修班替他們堆砌出的優勢，我們對世事的持續參與，才真正更能為他們塑造出一個美好的未來。

與未來談一場戀愛

有幸身為美國人，我們生活在一個缺點固然不少，但受到眷顧處更多的國度。不論是好是壞，可以確定的是：眼前這個我們還沒盡窺其全貌的數位革命裡有一種「失根」的感覺。由此我們可以確定的另一件事是：從給孩子的時間精力與資源中抽出一點點，以此來強化我們的社區與國家，最終得利的還是孩子與我們自己。年輕時的我曾經與美國談了一場戀愛——從祖父母口中聽到那些他們是如何從難以想像的迫害與恐怖中逃脫的故事，讓我確信自己住在世界上最棒的國家。慢慢長大，我對自己國家的信念也遭遇到了一些挑戰。我的視野變得更加銳利，同時我也看見了更多深度與更多的陰影。此刻的世界在我看來，未免有些殘破，舞台中央同時擠著種種不文明、偏見，與歧視。但若說我長年的執業心理學家生涯，教會了我什麼的話，那就是：認識世界與認識自己，都有一股能改變我們行為，而值得我們託付的力量。

我們並沒有迷失。機器人末日並沒有降臨在我們身上。我們的孩子多半會擁有跟我們的版本大同小異的工作、婚姻及孩子。毫無疑問的，改變的規模與速度都在增加，而我們對未來並無法瞭若指掌，但那並不等於我們不能做好準備。我們絕對可以，也必須這麼做。我們的孩子需要在認知上與在情緒上，都擁有更大的自由，也需要在家中享有更多的樂觀與安穩。只有自由、樂觀與穩定的土壤，才能培育出面對不確定的未來，孩子們必不可少的韌性。數十位我在近幾年對談過的軍事、商業界與思想上的領導者固然在細節上各執一詞，但他們都英雄所見略同的一點是：人一定要保持對挑戰的脾胃，也一定要保持對積極學習的興趣與衝勁。成功的測量有不同的刻度，例行公事中拿到的A，其價值可能比不過在困難、詭異與讓人始料未及的任務中，拿到一個B或C。

為人父母者，我們必須在這個動盪的世界裡保持專注，保持樂觀。我們在未來的幾十年間還會有許多自己的挑戰要面對，包括工作與育兒間的平衡、衰老、照顧上一代、退休等老問題，還有我們還不知道會長得什麼樣的新問題。所以就跟孩子們一樣，我們也需要繼續發展傳統上所謂的「心胸開放」。在孩子面前，我們必須以身作則地去關心公益——包括我們眼裡要有旁人、要有國家社會，要有地球及整個世界。獨善其身對誰都沒有好處。繼續讓焦慮滋生，令其阻礙了我們以熱忱跟開放的態度去迎向未知的挑戰，絕對是搬石頭砸所有人的腳。我們的孩子已經聽夠了他們有多特別。他們已經受夠了被爸媽捧在手心，他們受夠了為追求成功活在壓力裡，然後還得在真正進入職場前被品頭論足一番。要是時間只夠給在這個不確定時代中的家長一個建議，我會說：把你如今像獵犬般糾纏著孩子，要求他們成績與分數的時間減半；把你培養他們具備強大道德羅盤與公益關懷的努力加倍。因為終有一天，我們都會面對一個難以逆料但絕不無聊、一個劇本未成但讓人屏息以待的未來，接受成為一個最棒自己的召喚。

誌謝

一般來說，寫本書需要一個營的兵力，這本書用上了一個軍。

以退為進，有時還真是真理。這麼多年來我透過書寫與演講宣傳著過度強調成績、分數與明星大學對孩子身心的戕害，但改變得還是不夠快。我已經窮盡了我同溫層裡的回聲筒，現在我需要新的觀點與新的視角。對於我那群非心理學家出身、思想沒有邊界、懂得什麼叫設計思考且百家爭鳴的老朋友：潘・史考特（Pam Scott）、提姆・庫戈（Tim Koogle）、傑夫・史奈普（Jeff Snipes）與戴夫・霍頓（Dave Whorton），我要說聲感謝，謝謝你們與我暢談的那一段段午後時光，還有想到哪裡寫到哪裡的那一張張牆上的海報紙，那些腦力激盪最終都成為了滋養本書的雞湯。

一句感謝送給許多路見不平拔刀相助的專家，謝謝你們願意撥冗與我對話，並提供了我許多救命的另類觀點，讓我能卡關換顆鏡頭就讓問題迎刃而解。我要感謝前美國參謀長聯席會議副主席「山帝」・溫尼菲爾德、神經學者鮑伯・波頓（Bob Burton）、史丹佛大學青少年研究中心主任兼作家威廉・戴蒙（William Damon）；投資銀行摩根史坦利主席兼執行長詹姆斯・戈爾曼（James Gorman）；商人銀行ＢＤＴ公司創辦人、董事長兼執行長拜倫・楚羅特；Google研發總監彼得・諾維格；在虛擬實境遊戲業者Oculus主持開發工作室的傑森・魯賓（Jason Rubin）；在求職人脈社群媒體業者LinkedIn中主掌受雇者公關事務的副總布萊絲・薏（Blythe Yee）；LinkedIn的人事長克莉絲緹娜・霍爾。還有我要特別感謝頭銜多到寫不完但一言以蔽之是我大導師的厄斯金・鮑爾斯。因為有他在，我始終能保持在思想上的雅量、樂觀與倫理上的有憑有據。

我要感謝在神經學領域上諸位不辭辛勞而讓我獲益良多的老師與編輯：在美國國家物質濫用研究所主掌神經成像實驗室的艾略特・史坦（Elliot Stein）；還有凱瑟琳・麥迪森（Catherine Madison），加州太平洋醫療中心附屬腦部健康中心的主任。我要感謝學有專精的兩位在跟我這個熱情有餘但背景普普的「菜鳥」對談時，展現出了無比的耐心。是你們讓我對人腦令人驚嘆的複雜性有了多一層的認識。

我要特別感謝我的兩位同僚兼良師益友，一位是在芝加哥盧瑞兒童醫院主持兒少精神科的約翰・沃卡醫師，另一位是也服務於盧瑞兒童醫院的蘇珊・弗利德蘭（Susan Friedland）。少了你們兩位的智慧、經驗與鼎力相助，我很懷疑自己能把這本書寫出來，或就算寫出來了，這本書也不會出落得如此豐富、有層次，而且能讓人讀了獲益良多。

對於經常以懷疑給予我刺激的幾位，包括心理學家凱瑟琳・史坦那・亞岱爾（Catherine Steiner Adair），還有亞利桑那州大心理學研究者兼哥倫比亞大學師範學院的榮譽教授蘇妮雅・盧薩（Suniya Luthar），乃至於哈佛大學變革領導研究中心的共同創辦人兼作家東尼・華格納，感謝你們以一貫淵博的知識、充滿創意的思考啟發著我，讓我能一方面專注在寫作上，一方面也努力讓自己在思慮上更精、更廣。

我要感謝在史丹佛大學教育研究所參與「挑戰成功」計畫的優秀同仁，謝謝他們在我共同創辦人暨資深講師丹妮斯・波普（Denise Pope）與我們無所不能的執行總監凱西・辜（Kathy Koo）共同帶領下，讓這個小小的教育新創企業茁壯成一個活躍於全美，重要且有效的改革觸媒。我要同時感謝另一位共同創辦人吉姆・拉伯戴爾（Jim Lobdell），也感謝所有人對我得經常花時間寫書跟巡迴演說的包容。

對戴格馬・多比（Dagmar Dolby）、邦妮・克魯索（Bonnie Caruso）、蜜雪兒・瓦克斯（Michelle Wachs）、菲力斯・坎普納（Phyllis Kempner）與大衛・史坦（David Stein），我要感謝你們不論我在或不在你們身邊（我知道自己真的太常搞失蹤了），都給予我友誼與堅定的支持。對蘿倫・塔杜恩（Lauren Taddune），我的兒媳婦兼「全方位私人科技顧問」，謝謝你對我這個「科技新住民」展現的超凡耐心。還有最後，給我親愛的好朋友凱西・菲爾德茲（Kathy Fields）、蓋瑞・瑞恩特（Garry Rayant）、溫黛・羅賓斯（Wendye Robbins）與克雷格・麥格海伊（Craig McGahey），你們都是我的小太陽，感謝你們用令人驚豔的才華跟樂觀向上的決心把我的黑暗角落照亮。更重要的是，感謝你們敞開心胸跟對我的接納。

給雪倫・道伊爾（Sharon Doyle），我的助理跟第二顆大腦：要不是你把我寵壞，在細節與瑣事來襲時替我打怪，我根本不會有餘裕把這本書寫出來。給永遠令人讚嘆的馬嘉（Maga），謝謝你幫忙照顧完我的孩子，又接著用同樣的溫柔守護我的母親——我的感激一言難盡。給湯姆・哈奇曼（Tom Hutchman），我的超強訓練師，感謝你花了近二十載的時間連哄帶騙，堅持要我知道這副肉體存在的意義，不光是作為我腦袋瓜的交通工具。給史考特・伍德（Scott Wood），世界上唯一一個會在下午兩點——跟凌晨兩點——都接我電話，解除我驚慌的電腦人才，我的感激一時半刻還真說不完。

給琳奈・帕德瓦（Lynette Padwa），感謝你分享了瀰漫在本書中，各式各樣的思考、文字與邏輯。謝謝你不吝與我分享你的時間、經歷與才華。若非你堅持主張這書必須見得天日，否則這寶貝不知道再十年生不生得出來。

給艾瑞克・賽蒙諾夫（Eric Simonoff），謝謝當年二十來歲的你不嫌棄我是個未經市場考驗的作者，一直當我的書約經紀人到現在。感謝你相信我，也相信我作品的重要性。給蓋兒・溫斯頓（Gail Winston），我在哈潑柯林斯出版社（HarperCollins）的編輯。歷經三本不同的作品，是你讓我在這條路上持續邁進；少了你，很多事我不會看得如此清晰。同時我也要感謝哈潑柯林斯團隊的其他夥伴：海勒・杜拉克（Heather Drucker）、湯姆・哈普克（Tom Hopke）、艾蜜莉・泰勒

（Emily Taylor）、納瑟尼爾・內布爾（Nathaniel Knaebel），還有其他參與賦予本書生命工作的每一位。還有我肯定要感謝的是每一位慨允與我分享他們人生故事的個人，不論那些故事是勵志、是虐心，都一致讓這本書的骨架上有了血肉。衷心感謝你們的慷慨，也要為你們的勇氣拍手。

給我結縭四十餘載的老公，李・史瓦茲（Lee Schwartz），感謝你的支持、你一望無際的好奇心，也感謝寬容的你給了我時間與空間，讓我得以在許多深夜裡集中起寫成此書不可或缺的專注力。

最後給我三個長大成人的兒子：老大羅仁、老二麥可與老么傑瑞米。謝謝你們陪我討論、給我指點，並總是不吝惜用你們年輕、包容且樂觀的雙眼幫助我重新看待這個世界。在生命裡一次次有如贈禮的精采躍遷中，你們已經不再是我該背負的責任，而變成了能引領我向前的老師。因為你們的貢獻，這本書才出落得如此鮮活、如此值得品味，也如此沒有在時代的進程中脫隊。

10.Fiza Pirani, "Why Are Americans So Lonely?" *Atlanta Journal Constitution*, May 1, 2018, https://www.ajc.com/news/healthmedfitscience/whyareamericanslonelymassivestudy-findsnearlyhalffeelsaloneyoungadultsmostall/bbIKsU2Rr3qZI8WlukH fpK/. Retrieved Jan. 7, 2019.
11.Ibid.
12.Ibid.
13.Yuval Levin, *The Fractured Republic: Renewing America's Social Contract in the Age of Individualism* (New York: Basic Books, 2017).
14.Emilie Le Beau Lucchesi, "Why Sports Parents Sometimes Behave So Badly," *New York Times*, Nov. 1, 2018, https://www.nytimes.com/2018/11/01/well/family/whysports-parentssometimesbehavesobadly.html.
15.C. Ryan Dunn et al., "The Impact of Family Financial Investment on Perceived Parent Pressure and Child Enjoyment and Commitment in Organized Youth Sport," *Family Relations: Interdisciplinary Journal of Applied Family Sciences*, May 24, 2016, https://on-linelibrary.wiley .com/doi/abs/10.1111/fare.12193.
16.Chris Segrin et al., "Parent and Child Traits Associated with Overparenting," *Journal of Social and Clinical Psychology* 32, no. 6 (2103): 569–595.
17.Claire Cain Miller, "The Relentlessness of Modern Parenting," *New York Times*, Dec.25, 2018, https://www.nytimes.com/2018/12/25/upshot/therelentlessnessofmodern-parenting.html.
18.Miller, "The Relentlessness of Modern Parenting."

childsjobinterview/7ab0b92e2a31. Retrieved Dec. 15, 2018.

18.Suniya S. Luthar and Lucia Ciciolla, "Who Mothers Mommy? Factors That Contribute to Mothers' WellBeing," Developmental Psychology, Dec. 2015, https://www.ncbi.nlm.nih.gov/pubmed/26501725.

19."Modern Parenthood: Roles of Moms and Dads Converge as They Balance Work and Family."

20.Lila MacLellan, "Research Shows Daily Family Life Is All the 'Quality Time' Kids Need," *Quartz at Work*, Nov. 5, 2017, https://qz.com/work/1099307/researchshowsdailyfamilylifeisallthequalitytimekidsneed/.

21.Melissa A. Milkie, Kei M. Nomaguchi, and Kathleen E. Denny, "Does the Amount of Time Mothers Spend with Children or Adolescents Matter?" *Journal of Marriage and Family*, March 4, 2015, https://onlinelibrary.wiley.com/doi/pdf/10.1111/jomf.12170.

22.Brigid Schulte, "Making Time for Kids? Study Says Quality Trumps Quantity," *Washington Post*, March 28, 2015, https://www.washingtonpost.com/local/makingtimeforkids studysaysqualitytrumpsquantity/2015/03/28/10813192d378–11e4–8fce3941fc548f1c_story.html?utm_term=.ce0f193211b8.

23.Ibid.

24.Charles Opondo et al., "Father Involvement in Early ChildRearing and Behavioural Outcomes in Their PreAdolescent Children: Evidence from the ALSPAC UK Birth Cohort," *BMJ Journals*, Nov. 2016, https://bmjopen.bmj.com/content/6/11/e012034.

第十章

組成不會被未來淘汰的家庭

1. "Cheat or Be Cheated," Challenge Success white paper, 2012, www.challengesuccess.org. Retrieved Nov. 25, 2018.
2. Natasha Singer, "Tech's Ethical 'Dark Side': Harvard, Stanford, and Others Want to Ad dress It," *New York Times*, Feb. 12, 2018.
3. Irina Raicu, "Rethinking Ethics Training in Silicon Valley," *The Atlantic*, May 26, 2017, https://www.theatlantic.com/technology/archive/2017/05/rethinkingethicstrainingin-siliconvalley/525456/.
4. https://www.usnews.com/opinion/knowledgebank/articles/2016–11–22/donaldtrumps-electioniscviceducationsgutcheck. Retrieved Jan. 7, 2019.
5. Quoted by Jeremy Pearce in "Arthur Galston, Agent Orange Researcher, Is Dead at 88," *New York Times*, June 23, 2008, B6.
6. Personal communication, July 1, 2019
7. Ceylan Yeginsu, "U.K. Appoints a Minister for Loneliness," *New York Times*, Jan. 17, 2018, https://www.nytimes.com/2018/01/17/world/europe/ukbritainloneliness.html.
8. Marc Prosser, "Searching for a Cure for Japan's Loneliness Epidemic," *HuffPost*, Aug. 15, 2018, https://www.huffingtonpost.com/entry/japanlonelinessagingrobotstechnology_us_5b72873ae4b0530743cd04aa.
9. https://www.ft.com/content/e4d151546a3111e8b6eb4acfcfb08c11. Retrieved 51418.

https://www.pewresearch.org/facttank/2018/04/27/aboutonethirdofuschildrenareliving-withanunmarriedparent/.

3. Gretchen Livingston, "StayatHome Moms and Dads Account for About OneinFive U.S. Parents," Fact Tank, Sept. 4, 2018, Pew Research Center, https://www.pewresearch.org/facttank/2018/09/24/stayathomemomsanddadsaccountforaboutoneinfiveusparents/.
4. "Modern Parenthood: Roles of Moms and Dads Converge as They Balance Work and Family," Pew Research Center; Social & Demographic Trends, March 14, 2013, https://www.pewsocialtrends.org/2013/03/14/modernparenthoodrolesofmomsanddads-convergeastheybalanceworkandfamily/.
5. Annie Lowrey, "Women May Earn Just 49 Cents on the Dollar," *The Atlantic*, Nov. 28, 2018, https://www.theatlantic.com/ideas/archive/2018/11/howbigmalefemalewagegap-reallyis/.
6. Mark J. Perry, "Women Earned Majority of Doctoral Degrees in 2016 for 8th Straight Year and Outnumber Men in Grad School 135 to 100," American Enterprise Institute (AEI), Sept. 28, 2017, http://www.aei.org/publication/womenearnedmajorityofdoctoral-degreesin2016for8thstraightyearandoutnumbermeningradschool135to100/.
7. Kim Parker and Gretchen Livingston, "7 Facts About American Dads," Pew Research Center, June 13, 2018; "How Mothers and Fathers Spend Their Time," Pew Research Center, Social and Demographic Trends, March 14, 2013.
8. "When Work Takes Over: Emotional Labor Strategies and Daily Ruminations About Work While at Home," *Journal of Personnel Psychology* 16 (2017): 150–154.
9. Kristin Wong, "There's a Stress Gap Between Men and Women. Here's Why It's Important," *New York Times*, Nov. 14, 2018, https://www.nytimes.com/2018/11/14/smarter-living/stressgapwomenmen.html.
10. A. Kalil, R. Ryan, and M. Corey, "Diverging Destinies: Maternal Education and the Developmental Gradient in Time with Children," *Demography* 49, no. 4 (Nov. 2012): 1361–1383.
11. Anne Maass and Chiara Volpato, "Gender Differences in SelfServing Attributions About Sexual Experiences," *Journal of Applied Social Psychology*, May 1989.
12. "Event Transcript: Religion Trends in the U.S." Pew Research Center, Aug. 19, 2013, http://www.pewforum.org/2013/08/19/eventtranscriptreligiontrendsintheus/.
13. "Fewer than Half of U.S. Kids Today Live in a 'Traditional' Family," Pew Research Center, Dec. 22, 2014, http://www.pewresearch.org/facttank/2014/12/22/lessthanhalfofus-kidstodayliveinatraditionalfamily/.
14. Andre Agassi, Open (New York: Knopf, 2006).
15. Laura McKenna, "The Ethos of the Overinvolved Parent," *The Atlantic*, May 18, 2017, https://www.theatlantic.com/education/archive/2017/05/theethosoftheoverinvolved-parent/527097/.
16. Laura Hamilton, "The Partnership Between Colleges and Helicopter Parents," *The Atlantic*, May 13, 2016, https://www.theatlantic.com/education/archive/2016/05/the-partnershipbetweencollegesandhelicopterparents/482595/.
17. https://www.forbes.com/sites/amymorin/2017/08/29/parentspleasedontattendyouradult-

10.Mariana Brussoni et al., "What Is the Relationship Between Risky Outdoor Play and Health in Children? A Systematic Review," *International Journal of Environmental Research and Public Health* 12, no. 5 (2015): 6423–6454.
11.Joske Nauta et al., "Injury Risk During Different Physical Activity Behaviours in Children: A Systematic Review with Bias Assessment," *Sports Medicine* 45, no. 3 (March 2015): 327–336.
12.James Gorman, personal communication, Sept. 25, 2017.
13.James Gorman, personal communication, Jan. 16, 2019.
14.James "Sandy" Winnefeld, personal communication, Jan. 18, 2019.
15.https://www.psychologytoday.com/us/blog/youthandtell/201107/riskybusinesswhyteensneedriskthriveandgrow. Retrieved 51219.
16.Marco Casari, Jingjing Zhang, and Christine Jackson, "When Do Groups Perform Better than Individuals?" Working Paper Series, Institute for Empirical Research in Economics University of Zurich, revised April 2012, http://www.econ.uzh.ch/static/wp_iew/iewwp504.pdf.
17.Rob Cross, Scott Taylor, and Deb Zehner, "Collaboration Without Burnout," *Harvard Buiness Review*, July–August 2018, https://hbr.org/2018/07/collaborationwithout-burnout.
18.https://listen/org/ListeningFacts. Retrieved Nov. 22, 2018.
19.Carol Dweck, *Mindset: The New Psychology of Success* (New York: Ballantine Books, 2007).

第八章

歪七扭八的人生路線

1. Frank Bruni, "The Moral Wages of the College Admissions Mania," *New York Times*, March 16, 2019.
2. http://reports.weforum.org/futureofjobs2016/chapter1thefutureofjobsandskills/view/fn1. Retrieved Dec. 16, 2018.
3. "'You've got to find what you love,' Jobs says" (a prepared text of the commencement address delivered by Steve Jobs, CEO of Apple Computer and of Pixar Animation Studios, on June 12, 2005), Stanford News, June 14, 2005, https://news.stanford.edu/2005/06/14/jobs061505/.

第九章

重新改寫劇本

1. Kenneth Matos, Ellen Galinsky, and James T. Bond, "National Study of Employers," *Families and Work Institute*, 2016 Copyright © 2017, Society for Human Resource Management.
2. Gretchen Livingston, "About OneThird of U.S. Children Are Living with an Unmarried Parent," Pew Research Center (analysis of U.S. Census Bureau data), April 27, 2018,

第六章

破除迷思，探究二十一世紀必備的技能

1. https://eric.ed.gov/?id=ED519462. Retrieved Sept. 12, 2018.
2. P21 *Framework Definitions,* Partnership for 21st Century Skills, Copyright © 2009.
3. Benjamin Herold, "The Future of Work Is Uncertain, Schools Should Worry Now," *Education Week*, Sept. 26, 2017, https://www.edweek.org/ew/articles/2017/09/27/the-futureofworkisuncertainschools.html.
4. Dom Galeon, "Our Computers Are Learning How to Code Themselves: Human Coders Beware," Futurism.com, Feb. 24, 2017, https://futurism.com/4ourcomputersarelearning-howtocodethemselves.
5. Leigh S. Shaffer and Jacqueline M. Zalewski, "Career Advising in a VUCA Environment," *NACADA Journal* 31, no. 1 (Spring 2011), http://www.nacadajournal.org/doi/pdf/10.12930/0271–9517–31.1.64?code=naaasite.
6. David Brooks, "Amy Chua Is a Wimp," *New York Times*, Jan. 17, 2011, https://www.nytimes.com/2011/01/18/opinion/18brooks.html.
7. Jeffery R. Young, "How Many Times Will People Change Jobs? The Myth of the EndlesslyJobHopping Millennial," EdSurge.com, July 20, 2017, https://www.edsurge.com/news/2017–07–20howmanytimeswillpeoplechangejobsthemythoftheendlesslyjob-hoppingmillennial.
8. Young, "How Many Times Will People Change Jobs?"

第七章

未來一定用得上的學術技能和基礎知識

1. https://www.ncbi.nlm.nih.gov/pmc/articles/PMC1324783/. Retrieved Nov. 18, 2018.
2. Cameron Kasky, personal response, Nov. 15, 2019, Common Sense Media Award for Advocacy.
3. Prachi E. Shah, Heidi M. Weeks, and Niko Kaciroti, "Early Childhood Curiosity and Kindergarten Reading and Math Academic Achievement," *Pediatric Research*, 2018.
4. Francesca Gino, "The Business Case for Curiosity," *Harvard Business Review*, Sept.–Oct. 2018, https://hbr.org/2018/09/curiosity#thebusinesscaseforcuriosity.
5. Ibid.
6. "Not My Job: 'Stay Human' Bandleader Jon Batiste Gets Quizzed on Robots," transcript from *Wait, Wait . . . Don't Tell Me!* July 28, 2018, https://www.npr.org/templates/transcript/transcript.php?storyId=633019196.
7. Elizabeth Svoboda, "Cultivating Curiosity," *Psychology Today*, September 2006.
8. https://www.latimes.com/health/laxpm2012oct02lahebteensriskaverse20121001story.html. Retrieved May 12, 2019
9. Patrick Barkham, "Forest Schools: Fires, Trees, and Mud Pies," The Guardian, https://www.theguardian.com/education/2014/dec/09/theschoolinthewoodsoutdooreducation-modernbritain, Retrieved Nov. 14, 2018.

9. Laurence Steinberg, *Age of Opportunity: Lessons from the New Science of Adolescence* (Wilmington, MA: Mariner Books, 2015).

第五章

丟掉無力感，把能力安裝回身上

1. "How Many People Attended March for Our Lives? Crowd in D.C. Estimated at 200,000," CBS News.com, March 25, 2018, https://www.cbsnews.com/news/marchforourlivescrowdsizeestimated200000peopleattendeddcmarch/.
2. A. J. Willingham, "Some of the Most Powerful Quotes from the #NeverAgain Rallies," CNN.com, February 21, 2018, https://www.cnn.com/2018/02/21/us/neveragainparklandshootingralliesquotestrnd/index.html.
3. Bureau of Labor Statistics, U.S. Department of Labor, "Employment Characteristics of Families—2017," 2–3.
4. https://www.census.gov/newsroom/pressreleases/2016/cb16–192.html. Retrieved July 30, 2018.
5. National Sleep Foundation, https://www.sleepfoundation.org/articles/whathappenswhenmychildorteendoesntgetenoughsleep. Retrieved May 11, 2019.
6. *Desk Reference to the Diagnostic Criteria from DSM-5* (Washington, DC: American Psychiatric Association, 2013).
7. "AgeAppropriate Chores for Children," LivingMontessoriNow.com, https://livingmontessorinow.com/montessorimondayageappropriatechoresforchildrenfreeprintables/.
8. Lenore Skenazy, founder, LetGrow, Letgrow.org. Retrieved Dec. 5, 2018 https://letgrow.org/resources/really/.
9. Secretary Colin Powell, opening remarks before the Senate Governmental Affairs Committee. https://fas.org/irp/congress/2004_hr/091304powell.html. Retrieved Mar. 15, 2019.
10. Sonja Lyubomirsky et al., "Thinking About Rumination: The Scholarly Contributions and Intellectual Legacy of Susan Nolen Hoeksema," *Annual Review of Clinical Psychology* 11 (2015), https://www.annualreviews.org/doi/abs/10.1146/annurevclinpsy032814–112733.
11. Martin E. P. Seligman and Mihaly Csikszentmihalyi, "Positive Psychology: An Introduction," *American Psychologist* 55, no. 1 (2000): 5–14, DOI:10.1037/0003–066x.55.1.5. PMID 11392865.
12. "Father of Student Killed in Parkland Shooting Discusses School Safety," interviewed by Mary Louise Kelly on NPR, *All Things Considered*, August 15, 2018, transcript on NPR.com, https://www.npr.org/templates/transcript/transcript.php?storyId=639001302.

第三章
無能，是不斷累積的結果

1. "Prevalence of Any Anxiety Disorder Among Adults," National Institute of Mental Health, https://www.nimh.nih.gov/health/statistics/anyanxietydisorder.shtml#part_155094.
2. Ibid.
3. Alex Williams, "Prozac Nation Is Now the United States of Xanax," *New York Times*, June 10, 2017, https://www.nytimes.com/2017/06/10/style/anxietyisthenewdepression-xanax.html.
4. J. M. Hettema, M. C. Neale, and K. S. Kendler, "A Review and Meta Analysis of the Genetic Epidemiology of Anxiety Disorders," *American Journal of Psychiatry* 158, no. 10 (Oct. 2001): 1568–1578, https://www.ncbi.nlm.nih.gov/pubmed/11578982?mod=article_inline.
5. V. E. Cobham, M. R. Dadds, and S. H. Spence, "The Role of Parental Anxiety in the Treatment of Childhood Anxiety," *Journal of Consulting and Clinical Psychology*, Dec. 1998, https://www.ncbi.nlm.nih.gov/pubmed/9874902.
6. Kyle Spencer, "Homework Therapists' Job: Help Solve Math Problems, and Emotional Ones," *New York Times*, April 4, 2018, https://www.nytimes.com/2018/04/04/nyregion/homeworktherapiststutoringcounselingnewyork.html.
7. Ibid.

第四章
後天習得的無助感與延遲的青春期

1. Holly H. Schiffrin et al., "Helping or Hovering? Effects of Helicopter Parenting on College Students' WellBeing," *Psychological Science* 7 (2013), https://scholar.umw.edu/psychological_science/7.
2. Ibid., 548–557.
3. Suniya S. Luthar, "Vulnerability and Resilience: A Study of HighRisk Adolescents," *Child Development* 62, no. 3 (June 1991): 600–616.
4. "Suicide Rising Across the US," Centers for Disease Control and Prevention, last updated June 11, 2018, https://www.cdc.gov/vitalsigns/suicide/.
5. "Suicide Rates for Teens Aged 15–19 Years, by Sex—United States, 1975–2015," *Morbidity and Mortality Weekly Report*, Centers for Disease Control and Prevention, August 4, 2017, https://www.cdc.gov/mmwr/volumes/66/wr/mm6630a6.htm.
6. R. Weissbour, S. Jones, et al., "The Children We Mean to Raise: The Real Messages Adults are Sending About Values," Making Caring Common Project, Harvard Graduate School of Education, 2014.
7. Hanna Rosin, "The Silicon Valley Suicides," *The Atlantic*, Nov. 2015.
8. https://www.theguardian.com/society/2012/oct/21/pubertyadolescencechildhoodonset. Retrieved Dec. 23, 2018.

claremontmckennacollegesatcheating.html.

29. Adam Brown, "Why Forbes Removed 4 Schools from Its America's Best Colleges Rankings," *Forbes*, July 24, 2013, https://www.forbes.com/sites/abrambrown/2013/07/24/whyforbesremoved4schoolsfromitsamericasbestcollegesrankings/#62401a343521.
30. M. Herrell and L. Barbato, "Great mangers still matter: the evolution of Google's project Oxygen," Google re:Work, Feb 27, 2018.

第二章

當你的大腦遇到未知的領域

1. J. Hawkins and S. Blakeslee, *On Intelligence* (New York: Times Books, 2004).
2. Andres Molero Chamis and Guadalupe Nathzidy RiveraUrbina, "Researchers Identify Area of the Amygdala Involved in Taste Aversion," *University of Granada*, April 5, 2018, https://study.com/academy/lesson/theamygdaladefinitionrolefunction.html.
3. U. Neisser, "The Control of Information Pickup in Selective Looking," *Perception and Its Development: A Tribute to Eleanor* J Gibson, ed. A. D. Pick (Hillsdale, NJ: Lawrence Erlbaum Associates, 1979): 201–219.
4. https://www.theatlantic.com/health/archive/2015/03/howuncertaintyfuels-anxiety/388066/ retrieved 51619.
5. Daniel Kahneman and Amos Tversky, "Prospect Theory: An Analysis of Decision Under Risk." *Econometrica* 47 (2) (March 1979), 263–291.
6. K. Starcke and M. Brand, "Effects of Stress on Decisions Under Uncertainty: A Meta-Analysis," *Psychological Bulletin* 142 (2016): 909–933, DOI:10.1037/bul0000060.
7. Paul G. Schempp, "How Stress Leads to Bad Decisions—and What to Do About It," Performance Matters, August 26, 2016, http://www.performancemattersinc.com/posts/howstressleadstobaddecisionsandwhattodoaboutit/.
8. Howard Kunreuther et al., "High Stakes Decision Making: Normative, Descriptive, and Prescriptive Considerations," *Marketing Letters* 13, no. 3 (August 2002): 259–268, https://link.springer.com/article /10.1023/A:1020287225409.
9. Christopher R. Madan, Marcia L. Spetch, and Elliot A. Ludvig, "Rapid Makes Risky: Time Pressure Increases Risk Seeking in Decisions from Experience," *Journal of Cognitive Psychology* 27, no. 8 (2015): 921–928, http://dx.doi.org/10.1080/20445911.2015.1055274.
10. http://www.washington.edu/news/2007/08/07/babydvdsvideosmayhindernothelp-infantslanguagedevelopment/.
11. Diane Whitmore Schanzenbach and Stephanie Howard Larson, "Is Your Child Ready for Kindergarten?: Redshirting May Do More Harm than Good," *Education Next* 17, no. 3 (Summer 2017), http://educationnext.org/isyourchildreadykindergartenredshirtingmay-domoreharmthangood/.

load/2017%20Debt%20Fact%20Card.pdf.
12.Neil Patel, "90% of Startups Fail: Here's What You Need to Know About the 10%," *Forbes,* Jan. 16, 2015, https://www.forbes.com/sites/neilpatel/2015/01/16/90ofstartups-willfailhereswhatyouneedtoknowaboutthe10/#28351bb66792.
13.Phil Haslett, "How Much Did Employees Make per Share in Recent Startup Acquisitions?" *Quora* (website), Sept. 17, 2013.
14.Ryan Carey, "The Payoff and Probability of Obtaining Venture Capital," 80,000Hours.org, June 25, 2014.
15.Steve Lohr, "Where the STEM Jobs Are (and Where They Aren't)," *New York Times*, Nov. 1, 2017, https://www.nytimes.com/2017/11/01/education/edlife/stemjobsindustry-careers.html.
16.Jean M. Twenge, Gabrielle N. Martin, and Keith W. Campbell, "Decreases in Psychological WellBeing Among American Adolescents After 2012 and Links to Screen Time During the Rise of Smartphone Technology," *Emotion* 18, no. 3 (Jan. 22, 2018), 765–780.
17.Frank Newport, "The New Era of Communication Among Americans," Gallup news.gallup.com/poll/179288/neweracommunicationamericans.aspx., Nov. 10, 2014.
18.A. Lenhart, "Teen, Social Media, and Technology Overview," Pew Research Center, 2018, http://www.pewinternet.org/2018/05/31/teenssocialmediatechnology2018.
19.C. Auguer and G. W. Hacker, "Associations Between Problematic Mobile Phone Use and Psychological Parameters in Young Adults," *International Journal of Public Health* 57, no. 2 (2012): 437–441.
20.Jean M. Tweng, "Have Smartphones Destroyed a Generation?," *The Atlantic*, September 2017.
21.Monica Anderson and JingJing Jiang, "Teens, Social Media & Technology 2018," Pew Research Center, May 31, 2018 https://www.pewinternet.org/2018/05/31/teenssocial-mediatechnology2018/.
22.K. Eagan et al., "The American Freshman: FiftyYear Trends," Cooperative Institutional Research Program, Higher Education Research Institute, University of California, Los Angeles, 2014, https://heri.ucla.edu/publicationstfs/.
23.Eagan et al., "The American Freshman."
24."Cheat or Be Cheated? What We Know About Academic Integrity in Middle & High Schools & What We Can Do About It," http://www.challengesuccess.org/wpcontent/uploads/2015/07/ChallengeSuccessAcademicIntegrityWhitePaper.pdf.
25.L. Taylor, M. Pogrebin, and M. Dodge, "Advanced Placement–Advanced Pressures: Academic Dishonesty Among Elite High School Students," *Educational Studies: A Journal of the American Educational Studies* Association 33 (2002): 403–421.
26.Arthur Allen, "Flag on the Field," Slate, May 16, 2006, https://slate.com/technology/2006/05/takingthesatuntimed.html.
27.Alia Wong, "Why Would a Teacher Cheat?," *The Atlantic*, April 27, 2016, https://www.theatlantic.com/education/archive/2016/04/whyteacherscheat/480039/
28.Larry Gordon, "Claremont McKenna College Under Fire for SAT Cheating Scandal," *Los Angeles Times*, Jan. 31, 2012, http://latimesblogs.latimes.com/lanow/2012/01/

參考資料

前言

1. U.S. Department of Health & Human Services, "Common Mental Health Disorders in Adolescence," https://www.hhs.gov/ash/oah/adolescentdevelopment/mentalhealth/adolescentmentalhealthbasics/commondisorders/index.html. Retrieved Sept. 14, 2018; https://www.nimh.nih.gov/health/statistics/anyanxietydisorder.shtml.

第一章
為什麼家長的心態沒有改變？

1. "Common Mental Health Disorders in Adolescence." https://www.hhs.gov/ash/oah/adolescentdevelopment/mentalhealth/adolescentmentalhealthbasics/commondisorders/index.html
2. R. Mojtabai, M. Olfson, and B. Han, "National Trends in the Prevalence and Treatment of Depression in Adolescents and Young Adults," *Pediatrics* 138, no. 6 (2016).
3. "Common Mental Health Disorders in Adolescence."
4. Benjamin Shain, "Suicide and Suicide Attempts in Adolescents," *Pediatrics* 138 (July 2016), 1.
5. Jerusha O. Conner and Denise C. Pope, "Not Just RoboStudents: Why Full Engagement Matters and How Schools Can Promote It," *Journal of Youth and Adolescence* 42, no. 9 (Sept. 2013): 1426–1442.
6. C. Farh, M. G. Seo, and P. E. Tesluk, "Emotional Intelligence, Teamwork, Effectiveness, and Job Performance: The Moderating Role of Job Context," *Journal of Applied Psychology* 97, no. 4 (July 2012): 890–900.
7. M. Berking and P. Wupperman, "Emotional Regulation and Mental Health: Recent Findings, Current Challenges, and Future Directions," *Current Opinion in Psychiatry* 25, no. 2 (2012): 128–134.
8. L. A. Sroufe, "From Infant Attachment to Promotion of Adolescent Autonomy: Prospective, Longitudinal Data on the Role of Parents in Development," in J. G. Borkowski, S. L. Ramey, and M. BristolPower, eds., *Parenting and the Child's World: Influences on Academic, Intellectual, and Social-Emotional Development* (Mahwah, NJ: Lawrence Erlbaum Associates, Inc., 2002).
9. Peter Dockrill, "America Really Is in the Midst of a Rising Anxiety Epidemic," *Science Alert*, May 9, 2018, https://www.sciencealert.com/americansareinthemidstofananxiety-epidemicstressincrease.
10. Greg Toppo, "Why You Might Want to Think Twice Before Going to Law School," *USA Today*, June 28, 2017, https://www.usatoday.com/story/news/2017/06/28/lawschools-hunkeringdownenrollmentslips/430213001/.
11. Association of American Medical Colleges, "Medical Student Education: Debt, Costs, and Loan Repayment Fact Card," October 2017, https://members.aamc.org/iweb/up-

Next Generation 001

焦慮世代的安心教養：放下憂懼，陪伴I世代孩子，

共同迎接瞬息萬變的未來世界

2021年6月初版　　定價：新臺幣420元

有著作權・翻印必究

Printed in Taiwan.

著　者　Madeline Levine
譯　者　鄭煥昇
叢書主編　李佳姍
校　對　陳佩伶
內文排版　朱智穎
封面設計　蔡怡欣

出版者　聯經出版事業股份有限公司
地址　新北市汐止區大同路一段369號1樓
叢書主編電話　(02)86925588轉5320
台北聯經書房　台北市新生南路三段94號
電話　(02)23620308
台中分公司　台中市北區崇德路一段198號
暨門市電話　(04)22312023
台中電子信箱　e-mail：linking2@ms42.hinet.net
郵政劃撥帳戶第0100559-3號
郵撥電話　(02)23620308
印刷者　文聯彩色製版印刷有限公司
總經銷　聯合發行股份有限公司
發行所　新北市新店區寶橋路235巷6弄6號2樓
電話　(02)29178022

副總編輯　陳逸華
總編輯　涂豐恩
總經理　陳芝宇
社長　羅國俊
發行人　林載爵

行政院新聞局出版事業登記證局版臺業字第0130號

本書如有缺頁，破損，倒裝請寄回台北聯經書房更換。　ISBN 978-957-08-5861-7 (平裝)
聯經網址：www.linkingbooks.com.tw
電子信箱：linking@udngroup.com

國家圖書館出版品預行編目資料

焦慮世代的安心教養：放下憂懼，陪伴I世代孩子，共同迎接瞬息萬變的未來世界/ Madeline Levine著．鄭煥昇譯．初版．新北市．聯經．2021年6月．328面．14.8×21公分（Next Generation 001）
ISBN 978-957-08-5861-7（平裝）

1.親職教育 2.子女教育

528.2 110008483